GUDRUN BURKHARD

DAS LEBEN IN DIE HAND NEHMEN

GUDRUN BURKHARD wurde 1929 als Kind deutscher Eltern in Brasilien geboren. Sie ist Ärztin und Mitbegründerin der anthroposophischen Tobias-Klinik in Sao Paulo. Seit 1977 gibt sie Kurse in Biografiearbeit. Sie ist eine der erfahrensten Therapeutinnen auf diesem Gebiet.

Im Verlag Freies Geistesleben erschienen von ihr außerdem die Bücher *Schlüsselfragen zur Biografie; Mann und Frau. Integrative Biografiearbeit; Die Freiheit im Dritten Alter* und *Das Leben geht weiter. Geistige Kräfte in der Biografie.*

GUDRUN BURKHARD

DAS LEBEN IN
DIE HAND NEHMEN

Arbeit an der eigenen Biografie

VERLAG FREIES GEISTESLEBEN

Jubiläumsausgabe 2017
zum 70-jährigen Bestehen des
Verlags Freies Geistesleben

ⓔ auch als eBook erhältlich

Verlag Freies Geistesleben
Landhausstraße 82, 70190 Stuttgart
www.geistesleben.com

ISBN 978-3-7725-2875-0

© 2009/2017 Verlag Freies Geistesleben
& Urachhaus GmbH, Stuttgart
Umschlaggestaltung: Maria A. Kafitz
Satz: Bianca Bonfert
Druck und Bindung: GGP Media GmbH, Pößneck
Printed in Germany

Inhalt

Vorwort

Biografiearbeit ist heute sehr aktuell. Es erscheinen viele Bücher und Schriften zu dieser Thematik, und die angebotenen Kurse und Vorträge sind überfüllt. Denn diese Arbeit ist nicht nur für Menschen in Not- und Krisenzeiten wichtig oder aber als Hilfe zur Bewältigung eines Krankheitsschicksals. Vielmehr ist sie auch demjenigen eine Hilfe, der für seine Selbsterkenntnis Vertiefung sucht und zugleich sein Interesse und Verständnis für andere Menschen und ihre Lebenssituationen anregen und erweitern möchte.

Die Autorin hat ihr Buch ganz aus der praktischen Arbeit heraus geschrieben, wobei ihre ärztlichen Erfahrungen im Hintergrund deutlich spürbar sind. Sie spricht unmittelbar aus der von ihr individuell verarbeiteten anthroposophischen Menschenkunde heraus und den dort geschilderten biografischen Entwicklungsgesetzen. Es kommt ihr darauf an, die Lichtmomente jeder Biografie sowie deren Schattenseiten so ins Bewusstsein zu heben, dass es dem Menschen gelingt, Zugang zu diesen beiden Seiten des Lebens zu finden und auch die unguten und dunklen Aspekte zu integrieren und in ihrer Wertigkeit für die eigene Biografie erkennen zu lernen. Dabei geht sie in ihren Schilderungen und Beispielen immer von konkreten Lebenssituationen aus und führt den Leser so weit, dass er sich angeregt fühlt, selbst weiterzudenken und seine Biografie als Arbeitsfeld in die Hand zu nehmen.

Im zweiten Teil dieser Schrift sind methodische Hinweise für die eigene Arbeit an der Biografie gegeben, die es jedem ermöglichen, den Anfang damit zu machen.

Gudrun Burkhard ist die Begründerin der anthroposophischen Medizin in Brasilien und der dort erfolgreich tätigen «Clinica Tobias», die zum Zentrum der anthroposophisch-medizinischen

Arbeit wurde. In den letzten Jahren hat sie sich ganz der Krebs-nachsorge, der Diätetik sowie der Biografiearbeit gewidmet und dafür die Nachsorge- und Erholungsklinik «Artemisia» begründet. Seither hat sich auch ihre Kurs- und Vortragstätigkeit über Brasilien hinaus auf Europa ausgedehnt, wo sie insbesondere in der Schweiz, in Deutschland, Spanien und Portugal regelmäßig zur Biografiearbeit eingeladen war.

Es war Gudrun Burkhard stets ein Anliegen, ihre medizinische Arbeit in Brasilien im geistigen Zusammenhang mit den Zielsetzungen der Medizinischen Sektion am Goetheanum zu sehen und zu pflegen. Mögen ihre Gesichtspunkte zur Biografiearbeit sich konstruktiv in den Kreis der deutschsprachigen Publikationen zu diesem Thema einfügen.

Medizinische Sektion am Goetheanum
Dornach/Schweiz
August 1992   *Michaela Glöckler*

Danksagung

Dieses Buch ist meinen Lehrern Rudolf Steiner und Ita Wegman, Norbert Glas, Rudolf Treichler und Bernard Lievegoed mit Dank gewidmet, besonders auch Helmut J. ten Siethoff, der mir und meinem Mann vor beinahe dreißig Jahren die Grundlagen zur Biografiearbeit gegeben hat.

Vor allem auch sei den vielen Menschen gedankt, die sich unserer Arbeit anvertraut haben und aus deren Lebensreichtum dieses Buch entstehen konnte. Mein Dank gilt ebenso meinem ersten Mann und Gefährten Peter Schmidt und unseren vier Kindern wie auch meinem zweiten Mann Daniel Burkhard, mein Begleiter in glücklichen und schweren Zeiten, die wir Seite an Seite durchgestanden haben.

Dank auch allen Mitarbeitern der «Artemisia», der Stätte, die für unsere Arbeit in Brasilien eingerichtet wurde.
Zum Zustandekommen der schriftlichen Arbeit haben Lily Wilda und Suzana H. Lüchow beigetragen. Die Zeichnungen stammen von Michael Seltz.

Gudrun Krökel-Burkhard

Einführung

Wenn sich zwei Freunde wieder begegnen, die sich lange nicht gesehen haben, dann erzählen sie sich meist aus ihrem Leben. Sie teilen sich Ereignisse und persönliche Erfahrungen bis zu dem Moment ihres Wiedersehens mit. Ihnen, liebe Leser, geht es sicher auch so.

Auf diese Weise werden längst vergessene Erinnerungen wieder wach. Man stellt Fragen oder äußert seine Beobachtungen und Erinnerungen zu dem Gehörten. Wie zwei Flüsse, die sich hier und da berühren, vermischen, austauschen und dann wieder ihren Weg nehmen, verläuft das Gespräch. Man könnte sich stundenlang auf diese Weise unterhalten. Warum ist dieses Gespräch so erquickend? Unsere Persönlichkeit und die des Gesprächspartners werden wie von einem Zauberstab berührt, sie werden ganz wach und gegenwärtig. Unsere Vergangenheit leuchtet in der Gegenwart in uns auf, und häufig entstehen dadurch neue Entscheidungen und Ziele für die Zukunft.

Wenn wir uns nun einmal diesen natürlichen Vorgang, den jeder erlebt, bewusster und klarer vor Augen halten und ihn in uns aufnehmen, können wir beginnen, an unserer Biografie zu arbeiten. Dieses Buch soll eine Anregung sein, sich in bestimmten Abständen – es können darüber Jahre vergehen – die Zeit zu nehmen, an seiner eigenen Biografie zu arbeiten – allein im stillen Kämmerchen, draußen in der Natur, mit Freunden oder zusammen mit anderen Menschen in einem Kurs. Es kommt ganz darauf an, in welcher Situation wir uns befinden: ob wir uns mehr auf uns konzentrieren wollen oder uns durch die Erfahrungen der anderen bereichern lassen wollen.

Es gibt die vielen Biografien berühmter Persönlichkeiten, aber für jeden Einzelnen ist seine eigene Biografie am wichtigsten. Wir können wohl sagen, dass von den über tausend Biografien, die wir in Gesprächen gehört haben, jede anders und einmalig und jede äußerst interessant ist.

Heute nützt es wenig, ein Genie zu sein oder außerordentlich begabt. Die eigene Genialität kann zwar anderen zugute kommen oder der Welt neue Errungenschaften bringen. Aber sie hilft einem wenig, wenn man sich im sozialen Zusammenleben unmöglich verhält, bei den anderen Menschen dauernd aneckt, mit ihnen nicht auskommt und die Entwicklungsarbeit an sich selbst nicht leistet. Die Genialität strömt aus der Vergangenheit, aber durch die Arbeit an uns selbst, durch die Begegnung mit anderen Menschen und unser Verhalten ihnen gegenüber schreiten wir, in ständiger Umwandlung begriffen, von der Gegenwart in die Zukunft. «Er ist ein Genie – aber im sozialen Leben unmöglich»: Das Verhalten eines Menschen, den man mit solch einem Satz charakterisiert, hat heute keine Berechtigung mehr. Ein weniger begabter Mensch, der sich im Leben Fähigkeiten abringen muss und an sich arbeitet, wird für die Zukunft mehr Früchte ernten als derjenige, der eine große Begabung mitbringt, sich selbst aber nicht läutert.

Nach einem Biografiekurs stellte eine Teilnehmerin die Frage: «Wie kann ich es verhindern, dass ich mich in meine eigene Biografie verliebe?» Dazu ist folgender Gesichtspunkt wichtig: Je mehr wir an unserer eigenen Biografie arbeiten und sie verstehen, desto mehr verstehen wir die anderen Menschen. Es sind sozusagen dieselben «Organe», die das Verständnis wecken. Rückblickend auf unser Leben spüren wir auch, wie viel wir anderen Menschen verdanken. Durch sie sind wir zu dem geworden, was wir heute sind. Und ein Dankbarkeitsgefühl wird uns erfüllen. Wir können diesen Gedanken unendlich erweitern. Wie viel verdanken wir unserem Engel und den Wesen, die den Menschen erschaffen haben? Wie viele Male befanden wir uns in einer Lebensgefahr und sind im letzten Moment aus ihr gerettet

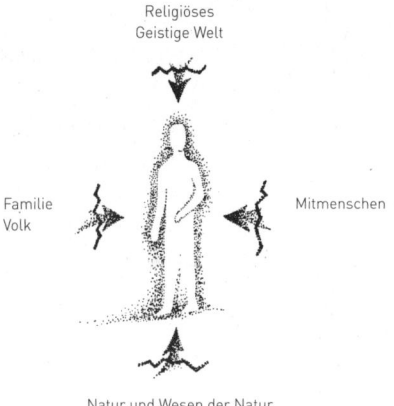

Religiöses
Geistige Welt

Familie
Volk

Mitmenschen

Natur und Wesen der Natur

Abb. 1

worden? Viele Situationen verdanken wir den erhabenen Schicksalsführern, die weiser sind als wir selbst. Und wenn wir auf diese Lebenslagen ganz besonders mit Dankbarkeit zurückschauen, erkennen wir: Allein von mir aus hätte ich das nie geschafft!

Immer mehr Menschen leiden heute an Einsamkeit. Die gegenwärtige Zeit hat uns dahin geführt, dass wir von der geistigen Welt abgeschnitten sind. Unsere Vorfahren hatten noch ein natürliches Verhältnis zum Religiösen. Als moderne, wissenschaftliche Menschen haben wir diese Beziehung verloren. Überdies haben wir uns aus den alten Banden der Familienzugehörigkeit herausgelöst. Jeder will heute seine eigenen Wege gehen. Es wird immer seltener, dass die junge Generation in die Aufgaben und Arbeiten der Älteren einsteigt oder dass gar ein Sohn den Betrieb des Vaters übernimmt. Auch das Zusammengehörigkeitsgefühl mit dem eigenen Land, mit dem eigenen Volk nimmt immer mehr ab. Mehr und mehr werden wir zu Erdenbürgern im weiten Sinne des Wortes. Die modernen Kommunikationsmittel erlauben uns, in wenigen Sekunden alles wahrzunehmen, was auf der ganzen Welt geschieht. Auch den natürlichen Kontakt zur

Erde, zur Natur und zu ihren Gegebenheiten, den unsere Vorfahren noch besaßen, haben wir verloren. Ja, wir zerstören sogar die Natur um uns herum.

Obwohl wir ständig unter Menschen sind, fühlen wir uns einsam und haben wenig Kontakt mit ihnen. Die große Frage stellt sich uns: Wie können wir diese Einsamkeit überwinden? Allein durch einen bewussten Kontakt mit dem Geistigen, durch eine neue Form der Beziehung zur Familie, zur Natur – und vor allem zu unseren Mitmenschen. Der erste Schritt in diese Richtung besteht darin, sich für den anderen Menschen zu interessieren, sich ihm zuzuwenden und nicht zu warten, bis er auf uns zukommt, und nun zu versuchen, seine Individualität besser zu verstehen. Dazu ist es eine gute Hilfe, wenn man den Lebenslauf des Mitmenschen kennt und sich seiner Biografie nicht mit Kritik, sondern mit einer Haltung der Bewunderung zuwendet. Wie großartig und einmalig jede Biografie doch ist und wie sehr jeder Einzelne dieses oder jenes Problem auf eine ganz besondere Art gelöst hat! Wir kommen hier ins Staunen.

Bewusst an seiner eigenen Biografie zu arbeiten bildet in uns das Verständnis für die Biografie des anderen Menschen aus – und damit bauen wir neue Brücken zu ihm. In Goethes «Märchen» fragt der König die Schlange: «Was ist herrlicher als Gold?» – «Das Licht», antwortete die Schlange. «Was ist erquicklicher als Licht?», fragte jener. – «Das Gespräch», antwortete diese.

Ein bewusst geführtes Gespräch trägt ein verbindendes Element in sich – es baut neue Brücken!

Die in diesem Buch erarbeiteten Gesichtspunkte entspringen einer langjährigen Tätigkeit, bei der meine Mitarbeiter und ich mit vielen Menschen in Gruppen gearbeitet haben. Seit 29 Jahren bieten wir in Brasilien Kurse über Biografiearbeit und über biografische Gesetzmäßigkeiten an. Wie ich zu dieser Arbeit gekommen bin, ist in der Autobiografie am Ende des Buches nachzulesen. Diese Kurse entspringen einem therapeutischen

Impuls. Sie stehen allen offen, werden aber besonders für Menschen gehalten, die sich in einer schwierigen Lebenssituation seelischer oder physischer Art befinden. Auch viele Menschen, die in Berufs- oder Lebenskrisen stehen, besuchen unsere Kurse. Die einzelnen Biografien, die in diesem Buch abgedruckt sind, sind authentisch. Sie wurden von einzelnen Teilnehmern der Biografieseminare verfasst.

Der erste Teil des Buches schildert Beobachtungen zum menschlichen Lebenslauf und gibt einen Überblick über biografische Gesetzmäßigkeiten. Wie wir methodisch in unseren Kursen vorgehen und wie jeder Einzelne an seiner Biografie arbeiten kann, geht dann aus einem zweiten Teil des Buches hervor. Die Gedichte zwischen den einzelnen Kapiteln können als Leitmotive für die Arbeit an der Biografie dienen.

Erster Teil:
Gesetzmäßigkeiten
der menschlichen Biografie

Gesang der Geister über den Wassern

Des Menschen Seele
Gleicht dem Wasser:
Vom Himmel kommt es,
Zum Himmel steigt es,
Und wieder nieder
Zur Erde muss es,
Ewig wechselnd.

Strömt von der hohen,
Steilen Felswand
Der reine Strahl,
Dann stäubt er lieblich
In Wolkenwellen
Zum glatten Fels,
Und leicht empfangen
Wallt er verschleiernd,
Leisrauschend
Zur Tiefe nieder.

Ragen Klippen
Dem Sturz entgegen,
Schäumt er unmutig
Stufenweise
Zum Abgrund.

Im flachen Bette
Schleicht er das Wiesental
hin,
Und in dem glatten See
Weiden ihr Antlitz
Alle Gestirne.

Wind ist der Welle
Lieblicher Buhler;
Wind mischt vom Grund aus
Schäumende Wogen.

Seele des Menschen,
Wie gleichst du dem Wasser!
Schicksal des Menschen,
Wie gleichst du dem Wind!

Johann Wolfgang von Goethe

Allgemeiner Überblick

Bevor wir uns mit Einzelfragen der Biografie beschäftigen, ist es hilfreich, sich einen Überblick über Gesetzmäßigkeiten des gesamten Lebenslaufes zu verschaffen. Wir skizzieren daher zunächst die menschliche Biografie mit einem groben Schema.

Der Lebenslauf des Menschen lässt sich in drei große Abschnitte gliedern:

Die *erste Phase* des menschlichen Lebens ist besonders von der körperlichen Entwicklung geprägt. Hier ist unsere Individualität vor allem mit dem Aufbau unseres Leibes und der physiologischen Reifung unserer Organe beschäftigt. Dieser Zeitraum reicht von der Empfängnis bis etwa zum 21. Lebensjahr. Wir können ihn auch die «empfangende Phase» oder die «Vorbereitung» nennen. In ihm wirken wir selbst noch wenig an unserem Schicksal mit. Das Schicksal ist uns vielmehr von unserer Vergangenheit mitgegeben worden.

Dann durchleben wir eine *mittlere Phase*, in der wir uns vornehmlich seelisch entwickeln. In dieser Phase stellt sich uns die große Aufgabe der Selbsterziehung und der Selbstentwicklung. Unsere Individualität ist nicht mehr in dem gleichen Maße wie zuvor leibgebunden. Sie wird mit dem 21. Lebensjahr «mündig» und kann jetzt das Leben in Selbstverantwortung gestalten. Wir leben nun in der Phase der großen «Expansion», in der wir eine Familie gründen, ein Haus bauen, den Beruf ausüben, Karriere machen. Zugleich ist dies die Phase, in der wir es mit vielen Menschen zu tun haben – also eine am sozialen Leben ausgerichtete Phase. Wir lernen an dem anderen Menschen. Wir erleben im zwischenmenschlichen Umgang Konfrontation, Liebe, Begeisterung, Antipathie – Gefühle, mit denen wir leben lernen und die wir unter die Kontrolle unseres Ich bringen müssen. Durch all diese Daseinskämpfe wird unsere Seele immer mehr geschliffen; wir erreichen unsere psychische Reife. In dieser Zeit realisieren wir uns als Persönlichkeit in der Welt. Erst nach diesem Lebensabschnitt sind wir im vollen Sinne erwachsen. Wir sind dann etwa 42 Jahre alt. In dem Zeitraum der seelischen Entwicklung halten sich Aufbau- und Abbauprozesse in unserem Leib das Gleichgewicht; daher können wir nach außen hin außerordentlich produktiv sein.

Nun treten wir in die *dritte Phase* ein, die Phase der geistigen Entwicklung. Wie bei der Pflanze, die sich ausgebreitet und Blüten und Früchte getragen hat, müssen auch bei uns die Früchte des Lebens sichtbar werden. Wir müssen sie zur vollen Reifung kommen lassen. In dieser Zeit lassen die biologischen Kräfte schon allmählich nach, die Abbaukräfte des Leibes gewinnen die Oberhand. In unserer seelisch-geistigen Entwicklung setzen wir uns nicht nur eigene Ziele, sondern wenden uns größeren Zielen zu. Mit anderen Worten: Wir setzen uns Menschheitsziele. Außerdem beginnen wir uns immer stärker mit den nachfolgenden Generationen zu beschäftigen. Unsere Entwicklungsziele zu erreichen erfordert eine größere Anstrengung, weil wir in der Phase, in der wir uns jetzt befinden, nicht mehr von den Lebenskräften des Leibes getragen werden. Gerade das ermöglicht uns andererseits, ein größeres Bewusstsein zu entfalten, denn die Aufbauprozesse des Leibes dämpfen das Bewusstsein herab. Nach der Mahlzeit beispielsweise fühlen wir uns schläfrig; ein Säugling schläft fast die ganze Zeit und verdoppelt innerhalb eines halben Jahres sein Gewicht. Je mehr dagegen der Abbau des Leibes fortschreitet, desto mehr Bewusstsein entwickeln wir. Dank der Abbauprozesse werden in dieser Periode mehr Lebenskräfte frei, die als Bewusstseinskräfte zur Verfügung stehen. (In Abbildung 2, auf Seite 23, haben wir diese Entwicklung durch die Linie a dargestellt.)

In dem jetzigen Lebensabschnitt können die seelischen Kräfte entweder den Aufstieg unserer Bewusstseinskräfte mitvollziehen oder aber, wenn wir nicht bewusst an uns arbeiten, dem Abbau unseres Leibes verfallen. Natürlich kann man auch den Abbauprozess seines Körpers ignorieren und weiterhin mit maximaler Spannkraft arbeiten. Das kann dann allerdings nach einigen Jahren zu einem gewaltigen Zusammenbruch führen – mit Krebs, Herzinfarkt, Stress- oder Erschöpfungssymptomen usw. –, und man wird zu einer Pause in seinem Leben genötigt. Danach muss man dann gezwungenermaßen sein Leben neu gestalten. (Vergleiche die Linie b in der Abbildung 2.)

In der Tierwelt können wir beobachten, dass die Tiere in dieser Lebensphase unnütz und unnötig werden und auf den Tod warten. Das Märchen von den Bremer Stadtmusikanten schildert diesen Vorgang in treffender Weise.

Wenn ich als Mensch die Einstellung habe: «Ach, jetzt bin ich schon fünfundvierzig, es lohnt sich doch nicht mehr, etwas Neues zu beginnen», dann falle ich in meiner seelischen Entwicklung ab. (Vergleiche dazu die Entwicklungslinie c in der Abbildung 2.)

Da der Mensch jedoch nicht nur ein biologisches Wesen, sondern auch ein geistig-seelisches Wesen ist, hat er in dieser Lebensphase große Entfaltungsmöglichkeiten: «Das Leben beginnt mit vierzig!» ist ein treffender Spruch für diese Tatsache. In dieser Zeit lösen sich die seelisch-geistigen Kräfte immer mehr vom Leib, und wir können neue Geistesanlagen in immer größerer Freiheit entfalten.

Um Missverständnisse zu vermeiden: Natürlich findet auch in den ersten 21 Jahren eine seelische Entwicklung statt. Diese ist aber stark körpergebunden. Auch das geistige Element der Persönlichkeit leuchtet in dieser Zeit langsam immer mehr auf. Und selbstverständlich geht auch in der Phase der geistigen Entwicklung, also in dem dritten Abschnitt unseres Lebens, die seelische Entwicklung weiter, und vieles, was in den vorhergehenden Jahren verpasst wurde, kann noch nachgeholt werden. Man kann zudem die seelische Entwicklungsphase nicht verstehen, wenn man nicht auch den Blick auf das Ich richtet, das ständig an der Umgestaltung und Umformung der Seele arbeitet. Immer also wirken Körper, Seele und Geist (Ich) zusammen.

Die drei großen Phasen des Lebens könnten wir auch wie folgt charakterisieren:

- In der ersten Phase überwiegt das Nehmen, das Empfangen. Sie ist die Zeit der Vorbereitung, des «Menschwerdens».
- In der zweiten Phase ist die Wechselwirkung von Nehmen und Geben stärker ausgeprägt. Es ist die Zeit des Lebens und Kämpfens, des «Menschseins».
- In der dritten Phase steht das Geben im Vordergrund. Sie ist die Zeit der «menschlichen Erfüllung».

Von alters her kennt man diese verschiedenen Phasen; sie werden als auch Frühling, Sommer und Herbst des Lebens bezeichnet. Ein Gärtner, der die Jahreszeiten gut kennt, weiß, wann er dieses oder jenes säen muss und wann er es ernten kann. Auch der Mensch, der von den Lebensphasen ein Bewusstsein hat, wird wie der gute Gärtner nicht ernten wollen, bevor der Baum nicht gewachsen ist und geblüht hat. Im Frühling sind alle Pflanzen noch im Keimen und benötigen viel Kraft zum Wachsen. Im Sommer breiten sich die Pflanzen in der Natur ganz aus, und im Herbst reifen die Früchte und bringen Samen. Im Winter dann ruhen die Samen in der Erde und warten auf neues Leben.

Wenn wir das menschliche Leben in zwei Hälften teilten, könnten wir sagen: Bis etwa zum 35. Lebensjahr ist alles auf Vorbereitung eingestellt – es ist wie ein großes Einatmen. Der Körper atmet seine geistige Individualität ein. Diesen Prozess können wir als Inkarnation bezeichnen (siehe Abbildung 2).

Ab dem 35. Lebensjahr ist alles stärker auf Geben eingestellt – wir geben dem Leben und den Menschen, die uns umgeben, dasjenige, was wir empfangen haben, und machen es für die Welt fruchtbar. Das große Ausatmen beginnt. Die jetzige Entwicklung

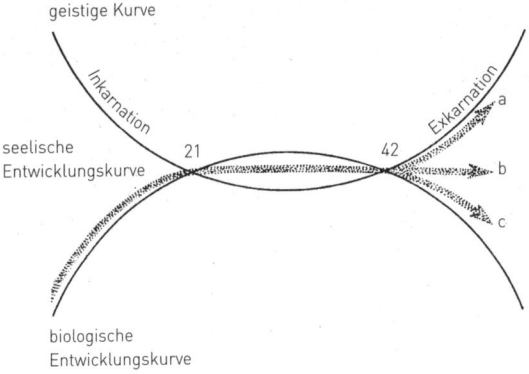

geistige Kurve

Inkarnation

Exkarnation

seelische
Entwicklungskurve

21

42

a

b

c

biologische
Entwicklungskurve

Abb. 2

lässt sich als ein Prozess der Exkarnation charakterisieren (vergleiche wiederum die Abbildung 2). Es ist interessant, dass zu diesem Zeitpunkt (etwa mit 35 Jahren) unsere Lunge die größte Ausdehnungsmöglichkeit besitzt. Ihre Elastizität hat das maximale Volumen erreicht, das sich dann langsam wieder verringert. Auch das Leistungsvermögen eines Sportlers lässt nach dieser Zeit deutlich nach.

Man kann die menschliche Biografie auch mit einem Tagesrhythmus vergleichen. Wir kommen aus dem Schlaf, wir wachen langsam auf, wir öffnen uns der Welt, wir müssen unseren Körper erst anwärmen, damit wir völlig in ihm sind und ihn ganz beherrschen – so wie sich ein Musiker erst einspielen muss, bevor er sein Instrument ganz beherrscht und er ihm die schönsten Töne entlocken kann. Oder wie der Sportler, der sich auch erst anwärmt, bevor er an einem Wettbewerb teilnimmt. Dann kommen die produktiven Stunden des Tages, gleich den produktivsten Jahren im Leben der mittleren Phase. Abends ziehen wir uns langsam von unserem Körper zurück, wir werden müde, bis wir in den Schlaf übergehen – oder in der Biografie in den Tod.

In der Mitte unseres Lebens findet sozusagen eine Umkehrung

der Werte statt. Wir haben vorher Wissen von außen eingesogen, in uns eindringen lassen, und geben diese empfangenen Werte nun in umgewandelter, in geläuterter Form wieder als Weisheit nach außen, an unsere Umwelt, zurück.

Man erlebt oft, dass ein kleines Kind von einer Art «Aura» umgeben wird. Es begegnet der Welt ganz unschuldig und wie verzaubert. Bei manchen älteren Menschen dagegen erleben wir – wenn dieser Mensch eine innere geistige Zufriedenheit und Ausgeglichenheit besitzt – ein Strahlen, ein Leuchten, das von innen heraus kommt. Dasjenige also, was außen war, wird am Ende des menschlichen Lebens von innen heraus ergriffen.

In der ersten Hälfte seines Lebens kommt der Mensch immer mehr auf die Erde. Erziehung und Umgebung müssen dazu beitragen, dass der Körper gesund und stark wird, dass man sozusagen Boden unter die Füße bekommt. Der gesunde Körper bildet dann die Voraussetzung dafür, dass dieser Mensch ein ausgeglichenes seelisches und geistiges Leben führen kann. In der zweiten Hälfte des Lebens ist es stärker das geistige Bewusstsein des Menschen, das zur Harmonie seines Daseins beiträgt, auch wenn der Körper manchmal schon von Krankheit oder Altersbeschwerden befallen ist. In dieser Lebensphase ist ein ausgeglichenes seelisches und geistiges Verhalten Voraussetzung für das körperliche Wohlbefinden des Menschen.

Diese drei großen Phasen können nun jeweils in drei kleinere Phasen unterteilt werden, und so ergibt sich eine Periode von jeweils sieben Jahren, ein «Jahrsiebt». Wir bemerken nach sieben Jahren wesentliche Veränderungen im Lebenslauf, und wir werden lernen müssen, unser Augenmerk auf sie zu richten.

Schon früher hat man den Lebenslauf in Jahrsiebte (den Zeitraum von sieben Jahren) eingeteilt; Rudolf Steiner hat diese Betrachtungsweise wieder aufgegriffen und durch geisteswissenschaftliche Gesichtspunkte fundiert. Am Anfang oder am Ende jedes Jahrsiebts finden besondere Umwandlungen statt, die in der ersten großen Lebensphase vor allem leiblich, dann in der zweiten stärker seelisch und in der dritten Phase in erster Linie geistig-seelisch sichtbar werden. In dem Kapitel *Rhythmen und Spiegelungen in der Biografie* (siehe S. 171 ff.) werden wir näher darauf eingehen. Wir werden die Jahrsiebte in den geschilderten beispielhaften Biografien besonders berücksichtigen. Um nicht einen rein theoretischen Weg zu gehen, werden wir immer wieder Biografien betrachten und uns langsam die theoretischen Begriffe erarbeiten.

Wir wollen nun versuchen, uns anhand einiger Lebensläufe in das Element des Biografischen einzufühlen.

Biografie 1

Ich wurde in Portugal geboren, in einem kleinen Dorf in der Nähe von Coimbra. Dort gab es viel Grün, viele Bäume, und das Gebirge war auch nicht weit entfernt. Es war ein sehr schöner, ruhiger Ort. Ich bin das dritte Kind und habe einen drei Jahre älteren und auch noch einen vierzehn Monate älteren Bruder.

Meine erste Erinnerung:

Es war um meinen zweiten Geburtstag herum, als meine kleinere Schwester geboren wurde. Ich hörte das Schreien meiner Mutter, die wohl in den Wehen lag. Meine älteren Brüder waren außer Hause, und ich fühlte mich sehr einsam. Ich kletterte auf einen Stuhl, um aus dem Fenster zu schauen. Man blickte über Berge und Täler. Da sah ich plötzlich die Mutter Gottes mit einem roten Kleid und blauen Mantel. Ich erschrak sehr und lief davon.

Als ich mit 68 Jahren wieder in jenes Haus zurückkam, sah ich genau das Fenster und den Stuhl und fühlte einen leichten Schauer. Ich sehe das Bild noch wie damals vor mir.

Nach drei Jahren wurde eine weitere Schwester geboren.

Als ich drei Jahre alt war, verlor mein Vater sämtliches Hab und Gut. Wir zogen in das Haus meiner Großeltern in Aveiro; mein Vater siedelte dann nach Brasilien, nach Bahia, um. Ich war damals vier Jahre alt. Schließlich sind auch wir, meine Mutter, die wieder schwanger war, und die vier Geschwister nach Salvador (Bahia) dem Vater nachgezogen. Dort starben innerhalb einer Woche meine beiden jüngeren Schwestern an einer bazillären Durchfallerkrankung, nachdem wir unreines Wasser getrunken hatten. In der Woche darauf wurde meine Mutter von einem anderen Kind, meinem neuen Schwesterchen, entbunden. Da die Kleine, um den Verlust der beiden anderen Kinder auszugleichen, mit großem Eifer umsorgt wurde, war ich natürlich sehr eifersüchtig.

Als ich fünf Jahre alt war, zog die ganze Familie nach Rio de Janeiro, aber dort war alles schwierig. Um die Gesundheit meiner

Mutter stand es auch nicht gut. So entschloss sie sich, mit den vier Kindern nach Portugal zurückzukehren, und wir alle lebten wieder im Haus meiner Großeltern in Aveiro. Mein Vater blieb in Brasilien und war im Vertretungsgeschäft tätig. Später zog er nach São Paulo um.

Aveiro ist eine sehr schöne Stadt, mit vielen Blumen, und sehr sauber. Die Stadt wird von einem Flussarm durchquert, der besonders für uns Kinder eine große Attraktion darstellte, denn dort verkehrten viele Schiffe und Boote, die mit Zeichnungen geschmückt waren. Es war ein besonders buntes Leben. Meine Brüder gingen in Aveiro in die Vorschule, und ich besuchte in einem Schwesternkolleg die Primarschule. Nach den ersten vier Jahren kam ich in eine andere Schwesternschule, in der ich gut Portugiesisch und auch Handarbeiten lernte. Dann, mit elf Jahren, wurde ich krank: Ich bekam Paratyphus.

Mein Vater hatte inzwischen in São Paulo eine Keramikfabrik gegründet und stellte Wasserfilter her. Später kaufte er dann die Firma «Salus» auf, die Wasser reinigte und sterilisierte. Er stellte also Filter her, um Wasser zu sterilisieren.

Es ist interessant, wie eine negative Erfahrung im Schicksal – Tod der beiden Töchter durch verseuchtes Wasser – sich hier umwandelt und zu etwas Positivem wird.

In Aveiro war meine Kindheit etwas traurig, denn meine kleinere Schwester hatte alle Aufmerksamkeit auf sich gelenkt, und ich fühlte mich immer etwas zurückgestellt. Heute verstehe ich, dass dieses Kind wie ein Engel für meine Mutter war, da sie doch die beiden anderen Kinder verloren hatte.

Nach sechs Jahren reisten wir erneut nach Brasilien, aber jetzt direkt nach São Paulo. Damals war ich fast zwölf Jahre alt. Mein Vater besaß, wie gesagt, die Filterfabrik. Mit zwölf Jahren bekam ich meine erste Menstruation. Auch kam ich wieder in eine

Schwesternschule, São José, um das vierte Vorschuljahr zu wie-
derholen. An diese Schulzeit habe ich keine gute Erinnerung. Ich
wurde dort wieder zurückgestellt, fühlte mich als Fremde und auf
die Seite gedrängt. Als ich nämlich aus Portugal zurückkehrte,
hatte ich einen sehr starken portugiesischen Akzent.

Man muss dazu bemerken, dass die Brasilianer ein ganz anderes,
viel weicheres Portugiesisch sprechen.

Und so wurde ich ein Opfer der Spötteleien meiner Mitschüler. Im
Geschichtsunterricht hatte die Nonne immer etwas an den Por-
tugiesen auszusetzen. Ich wurde darüber sehr böse und empört
und machte meinem Vater Vorwürfe, dass er mich aus Portugal
weggeholt hatte. Ich schmiedete sogar heimlich Reisepläne, um
dorthin zurückzukehren. In dieser Zeit habe ich mich sehr nach
innen gekehrt und mich in mich verschlossen.
  Mit 14 Jahren begann ich einen Sekretariatskurs, um Sekretä-
rin zu werden. Meine Mutter arbeitete in dieser Zeit in einem
Geschäft. Als ich 16 Jahre alt war, gründete meine Mutter eine
Verkaufsstelle für die Wasserfilter. Es war die «Casa Salus», und
ich begann für meine Mutter in diesem Geschäft nachmittags zu
arbeiten. Vormittags nahm ich Englisch- und Klavierunterricht.
Schon damals wurde ich verantwortlich für die Kasse und alle
schriftlichen Arbeiten sowie für die Buchhaltung des Geschäfts. In
dieser Zeit fühlte ich mich sehr glücklich, ging in meiner Arbeit auf
und kam mir sehr wichtig vor. Auch finanziell war ich unabhängig.
  Etwa mit 18 Jahren unternahm ich mit meinen Eltern und Ge-
schwistern eine lange und schöne Reise nach Portugal. Es war für
mich eine große Freude, meine Verwandten und die Orte meiner
Kindheit zu besuchen. Als ich zurückkehrte, arbeitete ich weiter,
nahm wieder meine Studien auf, bekam mein Geld und konnte
mir kaufen, was ich wollte, meistens importierte Sachen. Ich fühlte
mich glücklich, unabhängig und wichtig. Trotzdem begann ich aber

auch gleichzeitig eine große Leere in meinem Leben zu spüren. Das stimmte mich traurig. Irgendwie fühlte ich mich unnütz, oberflächlich und leer. Ich wollte gerne helfen und das Gefühl haben, dass jemand mich brauchte. Ab und zu reiste ich mit meinem Vater nach Rio de Janeiro, denn auch dort hatten wir eine Filiale, und mein Vater musste das Geschäft besuchen. Das Familienleben lief so weiter – meine Brüder heirateten, und ich bekam auch schon Neffen.

Erst in meinem 25. Lebensjahr begegnete ich dem Mann, den ich später heiratete und der nun meinem Leben einen Sinn gab. Ich war nicht toll verliebt, aber ich hegte eine große Sympathie und Bewunderung für ihn. Allmählich entstand eine tiefere Liebe, eine solide und schöne Liebe. Ich heiratete aber erst mit 28 Jahren. Gerade am Tag meiner Hochzeit war mein Vater abwesend und bekam auf seiner Reise einen Schlaganfall. Er reiste in diesem Jahr noch einmal nach Portugal und starb, als ich 29 Jahre alt war, in Aveiro im Haus meiner Großeltern. Dort wurde er auch begraben.

Mein Leben verlief in derselben Weise zwischen Arbeit und Haushalt weiter.

Ich bewunderte die Intelligenz meines Mannes sehr, seine Art zu arbeiten, seinen Charakter und seine Moral. Er war sehr gütig, aber auch sehr eifersüchtig.

Als ich 31 ½ Jahre alt war, bekam ich eine starke Darminfektion und hatte über 40 Grad Fieber. Da hatte ich wieder denselben Traum wie während meiner Kinderkrankheiten, also bei den Masern und beim Paratyphus. Ich träumte, dass ich höher und höher stieg und bis zum Himmel gelangte. Dort kam mir Petrus entgegen, ein sehr netter alter Mann mit Bart und weißen Haaren, und machte mir die Tür zum Himmel auf. Es war wunderschön. Wunderbare Töne, weiße Blumen. Auch der heilige Antonius ging mir entgegen, und er war unvergesslich und unbeschreiblich schön. Auf einmal sagte mir jemand, dass ich noch nicht hier bleiben könne, dass ich zurück müsse. Da wachte ich auf und schrie. Ich fiel und fiel immer schneller, fiel auf Stacheldraht und wurde ganz *blutig. Danach empfand ich jedes Mal, wenn ich aufwachte, Angst und Entsetzen. Seit meiner Kindheit, etwa seit ich sechs Jahre alt war, hatte ich immer diesen selben Traum mit denselben Einzelheiten. Mit 31 ½ Jahren, nach jener starken Darminfektion, wurde mir dies bewusst. Ich verbrachte dann einige Zeit im Haus meiner Mutter, wo ich mich von der Krankheit erholte. In demselben Jahr, als ich 32 Jahre alt war, bekam mein Mann eine Art Polyneuritis und musste sich einer Punktion der Wirbelsäule unterziehen. Es dauerte lange, bis man schließlich die genaue Diagnose stellen konnte. Drei Jahre später begann mein Mann – man hatte ihm noch nicht die richtige Krankheitsdiagnose gestellt –, spiritistische Sitzungen zu veranstalten und alles mögliche auszuprobieren. Man vermutete, er leide an infektiösem Rheumatismus, aber die Untersuchungen brachten alle keine positiven Resultate. Mein Mann war extrem aggressiv, rebellierte und wollte sich sogar das Leben nehmen. In dieser Zeit kam Dr. Alexander Leroi zu einer Vortragsreise nach Brasilien. Er vermutete, mein Mann habe multiple Sklerose. Die Vermutung bewahrheitete sich. 15 Jahre lang litt mein Mann an dieser Krankheit. Damit hatte ich die Aufgabe, die ich mir gewünscht hatte: nützlich zu sein und jemandem helfen zu können.*

In meinem 36. Lebensjahr fuhren wir in die Schweiz. Mein Mann war neun Monate lang in der Ita-Wegman-Klinik in Arlesheim untergebracht. Wir haben dort bedeutende Menschen getroffen und begannen nun auch, Anthroposophie zu studieren. Als ich 37 Jahre alt war, waren wir noch einige Monate in Portugal, wieder im Haus meiner Großeltern in Aveiro. Danach kehrten wir wieder nach Brasilien zurück. Mein Mann musste damals schon den Rollstuhl benutzen. In São Paulo führte er die anthroposophische Behandlung weiter, auch mit Massagen und Heileurythmie. Er fühlte sich manchmal besser, manchmal aber auch schlechter. Während ich ihn pflegte, spürte ich, dass ich mich sehr verändert hatte. Zwischen uns entstand eine wunderbare geistige Liebe, die so stark war, dass sie nie zu Ende gehen wird. Morgens pflegte ich meinen Mann, und nachmittags ging ich meiner Arbeit nach. In den 15 Jahren seiner Krankheit war er das Instrument meiner Reinigung, meiner geistigen Erhöhung, Reifung und Läuterung. Nie mehr im Leben kam ich mir unwichtig, leer oder unglücklich vor. Ich spürte eine große innere Harmonie, und diese starke Verbindung mit meinem Mann reichte über den Tod hinaus und stärkt, beschützt und führt mich bis heute.

Als ich 43 Jahre alt war, kam meine Mutter zu uns, um bei uns zu wohnen. Ein Jahr später waren mein Mann und ich noch einmal zusammen auf einer Farm bei meinen Verwandten. Dort ging es meinem Mann schlecht, und seitdem verließ er sein eigenes Haus nicht mehr.

Wiederum ein Jahr später kam mein Neffe mit 19 Jahren bei einem Autounfall tragisch ums Leben. Bei der Hochzeit eines anderen Neffen waren wir Trauzeugen. Ein weiterer Neffe vertrat meinen Mann am Altar. Ich war 47 Jahre alt, als meine Mutter Herzbeschwerden bekam; außerdem litt meine Hausangestellte, die schon jahrelang bei uns war und die meinen Mann bereits als Kind gepflegt hatte, unter stark geschwürigen Krampfadern und musste operiert werden. So übernahm ich im Haus die Pflege von drei Personen. Die Lähmung meines Mannes schritt immer weiter voran. Schließlich ist er am 4. Juni 1970 gestorben. Damals war ich gerade 48 Jahre alt. 22 Jahre sind wir zusammen gewesen. Er war mein bester Freund.

Nach dem Ableben meines Mannes stürzte ich mich ganz in die Arbeit und baute in der Firma einige Filialen auf. Schließlich hatte ich vier große Häuser unter mir, die ich verwaltete. Ab dem 56. Lebensjahr gab ich die Arbeit langsam wieder ab und behielt schließlich nur noch einen Betrieb bei.

Nachtrag (1985, mit 63 Jahren geschrieben):

Immer noch leite ich dieses eine Geschäft. Endlich habe ich gelernt, den anderen Menschen mehr Autonomie zu geben. Ich liebe

*den Kontakt mit den Kunden. Abends gehe ich nach Hause, wo
ich allein lebe. Ich fühle mich etwas faul und «zu etabliert». Ich
möchte mir nicht unnütz vorkommen und möchte noch eine neue
Aufgabe finden. Seit neun Jahren habe ich keine Ferien gehabt.
Ich möchte noch einmal in die Schweiz und nach Portugal reisen.*

Diese Ferien kamen aber erst nach weiteren drei Jahren zustande,
und 30 Jahre nach ihrem Aufenthalt in der Schweiz kam Frau L.
wieder nach Arlesheim, besuchte die Klinik und das Goetheanum und studierte dort hauptsächlich die holzgeschnitzte Statue
des «Menschheitsrepräsentanten» von Rudolf Steiner. Auf der
Rückreise durch Portugal übernachtete sie noch einmal in dem
Haus, in dem sie geboren war. Nach ihrer Rückkehr nach Brasilien entschloss sie sich, das letzte ihrer Geschäfte zu verkaufen.
Schließlich hatte sie 28 Jahre hintereinander, von 1960 bis 1988,
gearbeitet. Das Geschäft ihrer Eltern wurde einem Neffen übergeben.

Hauptdaten der Biografie:

2 Jahre:	Erste Erinnerung (geistiges Erlebnis).
3 Jahre:	Der Vater siedelt nach Brasilien um.
4 Jahre:	Sie selbst kommt nach Brasilien – Verlust zweier Geschwister.
5 Jahre:	Nach Portugal zurück.
11 Jahre:	Paratyphus.
12 Jahre:	Zurück nach São Paulo, Brasilien.
14 Jahre:	Ausbildung als Sekretärin.
16 Jahre:	Sie beginnt zu arbeiten.
18 Jahre:	Reise nach Portugal, Besuch der Orte ihrer Kindheit.
25 Jahre:	Sie lernt ihren zukünftigen Mann kennen.
28 Jahre:	Heirat, Tod des Vaters.
31 ½ Jahre:	Darminfektion – übersinnliches Erlebnis.
32 Jahre:	Erkrankung des Mannes.
36 Jahre:	Neuer Einschnitt – sie lernt in Arlesheim die Anthroposophie kennen.
37 Jahre:	Reise nach Aveiro, Portugal.
43 Jahre:	Die Mutter kommt ins Haus.
48 Jahre:	Tod des Mannes – Aufbau der Geschäfte.
56 Jahre:	Allmähliche Abgabe der Geschäfte, von denen sie nur noch eines behält (ohne Ferien).
63 Jahre:	Intensive Arbeit in einem Geschäft (ohne Ferien).
66 Jahre:	Reise zum Goetheanum, in die Ita-Wegman-Klinik und nach Portugal – Entschluss, auch das letzte Geschäft zu verkaufen (Übergabe an den Neffen).

Man könnte diese Geschichte als einen Lebenslauf ohne große Dramatik bezeichnen. Warum haben wir sie dennoch gewählt? Weil wir Frau L. als Patientin über lange Jahre verfolgt haben und weil sie während einiger Jahre auch an ihrer eigenen Biografie arbeiten konnte. Einige typische Gesetzmäßigkeiten können an diesem Lebenslauf beobachtet werden.

Betrachten wir die Gesetzmäßigkeiten der ersten drei Jahrsiebte: Das Lebensfeld von Frau L. wird immer mehr erweitert. Haus, Schule, Leben (Beruf) sind drei Schritte, in denen sich die Heranwachsende immer mehr entfaltet. In ihrem zwölften Lebensjahr, durch den Spott der Kinder und weil sie sich «anders» fühlt, wird sie schüchtern, und sie kehrt sich nach innen. Mit 16 Jahren fängt Frau L. an zu arbeiten, und man hat den Eindruck, dass ihr Lebensmotiv, der Handel, hier einsetzt. Trotzdem fühlt sie sich unglücklich und leer.

Mit 28 Jahren verliert sie den Vater, und sie heiratet – das Alte bleibt zurück, Neues beginnt. Die Verbindung mit ihrem Lebensgefährten stellt sie nach dreieinhalb bis vier Jahren vor neue Aufgaben: die Pflege eines Kranken durch 15 Jahre hindurch, die ihr ermöglicht, zu einer spirituellen Weltanschauung zu kommen und ihr Wesen in Hingabe und Liebe zu läutern.

Erst nach dem Tod ihres Mannes greift Frau L. ihr Leitmotiv wieder auf, den Handel. Ihre Geschäfte dehnt sie im Laufe von sieben Jahren (vom 49. bis zum 56. Lebensjahr) nach und nach zu vier großen Verkaufszentren aus, um sich dann, nach dem 56. Lebensjahr, wieder allmählich aus der Arbeit zurückzuziehen. Das eine Geschäft, das sie beibehält, führt sie noch sieben Jahre weiter.

In der Biografie von Frau L. fallen uns auch noch die Einschnitte der Mondknoten auf. (Alle 18 ½ Jahre wiederholt sich in der menschlichen Biografie ein Mondknoten – auf diese Gesetzmäßigkeit kommen wir in dem Kapitel *Rhythmen und Spiegelungen* noch zu sprechen.) Zu diesen Zeitpunkten entwickelt sich bei Frau L. ein stärkerer Drang, ihre Heimat, das Haus der Großeltern, den Ort ihrer Kindheit zu besuchen. Das geschieht sowohl mit 18 wie mit 37 Jahren! Auch mit 56 Jahren taucht der Wunsch wieder auf, realisiert sich aber erst mit 66 Jahren.

Im Leben von Frau L. ist zudem ein Saturnrhythmus (ein Einschnitt oder eine Wiederholung nach jeweils 30 Jahren) sichtbar: Nach 30 Jahren sucht sie die Stelle ihrer geistigen Heimat wieder auf, die Ita-Wegman-Klinik und das Goetheanum.

Biografie 2

Ich war unter zwölf Geschwistern das siebte Kind. Mein Vater war ein Indianer, meine Mutter Portugiesin. Ich lebte mit meiner Großmutter zusammen in einer kleinen Indianerhütte hinter dem Haus der Familie. Wir, Oma und Enkelin, gingen Tag für Tag in den Wald, um Kräuter und essbare Früchte zu sammeln und vor allem nach Tabakpflanzen zu suchen. Ich musste für meine Großmutter die Fäden drehen, die sie für ihre Weberei brauchte. Wenn der Tabak reif war, wurden die Blätter gepflückt. Ich musste sie aufrollen, und die Großmutter drehte große schwarze Würste daraus. Der Tabak wurde für Heilzwecke gebraucht, aber auch für die Pfeife meiner Großmutter. Sie war eine Heilerin; viele Indianer kamen zu ihr, um sich bei ihr Rat und Kräuter für ihre Krankheiten zu holen. Alle Patienten wurden mit einem Sprüchlein behandelt. So lernte ich früh die Heilkräuter und auch die Sprüche für jede Wunde kennen. Die Großmutter hatte mich zu ihrer Nachfolgerin ernannt, obwohl ich nicht ihre liebste Enkelin war. Sie liebte vor allem eine meiner hellhäutigeren Schwestern, die sie öfters auf den Schoß nahm und liebkoste. Meine Schwester durfte aber nicht das Haus der Großmutter betreten; ich war die Auserkorene, die die Nachfolgerin der Heilpraktikerin werden sollte.

Jeden Abend guckte ich durch die Ritzen der «Oca» (des Indianerhauses), wohin die Indianer für das Abendritual zu ihren Gesängen kamen. Da durfte niemand dabei sein. Der Rest der Familie musste sich im Haus verstecken.

Mit sechs Jahren brachte ich mir selbst das Schreiben und das Lesen bei, und mein Vater lehrte mich das Rechnen und andere Künste.

Als ich neun Jahre alt war, kam eines Abends meine Großmutter aus dem Wald. Sie war müde und legte sich in die Hängematte, ließ ihren Sohn rufen und sagte ihm, dass sie jetzt sterben werde. Sie nahm kein Sterbesakrament an. Nach ihrem Tod wur-

de sie von der Familie im Haupthaus aufgebahrt. Als sie beerdigt worden war, geschah das Unerwartete: Mein Vater zündete ihre ganze Hütte an. Alles verbrannte, nur ein Rest Asche blieb übrig. Was wurde nun aus mir?

Von dieser Zeit an verarmte unsere Familie immer mehr; mein Vater kaufte sich neue Kleider und spazierte mit anderen Frauen in der Stadt umher. Ich musste die ganze Familie ernähren, weil ich die Wurzeln und Früchte des Waldes kannte.

Mein Vater mischte sich auch in die Politik ein. Die Regierung wechselte, und mein Vater wurde verfolgt. Ich musste nun als Beschützerin neben meinem Vater hergehen. In einer kleinen, noch von der Großmutter gewebten Tasche verbarg ich seinen Revolver. Als ich elf Jahre alt wurde, gab mir mein Vater einen kleinen Revolver mit weißem Perlmutt. Schnell übte ich, auf Ziele zu schießen. Unsere Familie, die inzwischen eine Hühnerzucht betrieb, erlebte, wie ich Huhn um Huhn als Zielscheibe benutzte und wie meine Mutter ärgerlich wurde, weil sie die Hühner kochen musste, anstatt sie zu verkaufen. Aber im Grunde half ich kräftig mit und verkaufte viele Hühner für die Familie. Ich war sehr hilfsbereit und sehr wissbegierig. Ich half nun, den Bauern in der Umgebung Lesen und Schreiben beizubringen. Als ich in die Schule kam, übersprang ich die ersten drei Klassen und war immer die beste in meiner Klasse. Freundschaften hatte ich keine. Ich bat meinen Vater inständig darum, dass ich auf das Gymnasium gehen durfte. Ich musste eine schwere Prüfung machen und bestand sie. Ich war die erste Frau in der Familie, die studieren durfte. Auch im Gymnasium erwies ich mich als beste Schülerin. Ich verdiente mir das Geld für den Unterhalt, indem ich in der Kantine der Schule arbeitete und vielen Kindern Privatunterricht erteilte. Auch brachte ich den Bauern weiterhin Lesen und Schreiben bei.

Eines Tages wurden ältere Leute auf mich aufmerksam und brachten mir geheimnisvolle Bücher. Es waren Bücher von dem «großen Bruder». Ich war verwundert über all diese Ideen. Allmählich brachte ich auch den Bauern diese Ideen bei. Ich sprach im Radio und gründete eine Zeitung. So wurde ich im Land immer bekannter, bis eines Tages die Militärregierung auf mich aufmerksam wurde. Sie hätte mich gern beiseite geschafft. Ich floh und versteckte mich. Aber mein gutgläubiger Vater verriet mein Versteck. Ein Jahr musste ich im Gefängnis bleiben – vom 17. bis zum 18. Lebensjahr. Schließlich wurde ich freigelassen und reiste in eine ausländische Stadt. Dort übernahm ich zusammen mit Pfarrern eine Arbeit bei den Bauern und brachte ihnen Lesen und Schreiben bei. Die Bauern hatten Mühe, mit ihren groben und rauen Händen den Bleistift zu greifen. Ich schmierte ihnen Schweinefett auf die Finger, die dadurch wieder geschmeidig wurden. Schließlich konnten die Bauern ihren Namen schreiben, und ihr Bewusstsein schärfte sich für die Dinge, die in der Welt vorgingen.

Die Ideen des «großen Bruders» wurden mir zu eng. Zu dieser Zeit wurde eine Guerilla-Bewegung geplant und entwickelt. Eine Bahn bis weit nach Paraguay hinein wurde für sie gebaut. Am Weg entlang lagen viele Farmen, die der Guerilla Schutz boten. An diesem Plan arbeitete ich eifrig mit, bis ich wieder ins Gefängnis gesteckt wurde, mit 19 Jahren. Diesmal saß ich zwei Jahre, die härter waren als die ersten. Ich legte mir ein Schweigegelöbnis auf. Es gelang mir auch, keine Aussagen zu machen über meine Mitstreiter, obwohl ich schwer gefoltert wurde. Meine Haut bekam Flecken und Wunden, die gar nicht mehr heilen wollten. Trotz vielfacher Behandlung stellten sich auch Fieberschübe und rheumatische Beschwerden ein. Als ich am Bein verwundet wurde, verlor ich so viel Blut, dass ich in ein Krankenhaus eingeliefert werden musste. Obwohl man mich intensiv untersuchte, entdeckte man keine Krankheit bei mir. Nach sechs Monaten Aufenthalt im Krankenhaus gelang es mir zu fliehen. Ich war gerade 21 Jahre alt. Ich floh durch mehrere Länder Südamerikas, bis ich endlich in einem dieser Länder meinen Lebensgefährten gefunden habe.

Ich heiratete und wurde glücklich. Mein Mann brachte einen Stiefsohn mit in die Ehe. Ich wurde bald schwanger und brachte ein hübsches Kind zur Welt. Ich war eine glückstrahlende Mutter. Zwei Jahre zuvor jedoch hatte man bei mir eine Krankheit diagnostiziert: Lupus. Sie tauchte in den nächsten Jahren immer wieder auf, störte mich aber nicht allzu sehr. Ich hatte weiterhin Freude am Unterrichten.

In einem der südamerikanischen Länder nahm ich mein Studium wieder auf und machte mein Diplom in Soziologie. Mein Leben aber wurde immer gefährlicher, und es genügte nicht mehr, sich in Südamerika zu verbergen. So floh ich nach Europa, wo ich mich nacheinander in drei verschiedenen Ländern niederließ. Ich unterrichtete weiter, begann aber auch mit einer Arbeit im Verlag. Mein Leben verlief recht befriedigend, aber die Sehnsucht nach dem Heimatland wuchs.

Eines Tages zeigte man mir einen Film, in dem ich auf dem Flughafen stand und die Kinder nach Brasilien verabschiedete. Der tränenrührende Film sollte mir mit Absicht gezeigt werden. Ich ließ das jedoch nicht mit mir geschehen. Zum ersten Mal rebellierte ich und weigerte mich, den Film weiter anzusehen. Ich war wieder Herr meiner selbst. In dieser Zeit wurde in Brasilien ein Exilgesetz verabschiedet, und die Exilanten, also auch ich, durften in ihre Heimat zurückkehren. Meine Familie hat mich zu Hause rührend empfangen. Ich war gerade 28 Jahre alt.

Das Leben in meinem Heimatland war neu für mich. Neue Menschen, Versuche, das Land zu verstehen. Hinzu kam, dass mein Mann keine Arbeit fand. Er benötigte einige Zeit, um sich der neuen Situation anzupassen. Ich begann zu unterrichten und verdiente so das Geld für die Familie. Nach einiger Zeit wurde mein Mann immer seltsamer. Er war ein Exilant, und die Frauen fanden das interessant. Eines Tages brachte er eine Schönheit mit hohen Absätzen nach Hause. Er wollte sogar mit uns beiden zusammen wohnen. Das ließ ich mir nicht mehr gefallen und *zog mit den beiden Kindern aus. Ich war zutiefst deprimiert und unglücklich. Ich liebte meinen Mann immer noch und konnte es, nach all dem, was wir miteinander durchgemacht hatten, nicht verstehen, dass er sich die erste beste Frau schnappte und seine eigene Frau stehenließ.*

Als ich mich von meinem Mann trennte, war ich etwa 30 Jahre alt. Es dauerte zwei Jahre, bis ich mein inneres Gleichgewicht wiederfand. Dann bekam ich wieder Freude an der Arbeit. Ich begann auch im Filmgeschäft und in der Werbebranche zu arbeiten. Daneben bereitete ich herrliche brasilianische Süßigkeiten zu, die eine Freundin für mich verkaufte. So verdiente ich gut meinen Unterhalt für mich und meine Kinder.

Ich war beinahe 35 Jahre alt, als ich mich wieder heftig verliebte. Diese Liebe war aber unrealisierbar. Ich war schwanger geworden, verlor aber das Kind mit drei Monaten. In dieser Zeit holte mein Mann die beiden Kinder zu sich. Ich kam in die größte Krise meines Lebens. Ich stand allein da, ohne Kinder, und fühlte immer stärker eine wachsende Leere in mir, eine Sehnsucht nach irgendetwas anderem.

Ich hatte mich endgültig von der Politik abgewendet. Langsam fühlte ich, wie ein neuer kleiner Keim in meiner Seele wuchs. Ich begann, wieder das Geistige zu suchen, das meine Großmutter in mir angelegt hatte – eine geistige Wahrheit, sich selbst zu finden. Meine Kinder kamen wieder zu mir, und das Haus erhielt neues Leben. Auch lernte ich in dieser Zeit – etwa mit 38 Jahren – einen neuen Partner kennen. Wir waren zwei Seelen und ein Herz und ergänzten uns vollkommen.

So ist aus dem kleinen Mädchen Tanga eine reife Frau geworden, die nun mit 39 Jahren bewusst ihr Leben ergreift und neue Werte sucht, die die Schwere ihrer Krankheit versteht und mithilfe der neuen, geistigen Werte versucht, mit der Krankheit fertig zu werden.

Was zeigt sich an dieser Biografie? Wir erleben ein Kind, das wie ein Erwachsener behandelt wird, das früh vor große Verantwortungen gestellt wird; das nicht bei seiner Familie und seinen Geschwistern lebt, sondern abseits mit der alten Großmutter, die es braucht, um ihm ihre Begabungen und Verantwortungen zu vererben.

Im neunten Lebensjahr erlebt Tanga, wie ihr Heim nach dem Tod ihrer Großmutter verbrannt wird und ein völlig neues Leben beginnt. Jetzt kommen noch größere Verantwortungen auf sie zu. Sie wird von Neuem ausgenutzt, diesmal vom Vater und später von Politikern. Sie steht ihnen immer zur Verfügung. Während der Pubertät macht sie in der Gefangenschaft schwere Erfahrungen. Bis zu einem gewissen Grad wird sie hier von ihrer Unschuld beschützt. Dennoch erkrankt sie ernstlich.

Dann durchlebt die Patientin eine Phase mit vielen seelischen Enttäuschungen. Schließlich kommt sie mit 37 Jahren wieder zu sich selbst und findet ein inneres geistiges Band.

Wir werden einzelne Phänomene, wie sie in dieser Biografie auftreten, in den folgenden Kapiteln genauer verstehen lernen.

Die Entwicklung bis zum 21. Lebensjahr: «Das Menschwerden» – Vorbereitung für das Leben

Die ersten Entwicklungsjahre, bis zum Zeitpunkt der Mündigkeit, also etwa bis zum 21. Lebensjahr, formen das ganze Leben eines Menschen. Der Mensch wird in eine bestimmte Familie hineingeboren, kommt in einem bestimmten Land zur Welt und erlernt zuerst die dort gängige Sprache. Ob er ein Einzelkind ist oder Geschwister hat, wird später für seine individuelle und soziale Entwicklung von großer Bedeutung sein. Es gibt eine Reihe von inneren und äußeren Faktoren, die den Menschen formen. Die inneren Faktoren bringt sich der Mensch sozusagen selbst mit. Sein Körperbau etwa ist ein solcher Faktor: ob der Mensch lang aufgeschossen und dünn ist oder gedrungen und füllig. Diese Faktoren hängen allerdings mit der Vererbung durch die Eltern zusammen. Zu den Faktoren, die dem Menschen sozusagen «in die Wiege mitgelegt» werden, gehören auch das Temperament, die Einflüsse des Tierkreiszeichens und der Planeten. Wir werden darauf unten, auf S. 210, noch zu sprechen kommen.

In dem ganzen ersten Jahrsiebt hat die menschliche Individualität die Aufgabe, ihren Körper umzuformen.

Wir können einen Vergleich ziehen: Wer von uns hat nicht schon das Bedürfnis gehabt, sein Zimmer oder sein Haus neu zu gestalten, wenn er von einer Reise zurückgekehrt ist und innere Veränderungen durchgemacht hat? Oder ein anderer Vergleich: Wir lassen unser Haus von unserem Architekten bauen, aber kurz bevor es fertig ist, krempeln wir es doch so um, wie wir es für uns einrichten wollen. Eine ähnliche Aufgabe hat die menschliche Individualität. Sie ist geistiger Natur und kommt auf die Erde, um den physischen Körper, der durch die Vererbungskräfte von Vater und Mutter geprägt wird, umzuwandeln. Aus der Anthroposophie wissen wir, dass dieser Umbauprozess durch Kinderkrankheiten, die in den ersten Lebensjahren auftreten, gefördert wird. Im ersten Jahrsiebt werden sozusagen alle Substanzen erneuert, und jede Zelle bekommt einen individuellen Charakter. Wenn die festeren Zellen unseres Körpers, unsere Milchzähne, langsam abgestoßen werden, so ist das ein Zeichen, dass dieser Umwandlungsvorgang abgeschlossen ist. Die zweiten Zähne haben einen ganz individuellen Charakter, und jeder Zahnarzt kann seine Patienten an der Form ihres Gebisses erkennen.

Das geistige Erwachen im Körper während des ersten Jahrsiebts vollzieht sich durch Sinneseindrücke, die von außen kommen. Hier ist wieder ein Vergleich angebracht: Wie reagieren wir, wenn wir in kaltes Wasser springen? Wir schrecken zusammen und ziehen uns in uns zurück. Liegen wir aber in einer Badewanne mit warmem Wasser, so freuen wir uns und recken uns in Wollust. Dasselbe gilt für die Individualität des Kindes. Wenn es durch äußere Sinneseindrücke gute und angenehme Einflüsse erfährt, wird es sich in seinem Körper wohlfühlen und sich ausdehnen. Wenn diese Sinneseindrücke unangenehmer Art sind und wie ein kaltes Bad wirken, zieht sich die Individualität vom Körper zurück, und die Durchgestaltung des menschlichen Leibes bleibt ungenügend. Häufig wird das erst in späteren Jahren deutlich.

Der Mensch lernt in dem ersten Jahrsiebt durch Nachahmung, und es ist ganz wichtig, welche Haltung die Erwachsenen um ihn herum einnehmen. In dieser Zeit erhält er die Grundlagen für sein moralisches Verhalten im späteren Leben.

Rudolf Steiner hat in vielen pädagogischen Vorträgen und Kursen über die Bedeutung des ersten Jahrsiebts gesprochen. Anschaulich stellt er dar, wie das Kind in dieser Phase, sowohl durch die Sinneseindrücke wie auch durch das moralische Verhalten der

Erwachsenen, das sich in ihm reflektiert, empfinden kann: Die Welt ist gut!

Was braucht das Kind zu seiner seelischen Entfaltung im ersten Jahrsiebt? Eine Teilnehmerin meiner Kurse hat es so ausgedrückt: Es braucht ein Nest! Und was bietet ein Nest? Wärme, Umhüllung, Schutz, geregelte Ernährungs- und Schlafenszeiten und vor allem Liebe.

All dies sind Bedingungen, die die Familie oder die Eltern im ersten Jahrsiebt für das Kind schaffen sollten, denn das Kind ist völlig von seiner Umgebung abhängig. Es ist ganz wunderbar, zu erleben, wie ein Kind langsam seine Grenzen erweitert. Erst lebt es im mütterlichen Leib, dann in der Wiege, dann im Zimmer. Schließlich kriecht es die Treppe hinunter und erobert sich das Haus, dann den Garten, dann langsam auch die Straße und allmählich, wenn es ein kleiner Ort ist, das ganze Dorf. Die anfänglich kleine und behütete Welt des Kindes hat an Ausdehnung gewonnen – wir können auch sagen: Ein langsames Schreiten in die Freiheit hat stattgefunden, das sich noch viele Male im Leben wiederholen wird.

Die drei grundlegenden Kräfte im Menschen – aufrechtes Gehen, Sprechen und Denken – entfalten sich durch Nachahmung, und der Mensch bekommt in den ersten drei Jahren seines Lebens sozusagen von den Göttern seine hervorragendsten Eigenschaften geschenkt. Erst wenn wir uns vielleicht einmal ein Bein brechen und nicht gehen können, wenn wir einmal heiser sind, sodass es uns die Sprache verschlägt, oder wenn aus irgendeinem Grund unser Denkvermögen, unser Gedächtnis beeinträchtigt ist, merken wir, wie sehr diese drei Fähigkeiten ausschlaggebend sind und was sie für jemanden bedeuten können, dem die Natur sie verweigert hat.

All das bekommen wir geschenkt, noch bevor unser menschliches Bewusstsein wahrnehmungsfähig ist. Wir erobern uns damit Zeit, Raum und Ewigkeit. Man könnte auch sagen: Wir lernen uns zu bewegen – im Raum, im Umgang mit anderen Menschen und in der Gedankenwelt. «Ich bin der Weg, die Wahrheit und das Leben», sagt Christus.

Unmittelbar nach dieser ersten Phase, etwa mit drei Jahren, tritt das erste Ich-Erlebnis auf. Das Nerven-Sinnes-System ist nun ausgereift, und die menschliche Individualität kann es als Instrument gebrauchen. Das Kind trennt sich innerlich von der Welt ab und erlebt sich als Ich. Es sagt nicht mehr «Lisa will» – sondern «ich will». Jetzt setzt die bekannte Trotzphase ein. (Auch wenn wir als Erwachsene zu allem «Nein» sagen, hat das wohl etwas mit der Notwendigkeit zu tun, sein eigenes Ich zu behaupten – wie das elementar beim dreijährigen Kind auftritt.)

Von dem Moment des ersten Ich-Erlebnisses an ist der Mensch erinnerungsfähig. Woran er sich in seiner Biografie zuerst erinnert, ist meist maßgebend für sein ganzes Schicksal. Wenn wir an unserer eigenen Biografie arbeiten, ist es ganz wichtig, dass wir unsere erste Erinnerung uns zu vergegenwärtigen suchen. Es gibt heute allerdings schon Methoden, mit denen man versucht, die Erinnerung an das vorgeburtliche Leben und an vorige Inkarnationen aufzuspüren. Aber darum geht es uns hier nicht. Wir betrachten unser gewöhnliches Tagesbewusstsein. Und da ist es bereits eine Ausnahme, dass sich ein Mensch zum Beispiel an die Zeit erinnert, als er noch als Säugling auf dem Arm seiner Mutter getragen wurde.

Wir können bereits aus der Schilderung der vorhergehenden Biografie ersehen, dass die Umgebung, die Natur und vor allem natürlich das Elternhaus für das Kind maßgeblich sind. Auch die Geschwister verlangen schon ein zwischenmenschliches Verhalten. Häufig gibt es Eifersuchts- und Neidszenen, und man muss auch lernen zu teilen. In der ersten Biografie wird sehr deutlich, dass die Patientin das dritte Kind in einer Familie war. Ich empfehle, dazu von Karl König das Buch *Brüder und Schwestern* zu lesen. (Siehe im Literaturverzeichnis die Titelnummer 19.) König stellt dort die für das dritte Kind typische Rolle dar. Immer fühlt es sich etwas zu kurz gekommen. Auch in der dritten Biografie (Seite 89ff.) und in der Biografie 5 (Seite 111ff.) macht sich dies deutlich bemerkbar.

Wie verhält es sich mit der ersten Erinnerung in den geschilderten Lebensläufen? In Biografie 1 ist das Erleben der geistigen Welt äußerst prägnant. Das Madonna-Erlebnis war bestimmend für das ganze Leben der Patientin. Wie anders dagegen ist die Kindheit des Mädchens Tanga in der Biografie 2! Hier ist die erste Erinnerung nicht klar.

Entscheidend für die Biografie ist auch der Aspekt, was mit dem Erlebnis des Vertrauens in diesem Jahrsiebt geschieht. Das Kind kommt ja mit einem ganz reinen und natürlichen Vertrauen auf die Welt. Wenn es hoch auf einen Baum geklettert ist und nicht mehr herunterkann, ruft es nach Vater und Mutter und springt ihnen einfach in die Arme, ganz vertrauensvoll. Wann im Leben haben wir je wieder ein solches Vertrauen, dass wir uns einem Erwachsenen hingeben? Vertrauen ist eine Grundhaltung des Kindes. Es ist ihm gewissermaßen angeboren.

Aber wie schnell im Leben verliert sich dieses Vertrauen! Vielleicht wacht das Kind plötzlich in der Nacht auf, und Mutter und Vater sind ins Kino gegangen. Oder die Angestellte, die bei dem Kind bleiben soll, macht ihm Angst und sagt zu ihm: «Wenn du nicht schlafen willst, kommt das schwarze Schaf und beißt dich.» Ein anderes Beispiel: Der kleine Johannes hat sich angezogen, um mit seiner Mutter in den Zirkus zu gehen, und ehe er es sich versieht, landet er auf dem Stuhl des Zahnarztes. Oder noch eine Geschichte, die ein Teilnehmer meines Kurses erzählte: Als Kind ließ er sich nicht gern die Haare schneiden. Jedes Mal, wenn er zum Friseur musste, erzählte ihm dieser deshalb eine lange Geschichte von einem Flugzeug, das er für den kleinen Jungen baue. Wenn das Flugzeug fertig sei, würden sie beide damit fliegen. Dies ging mehrere Jahre lang so, bis jemand eines Tages dem Jungen sagte (da war er ungefähr sechs Jahre alt): «Hör mal, dieses Flugzeug existiert ja gar nicht.» Das war eine derartige Enttäuschung für den Jungen, dass er den Vorfall sein ganzes Leben lang nicht vergessen konnte. In gewisser Weise hat das Erlebnis den Begriff des Misstrauens überhaupt erst in sein Leben gebracht. Lange konnte er es nicht überwinden.

Wenn nun nach dem ersten Jahrsiebt der Körper umgestaltet ist, werden Lebenskräfte frei, die zuvor für den Umwandlungsprozess benötigt worden sind. Das Kind ist schulreif und aufnahmefähig. Es kann diese Kräfte jetzt einsetzen, um Wissen aufzunehmen. Erfolgt die Einschulung zu früh, so hat dies schwere, nachteilige Folgen. Nicht im nachfolgenden Jahrsiebt macht sich das bemerkbar, sondern meist später im Leben, in der Phase zwischen 56 und 63 Jahren. Denn dann lösen sich diese Kräfte wieder aus dem Nerven-Sinnes-System. Insgesamt können wir sagen: Das erste Jahrsiebt ist maßgebend für die spätere körperliche Gesundheit im Leben eines Menschen.

Im zweiten Jahrsiebt reifen die Atmungsorgane, das Herz und der Kreislauf. Diese Organe sind die Träger unserer Gefühle, die uns zwischen Antipathie und Sympathie, zwischen gut und böse, schön und hässlich unterscheiden lassen. Es ist auch die Phase, die sich später im Leben in unserer Beziehung zu unseren Mitmenschen und vor allen Dingen in unserem Verhältnis zur Welt widerspiegelt.

Wir können sagen, dass wir in dieser Zeit das Ein- und Ausatmen lernen. Das betrifft aber nicht nur den Atmungsvorgang als solchen, sondern unser ganzes Verhältnis der Welt gegenüber. Wir fühlen uns nicht mehr in die Natur eingebettet und eins mit ihr, sondern jetzt entfaltet sich ein reiches Innenleben, und wir entwickeln eine immer reichhaltigere Fantasie. In unserer kindlichen Fantasie erleben wir sozusagen eine Dramatisierung des Lebens – einmal sind wir die Prinzessin, einmal die Sklavin, dann wieder sind wir der Held oder der Räuber. Unsere Seele beginnt in vielen Farben zu schimmern, und unsere Innenwelt steht mit der Außenwelt in ständiger Wechselbeziehung.

In dieser Lebensphase lernt das Kind nur noch zum Teil durch die Nachahmung. Es braucht aber weiterhin den Erwachsenen, den es als Autorität anschauen und erleben kann. Zum Teil können das noch die Eltern sein, es sind aber auch bereits die Lehrer in der Schule. In der Zeit zwischen dem siebten und dem 14. Lebensjahr ist die Schule der Hauptaufenthaltsort des Kindes. Der Lehrer oder die Lehrerin nimmt einen wichtigen Platz in seinem Leben ein. Der Lehrer ist sozusagen der Vermittler zwischen der Welt und dem Kind. Was er ihm erzählt oder welche Weltanschauung er hat, wirkt tiefgehend auf die Entwicklung und auf den Bildungsstand im späteren Leben. Ob der Lehrer nun fest überzeugt ist, dass der Mensch vom Affen abstammt oder ein göttliches Geschöpf mit Körper, Seele und Geist ist, bewirkt bei dem jungen Menschen im zweiten Jahrsiebt radikale Unterschiede in der Weltanschauung. Ob in meinen Augen eine Blume nur aus Stempel und Blütenblättern usw. besteht oder ob dieses von der Natur hervorgebrachte Blumenwunder auch dazu da ist, uns Menschen Freude zu bringen – all das wirkt doch sehr entscheidend auf die spätere Einstellung im Leben überhaupt. Die Gefühlswelt des Kindes muss bei der Erziehung, beim Unterricht mit einbezogen werden. Es gibt zu diesen Gesichtspunkten eine umfangreiche Literatur über die Pädagogik der Waldorfschule, auf die hier jedoch im Detail nicht eingegangen werden kann.

Wenn der Mensch in der Schule und im Elternhaus eine stark autoritäre Erziehung erfährt, muss er, um im Bild zu sprechen, immer nur einatmen, er kann dagegen nur schwer ausatmen. Es besteht dann die Gefahr, dass er zu einem introvertierten Menschen wird. Später muss er hart an sich arbeiten, um wieder aus sich herauszukommen. Wenn andererseits die Erziehung nicht autoritär genug ist, ist er gewissermaßen ständig am Ausatmen.

Er entwickelt später im Leben zu wenig Innerlichkeit, kommt zu wenig zu sich selbst und ist ganz der Außenwelt hingegeben. Das richtige Maß, ein Rhythmus zwischen Ein- und Ausatmen, zwischen Introversion und Extroversion, muss also gefunden werden. Am besten geschieht dies, wenn in der Erziehung Autorität mit Liebe verbunden wird.

Schon immer ist der Rhythmus der Spender von Lebenskraft gewesen; er besitzt eine gesundende Wirkung. Heute aber leiden viele Erwachsene daran, dass sie keinen Tages-, Wochen-, Monats- oder Jahresrhythmus haben. Sie klagen über ständige Müdigkeit. Immer häufiger treten Rhythmusstörungen auf – Störungen des Schlafrhythmus und des Verdauungsrhythmus, Herzrhythmusstörungen, Asthma und so weiter. Haben sie ihren Ursprung wohl im zweiten Lebensjahrsiebt?

Ganz besonders dienen uns Kunst und Religiosität zur Ausbildung unseres Gefühls. In dieser Zeit, so resümiert es Rudolf Steiner in seinen pädagogischen Vorträgen, muss das Element der Schönheit im Menschen geweckt werden.

Das zweite Jahrsiebt ist auch die Zeit, in der wir sehr vom Verhalten der Mitmenschen geprägt werden und in der allerlei Verhaltensmaßregeln zu Normen für das eigene Leben werden. Sätze wie etwa: «Du hast zwei linke Hände», «Du bist das schwarze Schaf in der Familie» oder «Es nützt nichts, dich in die Schule zu schicken, du lernst ja doch nichts, du bist dumm», wirken tief in unser Innerstes, in unsere Seele hinein. Auch alles, was wir an Gewohnheiten von den Menschen erfahren, die uns erziehen, nehmen wir in uns auf. In diesem Jahrsiebt bilden sich unsere eigenen Gewohnheiten: ob wir uns nach dem Essen die Zähne putzen, ob wir viel Salat essen und so weiter. Und wie schwer ist es später im Leben, schlechte Gewohnheiten abzulegen oder sich von eingeprägten Normen zu lösen!

Schauen wir uns einige Normen als Beispiel an:

«Du darfst nicht weinen – du musst stark sein.» Was bedeutet es für das spätere Gefühlsleben eines Mannes, wenn ihm im zweiten Jahrsiebt diese Verhaltensmaßregel aufoktroyiert wurde?

Was bedeutet es für eine Frau, die als Mädchen zu hören bekam: «Du darfst nicht mit Jungs spielen»?

«Du darfst nicht studieren, nur die Jungen dürfen studieren.» Wie soll eine Frau, der dieser Satz in der Kindheit eingeimpft wurde, später im Leben und im Beruf stehen oder für den Unterhalt der Familie nach einer Verwitwung oder Trennung aufkommen?

Um das neunte Lebensjahr herum findet eine große Veränderung statt. Wir ziehen uns mehr in uns selbst zurück. Wir stellen auf einmal fest, dass wir andere Gefühle haben als unsere Geschwister; oder wir nehmen nun gefühlsmäßig die Familie unseres Nachbarn wahr; wir merken vielleicht plötzlich, dass wir in einer armen Familie geboren sind und dass die anderen reicher sind; ich stelle fest, dass meine Freundin von ihren Eltern mehr Liebe erfährt als ich von meinen; oder ich merke, dass mein Bruder einen Hass auf die Katze hat, die ich so sehr liebe – viele weitere Beispiele ließen sich anführen. Man kann sagen: Unser eigenes Gefühlsleben erwacht jetzt. Wir haben ein zweites einschneidendes Ich-Erlebnis.

Es ist wichtig, dass das Gefühlsleben einen Nährboden findet, auf dem es sich ausweiten kann. Ein solcher Nährboden kann durch Kunst oder Religion gegeben werden, aber vor allem durch die liebevolle Autorität, die von den Eltern und den Lehrern ausgeht. Die Lehrer haben für unsere Bildung eine große Bedeutung. Es geht uns ja später im Leben oft so, dass wir eigentlich nur Fachrichtungen mögen, die von geliebten oder verehrten Lehrern unterrichtet wurden.

In diesem zweiten Jahrsiebt findet auch die Auseinandersetzung zwischen «Ich» und «Du» statt; sie spielt sich hauptsächlich mit den Mitschülern in der Schule ab. Diese Phase ist entscheidend für unsere psychische Entwicklung und Reifung, hauptsächlich für den Zeitraum zwischen 21 und 42 Jahren und für unsere zwischenmenschliche Beziehungsfähigkeit überhaupt. Durch zwischenmenschliche Beziehungen wachsen wir ja in unserem seelischen Leben.

In der Biografie 1 sehen wir, dass im zweiten Jahrsiebt, mit elf Jahren, ein grundlegender Einschnitt im Leben des Mädchens stattfand: der Umzug von Portugal nach Brasilien und die Unfähigkeit – hauptsächlich des mitgebrachten sprachlichen Akzents wegen –, sich der neuen Schulumgebung anzupassen. Durch die Ablehnung der Mitschüler entwickelte sich bei ihr eine starke Introversion. Wir sehen hier, dass das Mädchen die von außen auf sie zukommenden Anforderungen nicht verkraften konnte.

Das Mädchen Tanga in der Biografie 2 wächst in ganz anderen Lebensverhältnissen auf. Auch sie erlebt im neunten Lebensjahr eine große Veränderung, die mit dem Tod ihrer Großmutter zusammenhängt. Ihre ganze Vergangenheit ist danach wie ausgelöscht, und völlig neue Werte bestimmen dann ihr Leben.

Wir kommen jetzt zum 14. Lebensjahr. Schon mit elf bis zwölf Jahren beginnt ja die Vorpubertät und steigert sich dann bis zum 14. Lebensjahr. Der junge Mensch wächst in diesen Jahren sehr stark. Der Eintritt in die Präpubertät ist von Mensch zu Mensch unterschiedlich. Der Übergang zu dieser Lebensphase ist meist wesentlich schwerer zu bewältigen als derjenige um das siebte Lebensjahr herum. Beim Übergang vom ersten zum zweiten Jahrsiebt gibt es manche Kinder, die nicht gerne zur Schule gehen, die aber dann diesen Widerwillen durch einen guten Lehrer doch überwinden. Mit dem Eintritt in das 14. Lebensjahr vollzieht sich jedoch ein tiefgreifender Einschnitt. Es ist, als ob wir aus der Sphäre des Paradieses auf die Erde fielen. Wir können es fast mit dem Sündenfall vergleichen.

Auch beginnt sich nun die Verschiedenheit der männlichen und der weiblichen seelischen Einstellung deutlich abzuzeichnen. Wir können sagen, dass sich der Mann stärker mit der Erde verbindet und die Frau etwas kosmischer bleibt. Diese Unterschiedlichkeit charakterisiert dann auch die Entwicklung von Mann und Frau in den Folgejahren. In einigen Biografien begegnet uns in dieser Zeit der erste Versuch zum Selbstmord. Man könnte sagen, der junge Mensch steht innerlich vor einem Schwellenerlebnis: ‹Entweder finde ich nun den Weg zur Erde und werde tätig auf ihr, oder ich schrecke vor dieser Welt zurück und kehre zurück in die geistige Welt.› Es geschieht dann oft, dass sich so ein junger Mensch, sagen wir ein junges Mädchen von zwölf Jahren, der mannigfaltigsten Mittel bedient – früher waren es vielleicht Puppenspiele, heute ist es im schlimmsten Fall die Droge –, um sich nicht mit der Erde zu verbinden, sondern in dieser kindlichen, fantasievollen, illusionsreichen Noch-nicht-Erwachsenenwelt zu verbleiben.

Die Organe, die sich nun vor allem entwickeln, sind die Unterleibsorgane, ganz besonders die Geschlechtsorgane, und auch unsere Muskeln und unser Gliedmaßensystem. Die ganze Muskulatur des Menschen festigt sich jetzt. Es sind die Organe, mit denen wir sozusagen die Welt verändern. Durch unsere Verdauungsorgane verarbeiten wir die Stoffe der Außenwelt und bilden unsere eigene menschliche Substanz. Auch hier haben wir es mit Muskelarbeit zu tun. Mit unseren Gliedern verändern wir die Außenwelt und schaffen gewissermaßen eine neue Welt. Es sind die Organe der Kreativität. Durch unsere Sexualorgane vermögen wir einem neuen Menschen zum Erdendasein zu verhelfen.

Der junge Mensch wird nun hin- und hergerissen zwischen zwei entgegengesetzten Kräften. Einerseits erwacht in ihm in sehr starker Weise das Idealbild des Menschen. Nie steht dieses Bild so deutlich vor ihm wie während der Adoleszenz. Andererseits machen sich nun durch das Erwachen der Sexualtriebe starke Kräfte im biologischen Bereich bemerkbar. Diese beiden Kräfte arbeiten in entgegengesetzter Weise im jungen Menschen – er wird von einer Seite zur anderen gezogen –, und es ist so, als verharre seine

Seele gespannt in der Mitte. In ihm breitet sich Unzufriedenheit über die Welt und das Leben aus; in rebellischen Taten kommt das zum Ausdruck.

In dieser Zeit ist der Jugendliche oft sehr in sich verschlossen und geht auf die Suche nach den Fragen: «Wer bin ich?», «Wofür bin ich hier auf der Welt?» Von den Eltern fühlt er oft sich nicht mehr verstanden, auch die Lehrer behagen ihm nicht mehr. Er meint die Antwort auf seine Fragen in der Außenwelt zu finden und nährt allerlei «Ismen», vom Marxismus bis zum Buddhismus.

Wenn man sich isoliert fühlt, sucht man Kontakt zu anderen Menschen – aber diese Kontaktsuche macht sich bei dem Jugendlichen als eine tiefe Kritik gegenüber der Umgebung bemerkbar. Es ist, als wenn er verschlossen in seinem Inneren hockt und seine Pfeile in die Welt schießt, mögen sie treffen, wen und wohin sie wollen. Eine große innere Kraft ist vorhanden, man möchte die Welt und die Umgebung verändern, zunächst neue Gewohnheiten in der Familie einführen oder gleich die ganze Gesellschaft umwandeln.

Häufig klaffen in dieser Zeit die drei Seeleneigenschaften – Denken, Fühlen und Wollen – völlig auseinander. Einige Jugendliche verlieren sich im Denken, im Grübeln und Philosophieren. Andere wiederum geben sich ganz dem Gefühl und dem Glauben hin – ein Beispiel dafür waren die verschiedenen Hippie-Bewegungen. Manche junge Leute werden auch aggressiv und zerstörerisch und können ihren Willen nicht bändigen; gelegentlich endet das sogar in Terrorakten. Das «wilde Pferd», der eigene Wille, kann kaum gezügelt werden.

Es beginnt die Suche nach der Wahrheit. Eltern und Lehrer halten nur stand, wenn sie authentisch sind. Jede Beziehung, die in der Familie nicht stimmt, wird bemerkt, und es hat hier keinen Sinn, nach außen hin etwas vorzutäuschen, was nicht der Wahrheit entspricht. Der Jugendliche nimmt auch keine Bücherweisheiten mehr an; es müssen aus dem Leben gewonnene Erfahrungen sein. Man will die Wahrheit in sich selbst, bei den Eltern und in der Welt finden.

In diesem Jahrsiebt legen wir die Grundlage für unsere geistige Entwicklung im späteren Leben. Ab dem 14. Jahr werden wir mehr und mehr verantwortlich für unser Schicksal. Jede menschliche Begegnung hat eine tiefe Schicksalsbedeutung, die respektiert und gepflegt werden will. Alles, was wir unternehmen, wird seine Folgen haben. Es nützt jetzt nicht mehr viel, Kinder zum Lernen zu zwingen. Wenn sie es bis dahin nicht selbst gelernt haben, müssen sie nun die Folgen davon auf sich nehmen. In der Erziehung muss das Prinzip der Freiheit walten. Aber die Schritte zur Freiheit vollziehen sich langsam. Wir können von einer äußeren Freiheit sprechen, die der Jugendliche Schritt für Schritt erobert. Je nachdem, wie er nun Verantwortung übernehmen kann, genießt er sie auch. Man könnte sagen: Freiheit und Verantwortung sind die beiden Elemente, die auf die Waagschale gelegt werden – sie müssen sich das Gleichgewicht halten. Zugleich muss das wichtigste Element für das Verständnis zwischen zwei Menschen, nämlich der Dialog, intensiv gepflegt werden. Man kann wohl argumentieren, aber nicht verbieten. Der junge Mensch muss lernen, nach eigenem Gutdünken zu handeln.

Wir können auch von einer inneren Freiheit sprechen, die in diesem Alter besonders wichtig ist. Je freier sich der Mensch zu Hause, in der Familie fühlt, desto weniger wird er das Bedürfnis haben, nach außen hin immer freier zu werden. (Dasselbe gilt übrigens auch für die Beziehung in einer Ehe.)

Wie häufig erlebt man eine Szene, die sich vielleicht so abspielt: Ein junger Mensch hat bereits ein eigenes Zimmer und ist vielleicht schon im Studium; plötzlich wird er überrumpelt, weil die Schwester, die sich hat scheiden lassen, mit drei Kindern wieder ins Elternhaus zurückkommt. Jetzt muss er seinen Platz für die Schwester räumen. Warum gerade er? Anders verhält es sich, wenn er diesen Schritt spontan von sich aus macht, nachdem ein Dialog mit den Eltern vorausgegangen ist. Aber wenn er dazu gezwungen wird, dann ist es ein Eingriff in seine persönliche Freiheit, der in diesem Alter nicht mehr zulässig ist.

Weitere Beispiele: Ein junges Mädchen bekommt Briefe, die aber nicht direkt in ihre Hände gelangen, sondern vorher geöffnet werden. Oder die Eltern finden das Tagebuch, das aus Versehen auf dem Tisch liegen geblieben ist – denn es ist ja die Zeit, wo der junge Mensch das Bedürfnis hat, sich einem Tagebuch anzuvertrauen –, und bemerken beim Lesen, dass das Mädchen von fünfzehn oder sechzehn Jahren schon geschlechtliche Beziehungen mit ihren Freunden hat. Das Tagebuch wird verbrannt, und von ihren Eltern wird das Mädchen vielleicht hart bestraft.

Das Vertrauensverhältnis darf in dieser Zeit nicht getrübt werden. Manchmal gelingt es den Eltern, nun zu Freunden der eigenen Kinder zu werden, und so ist dann auch die Basis zum gegenseitigen Gespräch und die Grundlage des Vertrauens geschaffen. Ansonsten suchen sich die jungen Menschen meist einen älteren Freund, eine Freundin oder eine Verwandte, also auf jeden Fall einen Menschen, mit dem sie ein richtiges Gespräch von Erwachsenem zu Erwachsenem führen können. Es gehört zum Raum der inneren Freiheit, dass man nun den anderen Menschen immer mehr als Persönlichkeit respektiert. Wie könnten wir auch erwachsen werden, wenn wir weiterhin als Kinder behandelt würden!

Jetzt kommt die Zeit, wo wir in die Welt hinaus wollen, die Zeit, wo viele junge Menschen zu reisen anfangen und nach Erlebnissen aller Art suchen. Man will viel ausprobieren, man will viel erleben. Vieles, was verboten wird, macht man heimlich, einfach aus der Notwendigkeit heraus, sich selbst zu erproben, sich selbst zu finden.

Die Frage «Wer bin ich?» bezieht sich auf alle Gebiete: auf Religion, Geschlecht, Beruf. Es ist schwer zu entscheiden, welche

Impulse von einem selber kommen und welche von den Eltern stammen. Häufig muss man von zu Hause fort, um das klarer zu erkennen und sich selbst zu entdecken.

Wir kommen zum 19. Lebensjahr. Mit 18 Jahren und sieben Monaten gehen wir in unserer Biografie durch den sogenannten Mondknoten. Dieselbe Geburtskonstellation bezüglich der Mond- und Sonnenbahn wiederholt sich. Das ermöglicht es, in dieser Zeit seinen Schicksalsweg deutlicher zu erspüren. (Wir kommen später noch darauf zurück; vgl. S. 18 off.) In dieser Zeit ist es, als wenn der Himmel sich etwas mehr öffnet und wir innerlich erkennen, was wir in der Welt auf dem beruflichen Gebiet werden wollen. Wir können sagen: Jetzt vollzieht sich die dritte Ich-Geburt im Bereich des Willens und der Aktivität. Bei wie vielen Menschen geschieht aber in dieser Phase, in der man in die Welt hinausgehen soll, gerade das Gegenteil! Besonders in südlichen Ländern wie etwa Brasilien sind den Frauen doch viele Beschränkungen auferlegt, und sie können sich beruflich nicht entfalten, wie etwa das Beispiel der Biografie 2 uns zeigt. Der Vater behält sich das Bestimmungsrecht auf die Tochter vor und weist ihr auch den Beruf an, den sie ergreifen soll.

In dieser Phase gelingt manchen Jugendlichen die sogenannte Jugendrebellion, andere dagegen verschließen sich. Viele Väter haben die Erwartung, dass der junge Mensch den Betrieb übernimmt. Heute wird aber die Berufsfrage immer individueller, und es ist überhaupt schwierig, den eigenen Berufsweg zu finden. Manchmal erfordert es für die Eltern Jahre der Geduld, bis der junge Mensch seine Berufung findet. In einigen Fällen fängt er mit verschiedenen Studiendisziplinen an und verwirft sie dann wieder, bis er sich und seinen Weg schließlich doch findet. Anderenfalls wird er später beruflich nie zu einem ruhenden Pol kommen.

Wir können sagen, dass in dieser Phase die geistige Entwicklung für die späteren Jahre angelegt wird: die Selbsterziehung, die Suche nach den Idealwerten und nach Werten überhaupt. Die Suche des Jugendlichen nach Wahrheit und Authentizität ist groß. Sie hat drei Seiten: Die eine Seite ist die wissenschaftliche Wahrheit. Sie ist in dieser Zeit für unsere Entwicklung äußerst wichtig. Daneben gibt es die psychologischen Wahrheiten, für die sich junge Menschen heute mehr und mehr interessieren. Und schließlich gibt es die geistigen Wahrheiten; auch dafür wird die Jugend heute immer aufgeschlossener. Nur wenn wir als junger Mensch die wissenschaftliche, die psychologische und die geistige Wahrheit genügend und ausgewogen zugeführt bekommen, kann man sagen, dass wir die Grundbedingungen für eine harmonische Entwicklung und Selbsterziehung in späteren Jahren erhalten haben. Das gilt sowohl für die seelische Entwicklung in der Mitte des Lebens wie für die geistige Entwicklung in den späteren Jahren.

In der Biografie 1 ist für Frau L. das 19. Lebensjahr die Zeit, in der sie nach Portugal zurückfährt und sozusagen die Vergangenheit besichtigt. Sie ist 18 Jahre alt, es ist genau die Zeit des Mondknotens. Der Mond steht exakt in derselben Stellung zum Tierkreis und zur Sonnenbahn wie bei der Geburt. Frau L. kann in diesem Moment ihre geistige Aufgabe auf der Erde erfassen. Sie legt gewissermaßen die Vergangenheit ab, um von sich aus in der Welt zu wirken.

In dieser Biografie wiederholt sich der Besuch in Portugal und damit das Ablegen der Vergangenheit im 37. Lebensjahr, also beim Durchgang durch den zweiten Mondknoten. Und ab dem 56. Lebensjahr, seit dem dritten Mondknoten, zieht sich Frau L. langsam aus dem aktiven Leben zurück und gibt ihre Geschäfte schrittweise auf.

In der Biografie 2 hat Tanga sich durchgesetzt, und es gelingt ihr, als erstes Mädchen in der Familie ein Studium zu ergreifen –

mit Macht bricht sie sich neue Bahnen! Dann verwickelt sie sich aber in die Politik, wird für drei Jahre von der Gesellschaft ausgeschlossen und gewaltsam «eingekerkert». Ist das wohl der Hauptgrund für ihre Krankheit?

Das erste Jahrsiebt führt uns im Idealfall zu dem Erlebnis: «Die Welt ist gut.» Diese Zeit ist ausschlaggebend für unsere tiefere moralische Empfindung im Leben. Das zweite Jahrsiebt gibt uns – wenn es uns das Erlebnis vermittelt: «Die Welt ist schön» – die Grundlage für unser ästhetisches Gefühl im Leben. Und wenn das dritte Jahrsiebt im Idealfall das Gefühl vermittelt: «Die Welt ist wahr», erzieht es uns für den Wahrheitssinn und für die gesunde Kritikfähigkeit im Leben. Der Mensch trägt durch diese Grundlagen die Menschheitsprinzipien von Güte, Schönheit und Wahrheit in sich.

Man könnte sich auf die Frage konzentrieren, welche inhumanen Qualitäten hervorgerufen werden, wenn man in Kindheit und Jugend die Gegenpole erfährt: Bosheit, Hässlichkeit und Unwahrheit. Man kann jedoch in jeder Biografie Licht in solche Phasen hineinbringen und sie in die Persönlichkeit integrieren. Dann wird man auch entdecken, dass man nicht nur Schlechtes in einem Jahrsiebt erlebt hat. Eine solche Sichtweise, das Betrachten der Schattenseiten, wird ja von der Psychoanalyse stark in den Vordergrund gerückt. Man muss vielmehr versuchen, auch den «Lichtmomenten» nachzugehen. Und erst wenn sich die Seele in Licht und Schatten erleben lernt, entstehen ihre Farben. Auch viele unterdrückte Emotionen oder Erinnerungen kommen uns wieder in den Sinn und können auf diese Weise in unsere Persönlichkeit integriert werden. Wir haben so die Möglichkeit, dass wir im 40. Lebensjahr nicht mehr so reagieren, wie wir als Zehnjährige reagiert haben.

Nachfolgend führen wir noch ein Beispiel an, das diese und die nächste Lebensphase gut erläutert.

Ein 26 Jahre alter junger Mann sagt zu seinem 18-jährigen Bruder etwa Folgendes:

Ich habe bisher immer Glück gehabt in meinem Leben, und jetzt habe ich den Eindruck, dass ich mich anstrengen muss, damit mir dieses Glück erhalten bleibt. Du hast in deinem Leben immer Unglück gehabt; aber jetzt ist es an der Zeit, dass du mit deinem Bewusstsein versuchst, die Dinge zu verhindern, die dir Unglück bringen.

Man kann hier so richtig nachfühlen, wie einem bis zum 21. oder zumindest bis zum 18. Lebensjahr die Dinge wie geschenkt werden und in den Schoß fallen. In einigen Biografien gelingen sie schwerer, in anderen eben leichter und werden dann als Glück empfunden. Fällt einem aber vieles schwer, so hat man das Empfinden von Unglück.

Danach aber, ab dem 21. Lebensjahr, setzt oft ein Umwandlungsprozess ein. Man entwickelt Verantwortung für die Gaben und Fähigkeiten, die man erhalten hat, und fängt an, sie bewusst umzuwandeln. Der 26-Jährige fühlt schon jetzt eine gewisse Schwere in seinem Leben und merkt, dass er sich anstrengen muss, um sein Leben weiterzuführen. Er zeigt dem 18-Jährigen die Möglichkeit, jetzt bewusst sein Schicksal zu verwandeln und es zum Positiven zu wenden.

Man fängt mit ganz einfachen Dingen an. Wenn man sich auf die Prüfungen gut vorbereitet, hat man natürlich größere Chancen, sie zu bestehen, als wenn man sich nicht anstrengt und nichts dafür tut.

Mit 14 Jahren entwickeln sich ja alle möglichen Gelüste und Wünsche in uns, und die Emotionen steigen gewaltig von unten, vom Stoffwechsel aus, herauf. Es entsteht eine Konfrontation zwischen dem Idealbild des Menschen, das man in diesen Jahren ganz klar vor sich sieht, und den aufsteigenden Sexualtrieben und

Wünschen, die aus dem Stoffwechsel auftauchen. Man ist wie zerrissen in diesem Kampf. Jetzt setzt die Selbsterziehung ein.

Ich erinnere mich an die Konfliktsituation eines 16-jährigen Jungen, der zu mir sagte: «Nun ja, ich könnte ja rauchen, es reizt mich auch, das Rauchen zu versuchen. Aber wenn ich bedenke, was es für eine Kraft erfordert, dann das Rauchen wieder zu lassen, fange ich erst gar nicht damit an.»

Viele Menschen tragen vom 21. bis zum 28. Lebensjahr noch an den Folgen des Unfugs, den sie in dem vorhergehenden Jahrsiebt begangen haben. Man muss jetzt diese Folgen bewusst umarbeiten. Auch im Berufsleben verhält es sich ja so: Oft fängt man in der Zeit zwischen 14 und 21 Jahren schon mit der Ausbildung für einen Beruf an; in der Phase vom 21. bis zum 28. Lebensjahr gelangen diese Berufsfähigkeiten dann – durch bewusste Arbeit – zur Reife.

Die alten Griechen betrieben den Sport des Wagenlenkens. Sie übten immer wieder, die wilden Pferde vor dem Wagen in ihre Gewalt zu bekommen. Damit stärkten sie ihr Ich, sodass es auch die inneren, seelischen wilden Pferde wieder zähmen konnte. Heute gehen viele junge Menschen allerlei Arten von Wassersport nach, zum Beispiel Segeln oder Surfen, wo man gewaltig gegen den Wind oder die hohen Wellen kämpfen muss, um sich aufrechtzuhalten.

Man könnte die Seele eines Menschen mit dem Wasser vergleichen. Manchmal tobt es gewaltig – und gerade das fordert den jungen Menschen in seinen Ich- und Willenskräften heraus. Er testet sich: Wie lange kann ich mich aufrecht in den tollen, aufschäumenden Wellen halten? Wie bei den Griechen, ist es auch heute noch so, dass wir in einem gewissen Alter etwas im Äußeren beherrschen lernen wollen. Später führt es uns dazu, es von innen zu meistern.

Ein anderes Beispiel: Auch ein Musikinstrument muss man beherrschen lernen, damit man harmonische Töne und Melodien hervorbringen kann. Aber in der Pubertät müssen erst einmal alle möglichen Dissonanzen ausprobiert werden. Natürlich gibt es auch viele Menschen, die in dieser Phase ihrer Entwicklung steckenbleiben.

Von den Folgen solcher Entwicklungen werden wir im nächsten Kapitel hören.

Ich bin nicht ich.
Ich bin jener,
der an meiner Seite geht, ohne dass ich ihn erblicke,
den ich oft besuche
und den ich oft vergesse.
Jener, der ruhig schweigt, wenn ich spreche,
der sanftmütig verzeiht, wenn ich hasse,
der umherschweift, wo ich nicht bin,
der aufrecht bleiben wird, wenn ich sterbe.

Juan Ramón Jiménez

Das 21. Lebensjahr

Heute wird das 21. Lebensjahr auf die verschiedensten Arten erlebt. Viele Menschen gehen in dieser Zeit durch schwere Krisen. Wir können sie als Krisen der Ich-Findung bezeichnen. Die große Frage, die ja schon im vorangegangenen Jahrsiebt auftaucht, lautet: Wer bin ich?

Viele Zweifel und Konfliktsituationen entstehen: «Bin ich das Resultat meiner Eltern?»; «Habe ich diesen Beruf von mir aus gewählt oder durch die Beeinflussung meiner Eltern? Mein Vater wollte gerne Ingenieur werden, hat es aber nicht geschafft, und nun soll ich dieses Studium anfangen: Bin ich es selbst, der das möchte, oder ist es der Wunsch meines Vaters in mir?»; «Eigentlich habe ich den ganzen Krimskrams der Kirche über; ich möchte nicht die Religion meiner Eltern weiter übernehmen – im Moment glaube ich überhaupt nicht an Gott.»; «Ich musste jahrelang eine Waldorfschule besuchen, meine Eltern sind Anthroposophen; ich möchte aber nichts von diesen Dingen wissen, sondern meinen eigenen Weg gehen.»; «Diese Sache mit den Engeln und Schutzengeln habe ich jetzt satt.»

All das sind Äußerungen, die zu einer Ich-Findung führen. Viele Menschen verlassen ja schon in diesem Zeitraum das Elternhaus, und so haben sie leichter die Möglichkeit, sich selbst zu finden. Einige bringen das nicht zustande und bleiben zu Hause. Auch da gibt es verschiedene Möglichkeiten der Ich-Findung. Man arbeitet vielleicht tagsüber und studiert abends oder umgekehrt und ist die meiste Zeit fort von zu Hause. Die Eltern beschweren sich und sagen, man benutze das Haus nur als Pension. Diesen Eltern könnte man erwidern: «Gott sei Dank ist es so, denn es ist ein Weg der Selbstfindung.» Andere junge Leute haben eine Mutter, die alles immer schön ordentlich aufgeräumt haben möchte. Gerade deshalb versuchen sie dann – unbewusst – zu demonstrieren, dass dies alles Blödsinn ist: «Ich werde der größte Schlamper im Haus und lasse einfach alles extra herumliegen. Die Mutter soll schon merken, dass sie mit ihrer Pedanterie Schluss machen muss.» Ein anderer schließt sich vielleicht ein ganzes Jahr lang in sein Zimmer ein, redet mit niemandem aus der Familie und lässt sich vielleicht manchmal die Mahlzeiten bringen. Ihn gar nicht zu beachten ist sehr kränkend für ihn, liebevolles Umhüllen wird aber auch nicht gewünscht: «Lass mich bitte in Ruhe!» Natürlich kann es in dieser Zeit auch zu schweren psychischen Störungen kommen. Sie zu schildern würde den Rahmen dieses Buches sprengen.

Hören wir uns stattdessen einige Äußerungen von Menschen an, die in dieser Phase ihre Ichfindung in einer positiven Weise erlebten:

Als ich 21 Jahre alt wurde, fühlte ich, dass ich diese Mündigkeit feiern müsste. Ich bat meine Eltern, eine Reise machen zu dürfen, und machte mich auf den Weg, als Mädchen, ganz allein, zum ersten Mal. Vor 40 Jahren war diese Haltung in einem südamerikanischen Land noch nicht üblich.

Eine andere Äußerung:

Als mein jüngster Sohn 20 Jahre alt war, fragte ich ihn, welche Veränderungen er in sich spüre. Er sagte: «Ich habe das Gefühl, wie wenn ein Licht in mein Inneres kommt. Das, was dunkel in mir ist, fängt langsam zu leuchten an.»

Und eine weitere Aussage desselben Jungen:

Wo ist wohl der Sitz des Gewissens? Ich habe den Eindruck, dass es hinter meinem Kopf sitzt, dass von dort aus eine Stimme kommt, die das Gewissen ist.

Die Phase von 21 bis 42 Jahren: «Menschsein» – die seelische Entwicklung

Viele Jugendliche ziehen in diesem Alter mit ihrem Rucksack in die Welt. Wir haben hier zugleich ein Bild vor uns. Es ist ein Bild für das, was auch im Seelischen passiert. Wir haben einen gepackten Rucksack, der uns in der Kindheit gefüllt wurde. Nun müssen wir ihn tragen. Aber wenn wir so losziehen, ist es sehr nützlich, einmal anzuhalten und nachzuschauen, was denn in diesem Rucksack drinsteckt.

Da finden wir einen Haufen Steine. Wir haben gewiss alle schon einmal einen Amethyst oder einen Achat oder eine andere Druse angeschaut. Von außen ist die Druse grau und rau, aber wenn wir sie durchsägen und hineinschauen, erleben wir ein großes Wunder. Herrliche Kristalle offenbaren sich unseren Augen. Das Licht fällt hinein und wird reflektiert, nach allen Richtungen. Nehmen wir einen einzigen dieser kleinen Kristalle und schleifen ihn noch, dann wird die Flut von reflektiertem Licht noch größer. Bedeutet unsere seelische Entwicklung nicht auch, dass wir unsere rohen Steine in die Hand nehmen, sie zu öffnen und dann zu schleifen beginnen, sodass unsere Seele immer mehr ein Spiegel des geistigen Lichts wird?

In all unseren Begegnungen, vom 21. bis zum 42. Lebensjahr und noch länger, haben wir die Möglichkeit, durch den anderen Menschen uns selbst zu finden, durch ihn unsere harten Kanten abzuschleifen. In der eigenen Seele zu erwachen und sie zu polieren, das ist eine der Entwicklungsaufgaben in der Phase der seelischen Entwicklung, die ja, wie wir oben dargestellt haben, vom 21. bis zum 42. Lebensjahr dauert.

Was finden wir noch in dem Rucksack? Werkzeuge für unsere Arbeit, die wir in der Schule, in der Universität und zu Hause gesammelt haben. Wir werden erleben, dass wir einen großen Teil der Werkzeuge leider nicht gebrauchen können. Das beste ist, man legt sie beiseite, damit sie unseren Rucksack nicht belasten. Andere Werkzeuge müssen nun besser geschliffen, besser poliert werden. Und wir werden auch merken, dass uns einige Werkzeuge fehlen. Es kommt nun die Zeit, in der wir diese Werkzeuge ergänzen müssen. Es ist eine große Arbeit, die wir hauptsächlich in der Phase vom 21. bis zum 28. Lebensjahr leisten müssen. Aber natürlich müssen Werkzeuge während des ganzen Lebens erneuert, geschliffen und poliert werden.

Aber der Rucksack enthält noch mehr: Meistens haben uns die Eltern ein Vesper mit auf den Weg gegeben. Der Proviant reicht jedoch nur für eine gewisse Zeit. Heute gehört es zur seelischen Reifung, dass sowohl Frauen als auch Männer sich auf Dauer selbst versorgen können. Die beste Erziehung, die Eltern geben können, ist die, dass jeder Erwachsene selbst für sich sorgen kann. Wir können das als eine Erziehung zur Tüchtigkeit im Leben bezeichnen. Dann wird es keine Rolle mehr spielen, dass nach einiger Zeit das Vesper verzehrt ist. Und wir werden imstande sein, es immer wieder neu herzustellen.

Was gibt es noch im Rucksack? Manchmal greifen wir hinein, und etwas Sumpfartiges, Lehmiges klebt an unseren Händen. Wir ziehen schnell unsere Hand zurück – aber müssen wir nicht den Mut haben, in den Rucksack hineinzuschauen? Was ist es, das so an uns klebt? Ja natürlich, es ist der alte Lehm, der nun abgewaschen werden muss. Es sind die alten Normen oder Urteile, die wir in der Kindheit mitbekommen haben; hauptsächlich im zweiten Jahrsiebt wirken sie stark auf uns. Wie wir schon ausgeführt haben, hört man manche Sätze öfter als den eigenen Namen: «Es hat ja doch keinen Zweck, dass du studierst, denn du bist ein Dummkopf.» – «Du hast zwei linke Hände.» – «Ein Junge darf nicht weinen.» Wie lange dauert es doch manchmal, bis ich mich überzeuge, dass ich doch nicht so dumm bin, um etwas zu lernen. Es war eine Phrase, die meine Eltern mir übergestülpt haben, und ich selbst habe damit eigentlich überhaupt nichts zu tun. Dennoch muss es weggewaschen werden. Oder ich merke, dass ich eigentlich doch ganz geschickt mit meinen Händen umgehen kann. Mein Wunsch von klein auf war es, Schreiner zu werden, aber mit zwei linken Händen kann man natürlich kein Schreiner sein. Erst jetzt merke ich, dass ich vielleicht doch in der Schreinerei etwas leisten könnte; meine Hände sind gar nicht so ungeschickt, wie mir es meine Eltern damals eingeredet haben. Oder ich bin schon längst verheiratet und habe eine zärtliche Frau und Kinder. Manchmal klagt meine Frau, dass ich gefühlsarm bin – ist das denn ein Wunder? Ich durfte ja als Kind nicht weinen, keine Gefühle zeigen; und nun muss ich daran arbeiten, sie wieder hervorzuholen.

Das Grimmsche Märchen «Der Froschkönig oder der eiserne Heinrich» hilft uns beim Verständnis dessen, was mit der seelischen Entwicklung dieser Phase gemeint ist. Wenn wir uns nicht von Normen befreien können, die uns im zweiten Jahrsiebt auferlegt worden sind, bleibt unsere Seele in ihren eigenen Banden gefangen und kann sich nicht weiter entfalten. In dem Märchen vom «Froschkönig» muss die Prinzessin die Maßregeln des Vaters durchbrechen. Sie wirft den Frosch an die Wand, sodass sich die wahre Gestalt des Prinzen offenbaren kann. Auf dem Weg nach Hause ruft der Prinz dreimal: «Heinrich, der Wagen bricht» – es ist aber nicht der Wagen, sondern es sind die eisernen Bänder, die um das Herz des Dieners gelegt wurden, als der Prinz in einen Frosch verzaubert wurde. – Erst wenn wir uns von den Normen und Phrasen befreien, die uns in der Kindheit auferlegt worden sind, die uns befangen machen und uns versteifen wie in einem eisernen Gerüst, bringt es unsere Persönlichkeit fertig, sich nun weiter zu entfalten. Das ist eine schwere Aufgabe der Selbsterziehung, und sie gehört zur seelischen Entwicklung, hauptsächlich in der Phase vom 28. bis zum 35. Lebensjahr.

Nun greife ich noch einmal in den Rucksack. Da merke ich, dass einige Dinge wie Teer festkleben. Der Teer lässt sich nicht abscheuern. Was sind das für Dinge? Nun ja, ich bin eben nur 1,50 m groß – hat es einen Sinn, dagegen anzukämpfen? Ist es nicht an der Zeit, dass ich mich künftig nicht mehr daran störe und ich es akzeptiere? Oder meine Eltern haben mir einen komplizierten Namen gegeben. Auch hier hat es doch keinen Zweck zu rebellieren. Ich habe vielleicht ein sehr melancholisches oder ein cholerisches Temperament. Ich kann wohl auch an meinem Temperament arbeiten, aber es gehört zu mir, so wie auch meine vielleicht etwas krumme Nase. Es ist die Aufgabe, nicht dagegen zu kämpfen und sich darüber zu ärgern, sondern es ist einfach ein Teil meiner Person. Ich muss diese Elemente positiv nehmen und in meine eigene Persönlichkeit integrieren. Man könnte auch sagen, die Wahl dieser oder jener Eltern gehört zu mir. Es hat wenig Sinn, mit 40 Jahren gegen die Fehler der Eltern zu rebellieren. Denn jede Hürde im Leben führt auch zu einer Kräftigung, wenn man sie zu überspringen lernt.

Man kann sicher noch viele Sachen entdecken, die in diesem Rucksack verborgen sind. Ich überlasse es jedem einzelnen Leser, das für sich selbst herauszufinden. Der nachfolgende Brief, den ich von einem 22-Jährigen erhielt, kann von dem eben Beschriebenen einen noch deutlicheren Eindruck geben.

Brief eines zweiundzwanzigjährigen Medizinstudenten

Ich fühle eine große Verwandlung in mir, sowohl in der Routine des Lebens wie auch innerlich und auch in der äußeren Erscheinung. Ich war einer der besten Schüler in der Klasse, hatte die besten Noten, bis mir plötzlich bewusst wurde, dass das, was ich gerade lernte, und die Art, wie ich es lernte, was die Lehrer machten und worauf sie Wert legten, mich zu nichts führten. Wenigstens zu nichts, was das Erlernen der Medizin betrifft, das ja eigentlich mein Ziel war. Ich fühlte, wie wir uns technisierten und mein Kopf so viele Konzepte schon nicht mehr aushielt. Ich fühlte, wie ich die Sensibilität verlor.

Darum fing ich eine neue Methode an: Ich schrieb nicht mehr nach, was der Professor sagte, passte mehr auf und versuchte, das Essenzielle aus der Vorlesung herauszuholen, also nicht mehr einfach eine Kopiermaschine zu sein. Wir haben den ganzen Tag Unterricht und viele Fächer, die uns nichts bringen. Darum habe ich angefangen, einige dieser Fächer nicht mehr so eifrig zu besuchen. Die Leute fanden, dass ich falsch handelte, aber ich fühlte mich auf diese Weise sehr wohl, konnte meine Zeit mit anderen Sachen besser ausnutzen, die mich auch interessieren. Das Einzige ist, dass ich nicht mehr so gute Noten habe, aber trotzdem finde ich, dass ich genügend von dem Unterricht profitiere.

Etwas anderes, das die Leute stört, ist mein Aussehen. Ich fand, dass ich wie ein richtiger Arzt aussah, ein Gesicht hatte, das alle Kollegen bekommen haben, seitdem sie, so wie ich auch, Medizin studierten. Sie legten großen Wert auf ihre Erscheinung. Alle hatten dieselben Haare, gleich gekämmt, Schnurrbärte, Brillen und gebrauchten technische Worte beim Sprechen. So habe ich mich entschlossen, meine Haare in Locken wachsen zu lassen, meinen Bart wachsen zu lassen, meine Brille abzunehmen. Meine bessere

Kleidung habe ich nach Hause geschickt. Die Leute begannen mich ‹Hippie› zu nennen, und ich fühlte mich sehr glücklich. Statt einer Mappe, auf der jeder das Abzeichen der Hochschule trägt, habe ich einen einfachen Sack als Schultasche, der mir sehr gefällt.

Ich versuche, viele andere Qualitäten zu entwickeln. In mir ist es wie zu einer Explosion gekommen: ein Impuls, alles umzudrehen. Ich habe angefangen, Gitarre spielen zu lernen, bin in eine Theatergruppe eingetreten und entwickle allmählich ein großes Verständnis für die Natur. Wenn es mir möglich ist, beobachte ich die Natur, die Felder und den Fluss. Ich habe auch angefangen, einen kleinen Garten zu pflegen. Ich hatte Lust, alles zu verändern. Ich habe begonnen, Homöopathie zu studieren, und habe schon einen Akupunkturkurs und einen Parapsychologiekurs gemacht.

Früher ging ich nicht aus dem Haus, jetzt habe ich eine Gruppe von Freunden, die ich sehr liebe. Wir reden lange. Ich führe das Leben eines Bohemien, gehe spät schlafen und unterhalte mich und lerne viele Leute kennen. Ich arbeite in einem homöopathischen Ambulatorium. Seit einigen Monaten fühle ich mich sehr gut. Ich fühle, dass alles sehr menschlich geworden ist. Ich fühle mich sehr enthusiastisch, hauptsächlich in der Entwicklung von Fähigkeiten verschiedener Leute.

Regelmäßig lese ich auch Anthroposophie; ich habe schon «Die Geheimwissenschaft» gelesen, «Die Erziehung des Kindes vom Gesichtspunkte der Geisteswissenschaft», «Die vier Temperamente», «Die ersten drei Jahre des Kindes» und andere Bücher wie «Der Leib als Instrument der Seele». All dieses gibt mir einen großen inneren Reichtum. Ich bin auch in einer Phase, in der ich großes Interesse habe, mich innerlich zu entdecken und mich selbst zu erziehen. Ich habe mit einer Psychotherapie begonnen, und es geht mir sehr gut. Ich versuche, nichts vor mir selber zu verbergen, alle meine Türen zu öffnen, extrem ehrlich und im praktischen Leben so nützlich wie möglich zu sein.

Ich möchte Dir auch sagen, dass ich daran denke, Drogen aus-

zuprobieren. Ich möchte ja Psychiatrie studieren, und so sollte ich das kennenlernen; aber ich bin mir noch nicht sicher in dieser Hinsicht. Ich habe versucht, mir klar darüber zu werden, warum ich das möchte, ob es nicht vielleicht eine Flucht ist; aber ich glaube nicht. Vor ein paar Tagen, als ich mit einigen Freunden angetrunken war, machte ich eine Erfahrung; ich fand das unglaublich, was ich da beobachtete: Nämlich alles, was ich reden und machen wollte, hätte ich auch gemacht, ohne angetrunken zu sein. Vor einigen Jahren hätte ich das nicht gekonnt.

Ich bin in einer Phase der Extroversion, tanze, auch ohne zu trinken, was ich früher nicht konnte. Ich bin in einer gewissen Weise sehr gut dran; vorher war ich sehr melancholisch und dachte häufig an den Tod. Heute, in dieser explosiven Phase, in der ich bin, denke ich überhaupt nicht mehr an den Tod oder nur selten. Mein Temperament ist immer noch melancholisch, aber innerlich fühle ich mich sehr gut. Es scheint mir, dass ich jetzt mehr Liebe für die Dinge und die Personen habe. Ich rede gerne mit den Leuten und versuche klar und deutlich zu sagen, was ich fühle und was ich denke. Das habe ich vorher nicht getan. Wenn die Leute mich bedrückten, behielt ich es für mich. Vielleicht übertreibe ich es mit mir selber, aber es ist so, wie ich es wirklich sehe und denke, und vielleicht hat es einen Wert für Deine Forschungen über die Biografie.

Die Entwicklungsphase
vom 21. zum 28. Jahr

Wir können die Zeit vom 21. bis zum 28. Lebensjahr die Phase der
Wanderjahre nennen. Viele Menschen ziehen in die Welt hinaus,
um Erfahrungen zu sammeln. In einer gewissen Weise wandern
wir auch noch einmal in die Kindheit zurück und wandeln rück-
läufig die Ereignisse der ersten 21 Jahre um. So spiegelt die Phase von 21 bis 28 Jahren diejenige von 21 bis 14 wider. In vielen
Biografien kann man solche Spiegelungen finden. (Vgl. dazu das
Kapitel «Rhythmen und Spiegelungen», S. 171ff.) Wie ja auch aus
dem Brief des jungen Medizinstudenten ersichtlich wird, ist die
Phase von 14 bis 21 ein schwerer Zeitabschnitt, eine Phase der Er-
denschwere, in der das Leben oft als schwierig empfunden wird.
Der junge Mensch glaubt, dass seine Umgebung ihm nicht genügend Verständnis entgegenbringt, er fühlt sich einsam. Häufig
empfindet er auch eine Bedrückung. Nach dem 21. Lebensjahr
tritt der Mensch dann in eine andere Lebensphase ein. Es ist die
Zeit, in der er zur Extroversion neigt, in der er allerlei Erlebnisse
ausprobieren möchte und am Leben selbst lernt.

In gewissen seelischen Aspekten gibt es eine Parallele zum
ersten Jahrsiebt. Wenn man laufen lernt, fällt man hin, steht
wieder auf, fällt wieder und so weiter. Im vierten Jahrsiebt
fällt man in seelischer Hinsicht; man macht Erfahrungen, fällt,
steht wieder auf, macht neue Erfahrungen. Der junge Mensch
ist noch unsicher in seinen Erfahrungen und muss aus ihnen
lernen. Er ist begierig zu leben und will auf allerlei Gebieten experimentieren, sei es in der Arbeit, sei es in den Beziehungen oder gar bei Drogen und geistigen Erlebnissen.

Wir nehmen die Selbsterziehung nun stärker in die Hand. Es ist,
wie wenn wir auf einem wilden Pferd ritten. Erst langsam gelingt es
uns, die Zügel immer besser in die Hand zu nehmen. Aber wie oft

geht uns im Leben das Ross durch, und wie oft fallen wir vom Pferd, müssen neu aufsteigen und es wieder in den Griff bekommen! Diese Phase des Lebens bezeichnet Rudolf Steiner als die Phase der Empfindungsseele. Sie ist gekennzeichnet durch das Auf und Ab im Leben. Wir sind wieder abhängig von unserer Umgebung, aber nicht mehr, wie im ersten Jahrsiebt, in physischer Hinsicht, sondern auf dem seelischen Gebiet. Es ist für uns wichtig zu wissen, welche Meinung die anderen von uns haben. Wie denken die Schwiegereltern von uns? Wie bewahren wir das Bild des guten Sohnes oder der guten Tochter vor den Eltern?

Es ist die Zeit, in der wir leicht in allerlei Rollen fallen – Berufsrollen, die in gewisser Hinsicht die Unsicherheit im Arbeitsleben kompensieren, Rollen familiärer Art, etwa die des guten Ehemanns oder der guten Ehefrau. Wir fragen uns innerlich: Was erwartet man von einer guten Mutter oder einem guten Vater? Hier besteht die Gefahr, dass die von uns übernommenen Rollen unser keimendes Ich ganz erdrücken. Der Kampf mit den Rollen – C. G. Jung bezeichnet die Rolle als die *persona* –, der in diesem Zeitraum anfängt, dauert manchmal sogar das ganze Leben. Eine äußere Biografie beginnt sich unserer eigenen, inneren Biografie entgegenzustellen. Wir müssen es lernen, beide zusammenzuführen.

Das vierte Jahrsiebt ist auch die Zeit, in der sich Freundschaften oder Gruppen bilden. Hier wollen wir mit Gleichgesinnten etwas verwirklichen oder mit vielen Freunden die Freizeit gemeinsam gestalten. In der Arbeit lernen wir aus den Erfahrungen, wechseln häufig den Arbeitsplatz und möchten gern die Resultate unserer Arbeit sehen. Wie glücklich ist der Arzt, der an einem Tag bei der Geburt von acht Kindern geholfen hat! Sein Ich wächst und stärkt sich. Wie unglücklich ist dagegen der Arbeiter am Fließband, der am Ende des Tages mit leeren Händen dasteht! Er hat nur einen Ausweg, diese Leere zu kompensieren: viel Bier oder «caipirinha» (Zuckerrohrschnaps) zu trinken. Er bleibt stundenlang im Wirtshaus und täuscht sich über die Leere hinweg.

Die Abhängigkeit von der Umgebung, den anderen Menschen, den Mitarbeitern, vom Chef im Beruf oder vom Ehepartner zu Hause ist groß. Wir wählen häufig einen Partner mit Fähigkeiten, die wir selbst nicht haben, und hoffen, damit eine Ergänzung unseres Wesens zu bekommen. Es entwickelt sich leicht eine größere Abhängigkeit vom Partner, da wir ja gewissermaßen nur Hälften sind. Erst in der nächsten Phase, von 28 bis 35 Jahren, können wir einen Individualisierungsprozess durchmachen. So werden wir dann zu ganzen Menschen, und es gelingt uns auch, den Partner in einer neuen Weise zu lieben, ohne Forderungen und ohne Abhängigkeit.

Der jugendliche Enthusiasmus, die Lebenskraft, beflügelt uns, wir sind voller Idealismus – und wir glauben in dieser Zeit, dass alles möglich ist, dass wir alles vollbringen können. Eine Frau beispielsweise, deren Mann ein Trinker ist, glaubt mit Sicherheit, dass sie ihm das Trinken abgewöhnen kann. Man glaubt, alternative Medizin oder natürliche Ernährungsweise in der ganzen Bevölkerung einführen zu können. Wir sind wissbegierig, intelligent, brillant. Erst wenn wir in das 27. Lebensjahr kommen, fängt die Kraft des Enthusiasmus etwas zu welken an. Heute findet man viele junge Menschen, bei denen der Enthusiasmus zu Depressionen führt; sie können unter Umständen einige Jahre andauern.

In der Biografie des jungen Medizinstudenten war das eigentlich nicht der Fall – obwohl sein Lebensweg in späteren Jahren einen überraschenden Ausgang fand, der aus der bisherigen Entwicklung nicht ersichtlich war. Wie ging seine Biografie weiter? Der junge Medizinstudent bekam sein Arztdiplom und spezialisierte sich im Fach Psychiatrie. Die Stadt, in der er wohnte, wurde ihm zu klein, obwohl er aus einer noch kleineren Stadt im Inneren Brasiliens kam und aus einer kinderreichen Familie stammte. Er ging nach São Paulo, und er liebte die Stadt mit all ihren Abenteuern. Seine Beziehungen nahmen langsam festere Formen an, tiefere Freundschaften hatte er nur mit Männern. Er arbeitete in der anthroposophischen Klinik in São Paulo und interessierte sich darüber hinaus sehr für Gruppenarbeit und Sozialpädagogik. Etwa mit 33 Jahren besuchte er einen dreimonatigen Kurs im «Center of Social Development» in England. Er bereiste auch einige Städte Europas. Dies alles fiel ihm sehr schwer, denn im Grunde blieb er doch der einfache junge Mann aus dem Inneren Brasiliens. Seine Seele war zart und empfindsam. Er war ein guter Arzt, hauptsächlich für psychologische Fälle. Immer reiste er ganz allein. Als er etwa 36 Jahre alt war, merkte man ihm an, dass er durch starke innere Konflikte ging. Wenn man ihn aber befragte, sagte er stets, alles sei in Ordnung. Einmal unternahm er eine Wanderung und verirrte sich im Dickicht und im Nebel. Er irrte drei Tage lang in der Wildnis umher, bis er wieder nach Hause kam. Über seine Erlebnisse, die schrecklich gewesen sein müssen, wollte er mit niemandem sprechen. Er wurde zwar wieder etwas kräftiger, aber nach drei Wochen nahm er eine Überdosis an Schlafmitteln und Medikamenten und schlief für immer ein – und so blieben auch die Konflikte, mit denen er lebte, ein Rätsel.

Wenn wir es erreichen, in der Phase der Empfindungsseele (also von 21 bis 28 Jahren) einen gesunden Boden unter die Füße zu bekommen, bauen wir am Fundament für die Entfaltung unserer Persönlichkeit in den nächsten Jahren. Ein guter Chef, der von Zeit zu Zeit mit uns eine Auswertung unserer Arbeitsergebnisse vornimmt, kann uns helfen, eine gesunde Grundlage in der Arbeit zu finden. Auch eine Schulung der Objektivität ist hilfreich. Auf diese Weise fange ich an zu begreifen, dass nicht nur mein Standpunkt der einzig richtige ist. Je nachdem, von welcher Seite ich ein Objekt betrachte, sieht es anders aus, und ich muss lernen, die Dinge von einer höheren Warte aus anzusehen. Heute gibt es eine ganze Wissenschaft, die sich auf eine goetheanistische Anschauungsweise der Phänomene gründet und die einem jungen Menschen zur Ausbildung der Objektivität verhelfen kann.

Das 28. Lebensjahr:
Krise der sterbenden Begabungen

Thomas Alva Edison beantwortete die Frage: «Was ist ein Genie?» mit der Bemerkung: «Ein Prozent Inspiration und neunundneunzig Prozent Transpiration.»

Dieser Satz gilt hauptsächlich für die Zeit nach dem 28. Lebensjahr, denn bis dahin werden wir von den Jugendkräften unseres Leibes getragen, und Intelligenz und Enthusiasmus beflügeln unser ganzes Wesen. Wie viele junge Dichter, Musiker und so weiter begraben danach völlig ihre genialen Begabungen! An einem unserer Biografiekurse beispielsweise nahm eine Sängerin teil, die eine wunderbare Stimme hatte. Sie war jedoch jedes Mal von ihrem Mann verhöhnt worden, wenn sie übte – bis es sie so verdrossen hatte, dass sie nicht mehr sang. Einige meiner Kursteilnehmer hörten sie im Bad singen – sie war zu diesem Zeitpunkt bereits über sechzig. Alle waren begeistert. Es blieb aber bei diesem einmaligen Ereignis. Unsere Sängerin hatte ihre außergewöhnliche Begabung begraben und wagte nicht mehr, daran zu rühren.

Ein kleiner Brief einer ehemaligen Teilnehmerin eines Biografiekurses:
Ich lese ab und zu in den Notizen aus Ihrem Biografiekurs und finde vieles bestätigt. Ich werde im Dezember 28 Jahre alt und merke ganz deutlich, dass das, was bisher von allein lief, wie von selbst, nun das genaue Gegenteil ist. Wie geht man mit diesem Wissen um, wenn man an die Frage kommt: Wie kann ich tätig sein?

Die Antwort lautet: In dem Moment, wo man auf die Frage stößt ‹Wie kann ich tätig sein? Wie setze ich in die Praxis um, was ich weiß?›, ist man dem vorgezeichneten Weg bereits auf die Spur gekommen. Denn gerade durch das Tun überwinden wir die Passivität, ja sogar eine Depression. Dieser Weg sieht natürlich für jeden Menschen anders aus.

Eine Begegnung mit einem richtigen Schicksalskameraden kann sehr belebend wirken. Wir finden uns wieder neu im Spiegelbild des anderen. Neue Kräfte können entstehen. Es ist so, wie wenn sich zwei Farben mischen – aus Blau und Gelb erhalten wir ein Grün.

Was ist eine Beziehung? Wir können in einer gemeinsamen Beziehung nebeneinander hergehen. Wir unternehmen vieles gemeinsam und meinen uns sehr gut zu verstehen. Aber jeder bleibt in seinen Farben. Der kreative Prozess hat noch nicht begonnen. Erst wenn wir den Mut haben, unsere Farben zu mischen, den anderen zu verstehen versuchen, auch wenn er völlig anders ist als wir selbst, erst dann fängt der kreative Prozess an, und alle Nuancen von Farbmischungen können entstehen. Es gibt sicher Momente, wo das Blau ganz isoliert in sich ruhen und das Gelb allein strahlen muss – aber dazwischen gibt es dann allerlei Töne von Grün, vom gesättigten Grün des Tropenwaldes bis zum zarten Frühlingswiesengrün.

Jeder Mensch hat seinen eigenen Rhythmus beim Laufen. Das Laufen ist auch ein Bild für den Lebenslauf. Es ist ganz wichtig, dass jeder in seinem Leben seinen eigenen Rhythmus findet. Ebenso wichtig ist es, den Rhythmus des anderen zu respektieren. Es gibt jedoch Momente, wo wir zusammen laufen wollen. Was ist dann nötig? Wie laufen wir dann? Etwa indem der eine vorausläuft und der andere hinterherhinkt? Nein, es geht nun darum, einen gemeinsamen Rhythmus zu finden. Wenn der Langsame sich dem Schnelleren anpasst, wird er rasch müde werden. Wenn der Schnellere sich ganz nach dem Langsamen richtet, spürt er, dass etwas stagniert und nicht richtig fließt. Es muss ein dritter Rhythmus gefunden werden. Das ist ein neuer, kreativer

Prozess. Wir stehen in dieser Hinsicht vor einem Abgrund, wir fühlen Zweifel und Angst – gelingt es uns, die Brücke zu bauen, um hinüberzuschreiten?

In den Befruchtungszellen haben wir das Urbild einer Beziehung vor uns. Wenn eine Samenzelle auf eine Eizelle trifft, findet eine Befruchtung statt. Gelingt die Befruchtung nicht, so stirbt sowohl die Eizelle wie auch die Samenzelle ab. So ist es auch in unseren Beziehungen. Solange wir befruchtend aufeinander wirken, entsteht Neues in der Beziehung, und sie gedeiht!

So kann in dieser Phase eine Begegnung, der Zusammenschluss zweier Menschen, eine Vielzahl neuer Elemente hervorbringen und uns dadurch vielleicht etwas über unsere Ohnmacht hinwegtäuschen, das Leben neu zu gestalten. Wir erleben dann die Krise um das 28. Lebensjahr herum nicht so stark.

Jede Krise kann aber auch zu einem neuen Erwachen führen. Beispielsweise war ein guter Freund von mir bis zu seinem 28. Lebensjahr ein völliger Atheist geworden. Als Kind verbrachte er seine Ferien bei vielen streng protestantischen Familien zur Erholung. Später hatte er eine äußerst starke Abneigung gegen alles Religiöse. Ein älterer Kollege fragte ihn einmal, ob er einen Glauben habe. Darauf entgegnete er vehement: «Nein! Und wenn ich Christus auf der Straße träfe, würde ich ihm ins Gesicht spucken.» Darüber musste nun der Kollege sehr lachen. Er gab zu: «Ja, dann ist dir nicht zu helfen.» Eine Mitarbeiterin der beiden war im selben Raum tätig und hatte das Gespräch gehört. Sie kam nach einer Weile mit Rudolf Steiners Buch *Die Geheimwissenschaft im Umriss* zurück und gab es dem jungen «Ungläubigen». Er hat das Buch mit großem Eifer gelesen und viele neue Ideen für sein Leben aufgenommen. Sein Leben war durch die Anthroposophie neu befruchtet. Auch seine Familie gewann eine neue Perspektive. Mein Freund arbeitete mit Fleiß und Eifer als Maschinenbauingenieur weiter. Er kam in den nächsten Jahren beruflich vorwärts. Eine neue Wende fand in seinem 37. Lebensjahr statt, als er seinen Beruf wechselte und sich fortan Entwicklungsarbeiten im menschlichen und unternehmerischen Bereich widmete.

Viele Menschen kommen in dieser Zeit, um das 28. Lebensjahr herum, auch in einen inneren Zwiespalt. Ich denke hier etwa an die Konfliktsituation einer 28-jährigen Frau. Sie ist alleinstehend und hat eine kleine Tochter. Sie muss für sich zu einem Entschluss kommen, ob sie ihr Leben in Brasilien oder in Europa weitergestalten will. Im folgenden Gedicht schildert sie ihre innere Situation.

Wenn ich hier bleibe, wird es mir gut gehen.
Manchmal sehe ich mich als zwei
und weiß noch nicht,
wer, welche Person
ich sein kann oder möchte.
(Deswegen bin ich hier.)

Es geht mir gut,
aber ich habe Angst, diesen Moment anzuschauen,
denn ich bin geteilt, und ich fürchte,
dass diese Teilung mich überlebt
in den nächsten sieben Jahren.
Jetzt ist der Moment, auszusuchen:
welches Land,
welche Kultur,
welche Welt werde ich aussuchen,
pflanzen oder erhalten?
In Brasilien zu bleiben heißt, dass ich weiterhin
meine Felder der Bilder und des Bewusstseins bepflanzen werde,
ich werde schreiben und meine Arbeit verrichten in der
Informatik, in der Presse und im Kommunikationswesen,
und all die Früchte ernten von dem, was ich in

mir und um mich herum aufgebaut habe:
mein Heim, mein Verhältnis zu meiner Tochter,
das Geheimnis meiner Bücher,
die Emotion mit meinen Platten, mit der Musik (meine Kultur),
die ich liebe,
meine Sprache,
mein Land, das mich vielleicht mehr braucht
als die Welt dort draußen.

Ich brauche mich,
und wenn ich herausgehe, bedeutet das,
ein neues Land in mich hineinzupflanzen,
alles aufgeben,
weit weg leben.
In mir und um mich herum wieder aufbauen:
ein neues Heim,
eine neue Seele,
ein neues Erleben,
einen alten Traum von Neuem nah berühren
und mich in Ungewissheit und Einsamkeit begeben,
eine Investition, die von innen kommt,
und die materielle Angst,
erfolglos zurückzukehren,
herausgerissen aus den Spielregeln,
die in Brasilien gelten.

Sachen hinzulernen,
meinen kulturellen Horizont und mein Bewusstsein erweitern,
das stört nur, wenn die Notwendigkeit besteht,
Geld zu verdienen.
Ich habe schon Geld allein verdient.
(Es war ein Kampf, gleichzeitig Vater und Mutter zu sein.)

Und jetzt?
Will ich noch mehr?
Kann ich noch mehr?

Es geht mir gut.
Warum diese Entscheidung in einer Zeit,
wo scheinbar alles konsolidiert erscheint?
Ich verstehe es nicht,
warum dieses Verhängnis?
Warum eine neue Transformation?
Wer will ich, wer kann ich sein?
Es kann mir gut gehen,
auf jedem Weg,
egal welcher es auch sei.

Aber ich weiß nicht,
ob ich kann,
ob ich will
– sein.

Sieh nicht, was andre tun,
der andern sind so viel,
du kommst nur in ein Spiel,
das nimmermehr wird ruhn.

Geh einfach Gottes Pfad,
lass nichts sonst Führer sein,
so gehst du recht und grad,
und gingst du ganz allein.

Christian Morgenstern

Vom 28. bis zum 35. Lebensjahr: «Sterben und neu auferstehen»

Wir wollen zuerst anhand einiger Zeichnungen und Äußerungen versuchen, das fünfte Jahrsiebt zu charakterisieren. Abbildung 3 (S. 84) und die dazugehörige Beschreibung verdeutlichen die Situation in diesem Alter:

Ich bin in einer Grotte und trage einen Schild, mit dem ich mich verteidige. Aber der Schild ist so groß, dass ich das Licht außerhalb der Grotte nicht sehen kann. Endlich entschließe ich mich, aus der Grotte hinauszugehen, das Lichtschwert in die Hand zu nehmen und zu kämpfen. Als es mir gelang, diesen Schritt zu unternehmen, war ich um die 32 Jahre alt.

Es ist das Bild und die Beschreibung einer Norwegerin, die eine glückliche Kindheit hatte und bis zu ihrem 21. Lebensjahr in Norwegen lebte. Als sie ihren jetzigen Mann, einen Brasilianer, kennenlernte, entschlossen sie sich zu heiraten und nach Brasilien auszuwandern. Die Frau hatte es sehr schwer, sich hier in Brasilien, wo sie auf einer Farm wohnte, einzuleben. Immer wieder verglich sie das Land mit Norwegen. Die Sonne schien ihr zu heiß und zu lang. Es fehlten der Schnee und die Tannen und das Gebirge. Es fiel ihr schwer, die neue Sprache zu lernen. In der Zwischenzeit wurde sie Mutter von drei kräftigen Kindern. Die Frau lebte ganz für die Familie und für ihre Kinder, und ihr Mann war ihr Beschützer. Sie hatte Angst zu kämpfen und Freundschaften zu schließen und aktiv in der Gesellschaft zu wirken. Diese Situation dauerte bis zum 32. Lebensjahr. Die Zeichnung drückt dieses innere Erlebnis aus. Mit 35 Jahren entschloss sich dann die Frau, als Lehrerin auf der Farm tätig zu werden. Obwohl sie sich bis heute nicht ganz zu

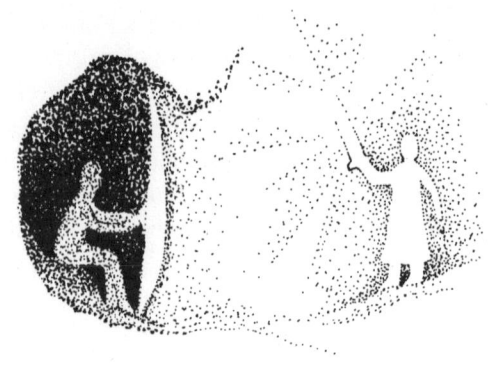

Abb. 3

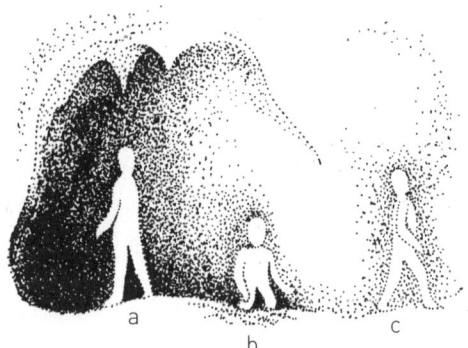

a   b   c

Abb. 4

Hause fühlt, hat sie doch ihre Arbeit ergriffen und sieht neue Möglichkeiten.

Nun ein zweites Bild (Abb. 4):

Ich fühlte mich in einer Grotte (a), ich merkte nicht, dass ich gegen die Hinterwand der Grotte schaute und lief. Ich merkte nicht, dass das Licht von hinten kam. Plötzlich hatte ich eine Begegnung, ein Gespräch, und ich bemerkte, dass ich mich nur umzudrehen brauchte. Da sah ich das Licht außerhalb der Grotte vor mir. Aber ich musste erst noch durch einen großen Sumpf, in dem ich bis weit über die Knie versank (b). Nun erlebe ich mich so (ich bin jetzt dreißig Jahre alt), dass ich noch immer in der Grotte bin (c), aber doch schon näher am Ausgang, und ich sehe das Licht. Die Idee des Todes ist mir nahe. Ich träumte mit zwölf Jahren, dass ich mit 32 sterben würde. Jetzt, durch diesen Biografiekurs, lerne ich die Gesamtheit des Menschen und der Menschheit erst kennen und begreife, wie Tod und Leben verbunden sind. Vorher sah ich im Leben keine Motivation und keinen Sinn.

Von derselben Person stammt auch dieses Gedicht:

Ich träumte, träumte, träumte
verschiedene Nächte lang – ohne mich zu erinnern.
Und heute habe ich mich erinnert:
Ich bin ein Gefangener
in einem hohen Appartement-Haus,
es ist hoch und geschlossen.
Es ist noch jemand bei mir.
Dort oben, durch das Fenster,
sehe ich die freie Welt, dort unten.
Ich kann aber nicht daran teilnehmen.
Wenn ich versuche zu fliehen,
meine ich, dass die Strafe von vierundzwanzig Stunden
nicht zu Ende gehen wird.
Vier Monate sind schon vorbei –
soll ich fliehen oder soll ich bleiben?
Soll ich kämpfen oder warten?

Was will sich in diesem Gedicht und in der Zeichnung äußern? Es sind Bilder für die gefangene Seele, die sich nicht aufschwingen kann. Die vergangenen Jahre haften noch stark, man durchwatet einen Sumpf. Man sieht wohl das Licht, aber es ist noch weit entfernt. Die Jugendbegabungen hören auf, die Kräfte lassen nach. Man muss über die Schwelle – findet man die Kraft dazu? Finden wir allein den Weg?

Viele junge Menschen machen zwischen dem 27. und dem 33. Lebensjahr, manchmal bis zum 35. Lebensjahr, schwere Zeiten durch. Die Lebenskräfte werden schwächer und verbrauchen sich, Krankheiten schwerer Art werden häufiger. Es gibt erstaunlich viele Fälle von Jugendkrebs in diesen Jahren oder auch von Aids. Manchmal kommt es schon zur Auseinandersetzung mit dem Tod. Wie viele Menschen sterben vor dem 33. Lebensjahr! Krebs, Aids, Verkehrsunfälle, Selbstmord usw. sind die Todesursachen.

Etwas Neues muss in diesem Alter beginnen. Das Ich muss sich stärken und sich selbst überwinden. Die Krise, die wir hier beschreiben, wird meist als die Krise der Talente bezeichnet. (Man sehe sich in der Bibel einmal unter diesem Gesichtspunkt das Gleichnis von den Talenten an.) Begrabe ich meine mitgebrachten Begabungen? Vergeude ich sie? Oder wandle ich sie nun langsam um, sodass sie ab dem 35. Lebensjahr für die Welt fruchtbar gemacht werden können?

Die Zeit der Inspiration ist vorbei; jetzt beginnt die Arbeit des Ich von innen her. Welche Kräfte können uns hier zu Hilfe kommen? Es sind die Kräfte, die unserem Ich gleich sind, die Christus-Kräfte. Sie sind seit der Zeitenwende in die Menschheit geflossen und führen unser Ich immer mehr zu einem Individualisierungsprozess, zu selbstständiger Entscheidungsfähigkeit und eigener Moral. Wodurch ist das möglich? Viele Menschen haben in dieser Phase eine Begegnung mit einem Buch, einer Philosophie oder einem Menschen, wodurch sie wieder zum Glauben, zurück zu Gott geführt werden. Die Jahre von 30 bis 33, die Christus-Jahre, enthalten vieles von diesen Elementen. Einigen Menschen gelingt dieser Individualisierungsprozess, anderen nicht; bei einigen vollzieht er sich bewusster, bei anderen bleibt er im Unbewussten.

Wenn wir unter diesem Aspekt noch einmal die Biografie 1 anschauen (S. 26f.), so sehen wir: Durch die bazilläre Durchfallerkrankung und durch das hohe Fieber hat die junge Frau nun ein besonderes Erlebnis, ihren Traum im Paradies. In der Biografie 2 (S. 36ff.), nach zwei schweren Jahren seit der Trennung von ihrem Mann (30 bis 32 Jahre), findet sich Tanga in der Arbeit wieder, lebt wieder mit ihren Kindern zusammen, und eine glückliche Phase beginnt. Auch in den nächsten Biografien finden wir dieses Element, eine Veränderung und eine Wende im Leben. In der Biografie 5 (S. 111ff.) kommt ein neues Kind in die Familie, das einen Wandel in der inneren Haltung des Patienten bewirkt. In der Biografie 6 (S. 122ff.) ist es Rudolf Steiners Schrift *Die Geheimwissenschaft im Umriss*, die den neuen Einschlag bringt.

Die Phase von 28 bis 35, die der Lebensmitte entspricht, hat aber bei vielen Menschen noch eine ganz andere Seite. Es ist die Zeit, in der unsere Leiblichkeit tief von unserer Individualität durchdrungen ist. Dies gibt uns Kraft für unsere Zielsetzungen nach außen hin – und unsere Arbeit zeigt Resultate. In dieser Zeit ist der Mann häufig sehr nach außen gerichtet, um sich Beruf, Karriere und Status zu erobern. Die Frau, wenn sie Kinder hat, ist oft mit Haus und Familie in Anspruch genommen.

Um den natürlichen Egoismus dieser Phase auszugleichen, müssen wir Toleranz, Liebe und Mitgefühl für unsere Umwelt entwickeln. Rudolf Steiner nennt diese Phase die Zeit der Verstandes- und Gemütsseele. Er gebraucht dabei die beiden Ausdrücke ganz bewusst immer zusammen. Denken (Verstand) und Fühlen (Gemüt) müssen nun in die Persönlichkeit integriert werden. Der Mann, dem von Natur aus mehr das Denken und Wollen liegt, muss – um überhaupt Kontakt zu Frau und Kindern zu bekommen – sein Gefühl entwickeln; wir können auch sagen: seine weibliche Seelenkraft oder, wie C. G. Jung es nennt, seine *anima*. Die Frau hingegen, der von Natur aus mehr das Gefühl liegt, muss nun die Fähigkeiten des Denkens und Wollens stärker entwickeln (ihre männliche Seelenseite, oder, nach der Bezeichnung von C. G. Jung, den *animus*). Sie wird dadurch imstande sein, ihren Mann besser zu verstehen, und sie kann die auf sie zukommenden Aufgaben besser bewältigen, zumal dann, wenn sie einen Beruf ausübt.

Rudolf Treichler charakterisiert die Jahre von 21 bis 28 mit dem Satz: «Wie erlebe ich die Welt?»; die Phase von 28 bis 35 stellt er unter das Motto: «Wie ist die Welt organisiert – und wie organisiere ich mich in diesem Verhältnis zur Welt?» Es geht jetzt um ein richtiges Atmen mit der Umwelt. Es kommt darauf an, dass ich im Betrieb, in der Familie den richtigen Ausgleich finde – einerseits eine Anpassungsfähigkeit entwickle, aber andererseits mein Ich nicht durch die Umgebung ersticken lasse, sodass ich mich als Individualität frei entfalten kann. Die Abhängigkeit vom Partner verringert sich – ich werde mehr ich selber, und so kann ich auch meine Liebesfähigkeit entwickeln. Die Ehe kann zu einer guten Kameradschaft gedeihen, bei der jeder die Individualität des anderen respektiert und nicht ständig Forderungen stellt. Steht der Mensch in einem Beruf, der auf physischen Leistungen beruht, dann erreicht er in dieser Zeit den Höhepunkt seiner Leistungsfähigkeit; bei vielen Sportarten etwa kann man das beobachten. Auch hat jeder Mensch in der Zeit von 28 bis 35 eine außerordentliche organisatorische Fähigkeit und neigt dazu, sein Leben für die Zukunft zu planen. Das fünfte Jahrsiebt ist eine Phase, wo wir zwischen dem Idealismus und den leichten Illusionen, wie wir sie von 21 bis 28 Jahren gehabt haben, und dem Materialismus und der Verhärtung der Jahre von 35 bis 42 ein Gleichgewicht schaffen können.

Biografie 3 – Erlebnisse zwischen dem 30. und 33. Lebensjahr

Ich weiß nicht, wo ich anfangen soll. Natürlich kann ich nicht sagen, dass alles mit 30 Jahren angefangen hat. Das ist nicht wahr. Vorher gab es ja 30 Jahre Leben, die eine Vorbereitung auf das waren, was dann kommen sollte.

Eine Familie. Vater, Mutter, drei Töchter, ich war die mittlere Tochter. Eine jüdische Familie. Mein Vater war, aus Russland kommend, mit acht Jahren mit seinen Eltern nach Brasilien eingewandert. Auf ihnen lasteten Verfolgungen, Antisemitismus, Armut, der Wille und die Notwendigkeit zu siegen. Meine Mutter stammte aus einer jüdischen Familie, die bereits seit drei Generationen in Südamerika lebte, also schon sehr «angepasst» war. Mein Vater, der Künstler, der Intellektuelle, der Geschäftsmann. Mutter, die ausgezeichnete Hausfrau, die gute Mutter, die gute Ehefrau, ganz Liebe, Ergebenheit, Treue.

Ich glaube, dass ich eine glückliche Kindheit hatte. Früh lernte ich, die Menschen für mich zu gewinnen durch meinen Frohsinn, Humor und Kreativität. Diesen Eigenschaften wurde bei uns zu Hause viel Wert beigemessen. Hiermit vermied ich Konfrontationen, Streitereien und Ärgernisse. Früh auch lernte ich das Spiel des Fröhlichen. Ich suchte das Glitzernde, um geliebt zu werden. Und es gelang mir.

Ich hatte Freunde, viele Freunde und eine Familie, die mich liebte und bewunderte.

Mein Vater starb jung, als ich fast 17 Jahre alt war. Es war schwer, aber das Leben ging weiter.

Mit 20 Jahren habe ich geheiratet. Ich war verliebt und offen für das neue Leben. Gleich darauf kamen die Kinder. Ich gebar drei Kinder in vier Jahren. Es folgte dann ein ganzes Jahrzehnt, das ich der maximalen Perfektion widmete, um meine Kinder gut zu erziehen, zu ernähren, sie zu kleiden, mit ihnen zu spielen, zu singen, ihnen Zärtlichkeit zu schenken und ihnen gewissermaßen das zu geben, was ich in meiner eigenen Kindheit als Vorbild emp-fangen hatte. Dies alles war gemischt mit dem Wunsch, jemand zu «sein» für die Außenwelt, zum Beispiel eine Künstlerin zu sein, und vor allem «gut» zu sein in allem, was ich tat.

In dieser Zeit hatte ich auch die Begegnung mit einer neuen Form, das Leben und die Welt, den Menschen und Gott zu sehen. Zum ersten Mal habe ich ganz langsam begriffen und dann auch akzep-tiert – durch die Anthroposophie –, dass es eine geistige Welt gibt. Nach und nach wurde ich dann von einer Materialistin zu einer Spiritualistin. Denn das Judentum meines Vaters war an die Tra-ditionen des Volkes gebunden, aber er war äußerst materialistisch und agnostisch und hatte einen großen Einfluss auf mich.

Und dann teilte ich mich. Es war für mich schwierig, mich vor meinen materialistischen Freunden nun zu einer geistigen Welt zu bekennen. Noch schwieriger war das Bekennen zu einer christlichen Einstellung gegenüber meiner jüdischen Familie. So verbrachte ich zehn Jahre mit zwei Gesichtern – oder tausend Gesichtern. Auf allen Gebieten hatte ich Erfolg, ohne mich jedoch auf einem einzigen zu verwurzeln.

Als ich 29 Jahre alt war, fühlte ich mich sehr unsicher und frust-riert. Als Frau, die ich in dieser Welt in diesem Jahrhundert lebte, wollte ein Teil meines Wesens die Aufgabe als Mutter, als Ehefrau, als Hausfrau gut vollbringen, und niemand war darin besser als ich. Der andere Teil des Wesens in mir wollte «jemand sein», ei-nen Beruf ausüben, Anerkennung bekommen, Geld verdienen. Auch wollte ich charmant und attraktiv sein und das Verliebtsein meines Mannes zu mir stets erhalten. Ich wollte kurzum eine «Su-perfrau» sein, und es gelang mir nicht. Die Frustration begann Besitz von mir zu ergreifen, derweil ich mich bemühte, mir selber einzureden, dass alles in Ordnung sei.

In dem Jahr, als ich dreißig wurde, machten mein Mann und ich eine enorme Ehekrise durch. Da ich nie im Entferntesten daran gedacht hatte, dass mir so etwas passieren könnte, fiel ich von ganz oben in einen tiefen Abgrund. Erschrecken, Angst, Unsicherheit ergriffen von mir Besitz. Zum ersten Mal musste ich zugeben, dass ich gar nichts von dem war, was ich gedacht hatte, oder besser: dass ich gar nichts von dem war, was – in meinen Augen – die anderen von mir erwarteten, dass ich es sein würde. Die Depression war groß, und ein Gefühl der Ängstlichkeit wollte mich nicht verlassen. In meinen Augen war ich eine Null, als Frau, als Mutter, als Berufstätige – in allem.

Gleich nachdem mein Mann und ich unsere Beziehung wieder aufbauen konnten, wurde meine Mutter wegen eines Gebärmuttermyoms operiert. Die Gebärmutter wurde entfernt, und dies hinterließ bei mir einen starken Eindruck. Ich erinnere mich, dass ich das Empfinden hatte, dass mein erstes Wohnheim, wo ich hineingeboren und beschützt worden war, ja, dass mein «Nest» nun in den Mülleimer geworfen worden war. Jetzt war ich auf mich allein angewiesen.

Es dauerte keine zwei Monate, und ich wurde krank. Ich bekam Darmblutungen. Die Diagnose lautete auf Colitis ulcerosa – eine psychosomatische Krankheit, so sagte man mir. Eine Heilung sei, bis auf einige Ausnahmen, schwierig. Die Krankheit entwickle sich voraussichtlich so, dass der Dickdarm entfernt werden müsse oder dass sich krebsartige Geschwulste bildeten.

Nach weiteren zwei Monaten stellte man fest, dass meine Mutter Krebs hatte. Da verlor ich völlig den Boden unter den Füßen, ich hatte keinen Halt mehr.

Ich tat aber so, als ob nichts geschehen wäre. Ich wollte nur, dass der Arzt mir ein Medikament gäbe, das meine Krankheit vertuschte. Die Krankheit gab es nicht, und ich konnte mein Leben als «Superfrau» mit Volldampf weiterleben. Es war, als ob die Krankheit und ich zwei verschiedene Wesen wären und als ob ich sie neben mir herschleppte, so wie den Beiwagen an einem Motorrad.

Zwei Jahre lang machten wir so weiter, meine Krankheit und ich. Als meine Mutter starb, spürte ich, dass ich den Verlust und die Trennung nicht aushalten würde. Mein Zustand hatte sich sehr verschlechtert, und plötzlich erfolgte eine innere Wandlung in mir. Ich sah nun meine Krankheit als mich selber. Ich entschloss mich, mich zu meiner Krankheit zu bekennen und sie ganz allein in Angriff zu nehmen. Ich ging zu keinem konventionellen oder anthroposophischen Arzt mehr und vollzog einen totalen Umschwung in der Behandlung und in meiner Ernährungsweise. Täglich machte ich nun Akupunktur, und ich hörte auf niemanden mehr. Ich nahm auch keine Medikamente, unterzog mich keinen Untersuchungen und schenkte den Blutungen und dem Durchfall keine Aufmerksamkeit.

Mein Körper schwächte sich rasch. Ich begann abzumagern, und es war mir unmöglich, etwas anderes zu tun, als auf mich selbst aufzupassen. Ich konnte nicht mehr arbeiten oder studieren, auf die Kinder und auf die Wohnung aufpassen, oder am Leben meines Mannes teilnehmen. Mein Leben drehte sich nur um mich, es gab keinen Mittelweg. Nur Leben oder Tod. Ich wurde dermaßen schwach, dass ich noch nicht einmal meine eigene Tasche tragen konnte. Meine Hände, Füße und Knie wurden von Arthritis befallen, die Knöchel schwollen an, und ich musste mit einem Stock gehen. Wegen der Verschlackung des Körpers, die durch den Darm verursacht wurde, bildeten sich bei mir überall Furunkel. Ich hatte über einhundert Furunkel, große, manche mit drei bis sieben Spitzen. All das war begleitet von Fieberschüben bis zu vierzig Grad. Ich hatte große Schmerzen im Körper, die schon vor der Verschlimmerung der Krankheit im Unterleib stark gewesen waren. Ich war völlig blutarm und unterernährt, aber selbst jetzt wollte ich noch auf keine Ratschläge hören. Ich hatte noch viel von einer «Superfrau» an mir und dachte, dass ich mich allein durch meine Kraft und durch die Akupunktur heilen könnte.

Schließlich war mein Zustand dermaßen schlecht, dass ich in einer äußerst besorgniserregenden Verfassung in ein Krankenhaus eingewiesen wurde. Es war unmöglich, mich einer Operation zu unterziehen, und eine Erholung war wegen meiner großen Schwäche äußerst schwierig.

In diesem Moment fühlte ich, dass ich sterben würde, und das war es auch, was alle in meiner Umgebung annahmen. Ich konnte den Tod sehen und fühlen, hier an meiner Seite. Ich fühlte, dass ich an der Schwelle war, ich konnte die andere Seite sehen, es wäre nur ein Hinüberrutschen. Am Anfang spürte ich, dass ich aufgebracht, ja sogar wütend war. Ich dachte: Warum ausgerechnet ich? Ich bin noch so jung, ich möchte noch so vieles im Leben machen, ich habe noch nichts realisiert. Dann hatte ich Angst, große Angst. Nicht vor dem Todesmoment als solchem, denn ich glaube, ich hatte schon das Äußerstmögliche an Schmerzen erlebt. Es war vielmehr die Angst vor der Ungläubigkeit. Ich, die ich ernstlich an die Existenz einer geistigen Welt, an einen Gott glaubte, an ein Leben nach dem Tod, an einen Sinn für das weltliche Leben, an eine Entwicklung des Menschen – sah mich plötzlich mit der Angst konfrontiert, dass nichts danach kommen würde. Und wenn alles eine Lüge war? Und wenn alles mit dem Tod aufhört? Wenn mein ganzes Leben keinen Sinn hatte? Ich begann mich von den Menschen gedanklich zu verabschieden, wenn ich sie sah; es könnte das letzte Mal gewesen sein. Von meinem Bett aus schaute ich durch das Fenster, sah die Bäume, den Himmel, die Wetterveränderung, die Gerüche, mit Augen, Ohren und der Nase, als wenn jemand zum letzten Mal mit seinen Sinnesorganen alles aufnimmt. Von meinen Kindern, von meinem Mann saugte ich begierig ein Wort oder eine Liebkosung auf.

Nachdem ich auf den physischen Grenzzustand, in dem ich mich befand, reagieren konnte – ich war jedoch noch äußerst schwach –, erlitt ich noch einen Rückschlag: Durch einen medizinischen Fehler nahm ich zwei Wochen lang ein falsches Medikament ein. Die-

ses Medikament verursachte bei mir ungemein starke Diarrhoe und enthielt außerdem ein toxikologisches und halluzinatorisches Mittel, das mich fast zum Wahnsinn und an den Rand des Todes führte. Meine Pupillen erweiterten sich, sodass ich mehr nach innen als nach außen sah; ich hatte furchtbares Herzklopfen und ein Kribbeln in den Armen und Händen, sodass ich das Empfinden eines kurz bevorstehenden Todes hatte. Als ob das noch nicht genug gewesen wäre, bekam ich eine Panik, die bei mir ein Schockempfinden auslöste gegenüber allem, was um mich herum war, mit Schweißausbrüchen und Ängsten. Außerdem hatte ich Halluzinationen, die neue Angstgefühle in mir hervorriefen. Ich rollte mich wie in einem Embryonalzustand ganz in mich ein und lutschte sogar an meinem Daumen. Wie mir ein Arzt sagte, bin ich dem Tod ganz knapp entronnen. Ich hatte jedoch wiederum das Erlebnis, den Tod von ganz Nahem gesehen zu haben. Ich habe völlig verstanden, was es heißt, Panik zu haben, und was es bedeutet, sich vollständig allein in der Welt zu fühlen, isoliert von den anderen Menschen, unfähig, Hilfe von den anderen zu empfangen, obwohl sie diese Hilfe geben wollen.

Ich war in meinem körperlichen und geistigen Schmerz dermaßen in mich gekehrt, dass mein Mann sich entschloss, mir zur Ablenkung einen Fernsehapparat in das Krankenhauszimmer zu stellen. Aber mein Wahrnehmungssinn war durch die Erlebnisse, die ich durchgemacht hatte, so fein eingestellt, dass ich die Fernsehprogramme mit noch offeneren Augen sah. Zwischen den Filmen läuft ja immer die Reklame, wo die widersinnigsten und überflüssigsten Dinge für die Konsumgesellschaft angeboten werden. Zwischendurch kommen dann auch die Nachrichten, und es wird bunt durcheinander berichtet – als handle es sich um Wetterberichte oder um Bananen – von furchtbaren Konfliktsituationen auf der anderen Seite der Welt, von Tod, Mord, Revolutionen, Erdbeben, Vulkanausbrüchen, Autounfällen, Schiffs- und Flugzeugkatastrophen, furchtbaren Dramen. Gleich darauf folgt ein humoristisches Programm, und man sieht tanzende Girls. Das alles hat mich sehr schockiert, und zum ersten Mal kam es mir tief zu Bewusstsein – nicht nur auf intellektuelle Weise –, was es heißt, in der heutigen Zeit ein Weltenbürger zu sein: Alle Menschen, sowohl diejenigen, die hier an meiner Seite leben, wie die auf der anderen Seite des Globus, und alle, die in jenem Moment lebten, waren meine Zeitgenossen. Wir lebten zusammen auf diesem Planet, im gleichen Zeitraum. Ein jeder mit seinem Schicksal, ein jeder sein Kreuz tragend, aber alle gemeinsam, und in irgendeiner Form betraf es auch mich, was irgendein Mensch zum Beispiel in China mitmachte. Ich spürte eindringlich, dass wir menschlichen Wesen alle ein Glied, ein Fuß oder ein Kopf von dem einzigen Menschenwesen waren. Und ich spürte, dass ich jetzt diese meine große Familie verließ, um ein anderes Leben zu leben. Mein Leben hier auf Erden war durch meine Probleme und meine Erlebnisse verändert worden, aber auch durch die anderen. All dies nahm ich nun mit.

Plötzlich wurde mir bewusst: Falls es mein Schicksal war zu überleben, konnte dies, in Anbetracht des Chaos, in dem sich die Menschheit befindet, nicht umsonst sein. Es musste einen Sinn haben. Für irgendeinen Zweck musste ich lebendig bleiben, um mit den Menschen zusammen zu sein – ob sie erreichbar waren oder nicht –, um mit ihnen zu leben, um mit ihnen aktiv zu sein, um meinen Beitrag, sozusagen meinen «Pinselstrich» zu dem großen Bild der Entwicklung der Menschheit, beizusteuern. Ich spürte in meinem Inneren eine immense Verantwortung und Liebe zu allem.

Ganz langsam begann ich gegen die Krankheit zu reagieren. Allmählich wurde ich kräftiger und hatte auch mehr Hoffnung. Als therapeutische Maßnahme begann ich mit Ton zu modellieren und beschäftigte mich auch mit Gartenarbeiten. Wer sich schließlich, so wie ich, in einem Exkarnationsprozess befand, für den war die Erde das Beste, um einen Halt, sozusagen einen Anker, *zu finden. Indem ich mich mit Farben und Formen, jedoch in lebendiger Weise, beschäftigte, antwortete ich auf meine Situation mit etwas Lebendigem. Mich mit Schönheit zu umgeben: das war es, was ich tat.*

Ich vermied es, in deprimierende und bedrückende Situationen zu kommen. Ich suchte das Schöne und das Liebliche. Das gab mir Nahrung. Ich hatte eine Empfindung, als würde ich neu geboren. Es war, als ob ich auf dem Grund eines Brunnens angelangt war und nun wieder neu leben konnte. Ich konnte zu den anderen Menschen wieder eine Beziehung aufnehmen. Die Notwendigkeit, mich mit meinem «Erfolg» immer wieder selbst zu bestätigen, war verschwunden. Nein zu sagen fiel mir etwas leichter, denn es war für mich nicht mehr nötig, den anderen zu gefallen, damit sie mich liebten. Ich war glücklich, sehr glücklich, am Leben zu sein, mit den anderen hier zu sein. Ich begann, mich mehr zu lieben, mich zu akzeptieren, auch ohne eine «Superfrau» zu sein, und ich hatte weniger Erwartungen mir selber gegenüber. Ich schäumte über vor Liebe zu der Menschheit und zu denen, die mich umgaben. Ich war voller Fröhlichkeit.

Ich dachte an mein Alter und stellte einen Vergleich an. Mir kam Jesus in den Sinn, der bis zu seinem 30. Lebensjahr gelebt hatte, um sich auf seine große Mission vorzubereiten, der mit 30 Jahren seinen großen Weg des Leidens und der Entsagung begann, um mit 33 gekreuzigt zu werden und dann wieder aufzuerstehen. Ich spürte, dass ich – natürlich in einer anderen Weise – durch eine ähnliche Erfahrung gegangen war. Mit 30 Jahren hatte ich den schweren Gang in Richtung des Todes begonnen, hatte starke körperliche Schmerzen erlebt, die Angst, die Panik, die Einsamkeit und die Schwäche. Ich war in totaler Abhängigkeit von den anderen und musste ihre Hand annehmen, ohne etwas dafür hergeben zu können. Ich hatte die Ohnmacht und das Sterben gespürt, ohne dass es richtig eingetreten war. Mit 33 Jahren war der Sturz in Richtung meiner «Kreuzigung» praktisch unaufhaltbar. Dann ging ich daraus wie neu hervor, als ob ich neu geboren war. Ich spüre, dass mein jetziges Leben sich einteilt in ein «Davor» und ein «Danach». Dies ist eindeutig.

Es ging so weit, dass ich mich zu einem Schritt entschloss, der für einen Menschen von jüdischer Abstammung und Erziehung, wie ich es bin, sehr schwierig war. Ich entschloss mich zur Taufe. Damit entschloss ich mich auch, hier auf der Erde und auch in der geistigen Welt dem großen Schritt, den ich bereits getan hatte, konkrete Formen zu geben. Nämlich mich zu dem zu bekennen, was in mir stattgefunden hatte: die Wahrnehmung einer geistigen Welt, die sehr stark ist und zu der ich gehöre und durch die ich hier auf der Erde wirke, solange ich hier bin, in der Gemeinschaft derer, die mich umgeben.

Ich bin nicht geheilt. Diese Krankheit ist sehr schwer zu heilen. Aber ich bin stark und habe Energie zum Wirken und Arbeiten, zum Studieren, und um mit meiner Familie und mit der Welt zusammen zu sein. Und das möchte ich nicht mehr verlieren. Ich fühle mich etwas kleiner, aber vielleicht – und gerade deswegen – fühle ich mich besser. Ich habe nicht mehr so viele Erwartungen an mich selber, aber ich habe mich lieber.

Ich bin noch nicht dahin gekommen, wohin ich wollte. Viele der alten Fehler haften noch an mir. Häufig ertappe ich mich, wie ich unbewusst darum kämpfe, auf jeden Fall alles richtig zu machen, und ich falle auch oft in das alte Schema zurück. Manchmal habe ich auch Angst. Aber auf diese Weise entdecke ich mich, mehr denn je, als Mensch, mitten in einem Entwicklungsprozess, und bin glücklich über jeden Tag, den ich hier verbringen darf.

Biografie 4

Im 36. Jahr fange ich an, neue Perspektiven im Leben zu sehen. Obwohl ich mich noch zerbrechlich fühle und den Eindruck habe, dass ich mich im Inneren behüten muss, spüre ich doch eine wesentliche Veränderung.

Mein Vater war Brasilianer, meine Mutter Dänin. Beide waren Einzelkinder. Mein Vater heiratete meine Mutter, weil ich schon unterwegs war. Mein Vater war ein schöner Mann, ein Bonvivant, und alle hatten eine große Bewunderung für ihn. Meine Mutter war im Gegensatz dazu nach innen gekehrt und voller Komplexe. Sie war sehr streng und lebte orthodox nach den Normen. Ich verbrachte meine Kindheit zum Teil in Brasilien, aber jedes Jahr durfte ich einige Monate nach Dänemark fahren, wo ich dann bei meinen Großeltern lebte. Das erste Mal war ich in Dänemark – und das ist auch meine erste Erinnerung –, als ich zwei Jahre alt war. Hier in Brasilien besuchte ich einen kleinen Kindergarten. Als ich zweieinhalb Jahre alt war, wurde meine Schwester geboren, und ich erinnere mich, dass ich während der Schwangerschaft meiner Mutter eine große Eifersucht spürte. Ich hatte als Kind Mumps und eine Mandeloperation und litt auch viel an Schlaflosigkeit aufgrund von Angstgefühlen.

Mit sechs Jahren kam ich in die Schule. Ich fühlte mich unsicher und war eifersüchtig auf die anderen Kinder. Ich begann zu lesen und hatte dann auch meine erste platonische Liebe. Als ich sieben war, trennten sich meine Eltern. Bis dahin war ich auch ein Bettnässer gewesen. Ich blieb bei meiner Mutter. Sie verheiratete sich wieder, als ich acht war. Diese zweite Ehe währte nur vier Jahre. Mein Stiefvater dominierte meine Mutter, war energisch, aber unreif. Er war eifersüchtig auf mich und meine Schwester. Meinen Vater sah ich sonntags im Club, er kümmerte sich aber nicht viel um mich. Nur als ich mit neun Jahren Masern hatte, bemühte er sich etwas um mich.

Von meinem fünften bis zum zehnten Lebensjahr verbrachte ich also jede Sommerferien in Dänemark bei meinen Großeltern, wo ich mich heimisch und wohl fühlte. Mit neun Jahren packte ich meinen Koffer und wollte von zu Hause fort. Ich fühlte mich einsam und hatte große Frustrationen. Nachdem sich meine Mutter von ihrem zweiten Mann getrennt hatte, zogen wir in eine andere Wohnung. Meine Mutter fand mich sehr egoistisch; ich spürte, dass etwas Schweres auf mir lastete. Kurz nach der Trennung von ihrem zweiten Mann fing meine Mutter an zu trinken. Ich merkte es aber erst, als ich 13 Jahre alt war, denn sie tat es heimlich. Mit 13 Jahren wollte ich in einem Internat in Dänemark bleiben. Ich verbrachte dort ein ganzes Jahr. Es war eine schöne Zeit; ich empfand dort Wärme und Liebe und hatte viele Freundinnen. Ich lernte Dänisch, Englisch und Deutsch sprechen; auch stricken und sticken.

Mit 14 Jahren kam ich dann wieder in die brasilianische Schule. Mein Vater war mir seelisch immer sehr weit entfernt. In dieser Zeit lernte ich, nach außen hin ein schönes Gesicht zu zeigen. Alles schien gut, aber innerlich empfand ich Angst, Traurigkeit, Beklommenheit. Ich wollte gerne die Aufmerksamkeit der anderen auf mich lenken. Mit 15 hatte ich meinen ersten Freund, mit 16 einen anderen, mit dem ich dann zum ersten Mal Sexualkontakt hatte. Daraus entstand in mir ein großes Schuldgefühl. In meinem 17. Lebensjahr starben meine beiden Großeltern in Dänemark. Als meine Mutter entdeckte, dass ich mit 17 nicht mehr unschuldig war, wurden bei mir die Schuldgefühle noch größer. Meine Mutter sagte zu mir: «Du hast mir mit dem Messer einen Stich in den Rücken gegeben.» Ich musste zur Strafe einen Monat zu Hause bleiben. In demselben Jahr schlug mich mein Vater wegen Unartigkeiten ins Gesicht. Nach diesen Vorkommnissen verschwanden bei mir die sexuellen Wunschgefühle.

Mit 17 Jahren reiste ich mit meiner Schwester nach Europa. Die Mutter trank viel in dieser Zeit und wollte sich das Leben nehmen.

Ich lernte meinen zweiten Freund kennen, und mein Verhältnis zur Sexualität wurde wieder normal. Die Mutter behauptete von mir, dass ich diese Dinge tat, um Aufmerksamkeit auf mich zu lenken und die Männer an mich zu binden, aber von diesem Freund wurde meine Liebe nicht erwidert. Mit 18 bekam ich eine Gonorrhoe; die Mutter sagte wieder: «Dein Freund respektiert dich nicht.» Mit 19 Jahren kam ich an die Universität und belegte einen Kurs für Touristik. Auch reisten meine Schwester und ich nach Dänemark sowie in den Nordosten Brasiliens. Zum ersten Mal war das Verhältnis mit meiner Schwester gut. Mit 20 Jahren lernte ich meinen dritten Freund kennen, der schwierig war; es endete damit, dass er mich körperlich angriff. Ich suchte Schutz und Hilfe bei meinem Vater, aber er half mir nicht, obwohl er den Freund gut kannte. So erlebte ich gegenüber meinem Vater eine große Enttäuschung. Und meine Mutter, die sehr sinnlich veranlagt war, ertrug es nicht, die gleichen Anlagen bei ihrer Tochter zu sehen.

Ich wusste, dass viel in mir steckte, aber es fehlte mir noch an Selbstvertrauen. Mit 22 Jahren machte ich Schluss mit meinem dritten Freund, und kurz darauf begann die Freundschaft mit meinem jetzigen Mann. Ich spürte aber, dass mich die Familie meines Mannes nicht akzeptierte, sondern zurückwies. Ich reagierte mit Aggressivität und meinte, das hänge mit meiner Mutter zusammen. Auch schämte ich mich ihretwegen, da sie weiterhin trank. Schließlich reiste sie in die Vereinigten Staaten, ließ sich dort nieder und kam nur einmal im Jahr nach Brasilien. Für mich bedeutete dies eine große Erleichterung. Ich begann meine Hochzeit vorzubereiten, hatte aber kein Geld und musste alles allein machen. Sowohl die Mutter wie die Schwiegermutter waren abwesend.

Mit 26 Jahren gebar ich meine erste Tochter. Die Stillzeit war eine gute Zeit, und ich freute mich an meinem Kind. Ich versuchte, es so gut wie möglich mit Vollwertkost zu ernähren. Meine Schwiegermutter machte sich darüber lustig. Ich fühlte mich aber trotzdem wie eine «Supermutter». In der Beziehung mit meinem Mann – auch im Geschlechtsverkehr – hatte ich jedoch große Schwierigkeiten. Mein Interesse war abgekühlt, ich fühlte mich immer schuldig und als die Schlechte und meinte, dass mein Mann der Gute sei. So entschloss ich mich schließlich mit 27 Jahren, mich einer Therapie zu unterziehen. Hierbei entdeckte ich, wie sich eigentlich jetzt im Leben mit meinem Mann wiederholte, was ich in meiner Jugendzeit praktiziert hatte. Ich versuchte immer, eine Krise heraufzubeschwören, um dann die Versöhnung genießen zu können. Wenn der Ablauf der Tage gleich blieb und sich nichts Neues ereignete, war ich unbefriedigt. Eigentlich lebten wir als junges Ehepaar über unsere Verhältnisse. Mit 28 Jahren hatte ich eine kleine Liebesaffäre und wollte mich von meinem Mann trennen, kam dann aber bald zu der Einsicht, dass mein Platz zu Hause war und dass ich für meine Ehe kämpfen musste. Zur selben Zeit kam ich mit Meditationstechniken in Kontakt und begann mich auch für geistigen Lesestoff zu interessieren. Außerdem fing ich mit Yoga-Übungen an. In jenem Jahr half mir der Besuch meiner Mutter sehr bei der Versöhnung mit meinem Mann.

Mit 29 Jahren kam die zweite Schwangerschaft. Es war eine anstrengende Zeit, denn im gleichen Zeitraum machten wir einen Umbau am Haus, der mich viel Kraft kostete. Ich spürte auch, dass sich meine Schwiegermutter viel in Familiendinge einmischte. Ich nahm meine Stelle als Ehe- und Hausfrau eigentlich nicht richtig ein, sondern stellte mich stets auf die Seite. So kam also in meinem 30. Lebensjahr mein Sohn zur Welt. Der Arzt vermutete, dass er vielleicht zuckerkrank sei. Ich war sehr schwach und hütete einen ganzen Monat das Bett. Kurz darauf stellte der Arzt fest, dass mein Sohn Hypertonie hatte. War ich schuld daran, war es der Schock? Ich fühlte mich sehr unsicher, bedroht und konnte kaum meine Gefühle äußern. Manchmal kam ich sogar in eine Todesangst und versuchte, nach außen hin härter zu werden. Ich konnte mich nicht recht erholen, und schließlich wurde bei mir mit

31 Jahren eine Zuckerkrankheit festgestellt. Ich wollte nichts von Medikamenten wissen, sondern bekam ein großes Schamgefühl, weil ich nicht perfekt war. Mit dem Rauchen, das ich früh begonnen hatte, hörte ich nun auf. Ich gab meine Krankheit nicht zu und ließ mich nicht behandeln. In der Beziehung zu meinem Mann merkte ich, wie ich kontrollierte, manipulierte; dieselbe Situation wiederholte sich, die ich zu Hause mit meiner Mutter und ihrem Alkoholismus angewandt hatte. Etwas musste sich diesbezüglich verändern. Ich magerte nun 14 Kilo ab, und mein körperliches Befinden war sehr schlecht. Meine Mutter lud mich ein, in die Staaten zu kommen, und so flog ich mit dem Kind dorthin. Sie bereitete mir einen sehr schönen Empfang, und wir konnten uns endlich versöhnen. Ich fing an, meine Krankheit zu akzeptieren, bekam Insulin, und mein Befinden besserte sich wesentlich. Es war so, als ob meine Mutter in dieser Zeit nachholen wollte, was sie in meiner Jugendzeit verpasst hatte. Sie pflegte und umhegte mich sehr liebevoll.

Nachdem ich dann aus den USA nach Brasilien zurückgekehrt war, nahm auch die Familie meines Mannes mich besser auf. Von da an hatte ich das Gefühl, dass ich neu geboren worden war und meine Mutter ihre Schwangerschaft erst jetzt mit mir richtig ausgetragen hatte.

Mit 33 Jahren veranstaltete ich zum ersten Mal ein Geburtstagsfest, lud Leute ein, und auch mein hypertonisches Kind fing langsam an zu laufen.

Mit 34 Jahren machte ich eine Boutique auf und führte sie eineinhalb Jahre. Zuerst hatte ich eine Geschäftspartnerin, aber dann hörte sie auf, und allein wurde mir die Arbeit zu viel.

Mit 35 Jahren kam ich zum ersten Mal zu einem Biografiekurs in die «Artemisia». Außerdem las ich ein Buch von Luise Ray, das für mich sehr wichtig war.

Meine Schwiegermutter war sehr kritisch, wie immer, aber ich hatte jetzt die Kraft, sie zurückzuweisen. Ich besuchte auch eine

Gruppe von «Alanon», wo Verwandte von Alkoholikern sich aus-
tauschen können. Dort machte ich viele psychologische Entde-
ckungen über mein Verhalten. Nun stellte ich mit 35 Jahren fest,
dass ich Herr über mein Schicksal war, und auch, dass ich mich
durch mich selber heilen konnte. Das Sexualverhalten zu meinem
Mann besserte sich. Mein Mann entwickelte sich im beruflichen
wie im persönlichen Bereich; er begann auch selbst mit einer The-
rapie. Ich war im Ganzen fröhlicher, und wir konnten als Familie
schöne Ferien zusammen verbringen.

Noch ein paar weitere Bemerkungen zu meiner Biografie:
Ich bin Linkshänderin und wurde nie korrigiert. Ich habe mich
immer als Außenseiterin empfunden und war unfähig, mich einer
Gruppe anzupassen. Ich war schüchtern, aber gleichzeitig eifer-
süchtig. Meine Hauptgefühle waren Frustration, Bitterkeit, Ver-
letzlichkeit, und ich war voller Ressentiments. In der Jugend habe
ich stark auf Werte geachtet, und ich war auch sehr aggressiv. Ein
weiteres Merkmal meines Lebens ist, dass ich sehr oft umgezogen
bin und auch viele Reisen zwischen Brasilien und Dänemark un-
ternommen habe.

Diese Biografie vermittelt einem das Gefühl, dass die Krise zwischen dem 30. und dem 33. Lebensjahr gut überwunden wurde.
Auch diese Person kam ganz nah an den Tod heran, um sich dann
zur Auferstehung aufzurichten. Wesentlich war wohl, dass die
Mutter der Patientin gewissermaßen den Prozess der Schwangerschaft und des Behütens nachholte. Dadurch hat eine Versöhnung zwischen Mutter und Tochter stattgefunden. Zugleich
konnte sich die Tochter von der Persönlichkeit ihrer Mutter befreien, die einen so maßgeblichen Einfluss auf ihr Leben gehabt
hatte. Ab dem 35. Lebensjahr macht sich dann der eigene Impuls
immer stärker bemerkbar. Wo will dieser Impuls nun hin? Diese
Frage soll uns im nächsten Kapitel beschäftigen.

Hielte ich mich für das, was aus mir
diese Welt macht, dann kann ich wirklich nichts tun.
Die Vernichtung der Erdkugel
werde ich dann natürlich nicht stoppen können.
Dächte ich aber daran, was ursprünglich
jeder von uns ist beziehungsweise werden könnte –
unabhängig von der Weltlage –,
nämlich ein autonomes menschliches Wesen,
verantwortungsfähig der Welt und für die Welt, dann
kann ich selbstverständlich viel tun.

Václav Havel

Das 35. Lebensjahr und
die Phase von 35 bis 42 Jahren

Wir haben die schwierigen Jahre überwunden, die wir mit 30 bis 33 Jahren durchleben, und kommen in das 35. Lebensjahr. Unter einem gewissen Gesichtspunkt stehen wir jetzt in der Mitte des Lebens. In unserer Inkarnation sind wir am tiefsten herabgestiegen; wir sind der Erde am nächsten. Jetzt beginnen wir uns langsam wieder von unserem Körper zu lösen und streben aufwärts. Die bisherigen Lebensphasen waren wie ein großes Einatmen des Kosmos, der Natur, der Umgebung, der Erziehung, der Kenntnisse und so weiter. Allmählich fühlen wir uns in unserem Beruf und in unserer familiären Umgebung sicher und zu Hause. Was wir in unserem Ich als Intentionen, als Leitmotiv und Mission aus dem vorgeburtlichen Bereich mitgebracht haben, können wir nun immer mehr auf der Erde verwirklichen. Wir arbeiten immer stärker von innen heraus, aus unseren mitgebrachten und erlernten Fähigkeiten. Und wir finden nun sicher unseren Weg, um uns weiterzuentwickeln. Die Christuskräfte, die wir im vorigen Jahrsiebt wieder aufgenommen haben, helfen uns, echte Brüderlichkeit, Toleranz und Respekt gegenüber der anderen Persönlichkeit zu entwickeln.

Die Lebensphase, in der wir uns jetzt befinden, hat aber auch einen negativen Aspekt: Wir können in diesem Alter zu großen Egoisten und Despoten werden. In jeder Biografie besteht nun die Gefahr, ein kleiner Napoleon zu werden. (Napoleon krönte sich selbst mit 35 Jahren!) Es ist notwendig, in dieser Zeit gegen den Egoismus zu kämpfen, und auch hier helfen uns Toleranz und positive Einstellung den anderen Menschen gegenüber. Rudolf Steiner weist in vielen Vorträgen auf dasjenige hin, was sich erst nach dem 35. Lebensjahr offenbaren kann: Zum Beispiel ist ein Mensch erst dann urteilsfähig, wenn seine Taten und Gedanken für die

Welt nützlich werden. Ein Aufnehmen verwandelt sich nun langsam in ein Geben und Schenken für die Welt. Unser Geist ist nicht mehr beschäftigt mit unserem körperlichen und seelischen Aufbau. Er kann nun immer freier in die Zukunft streben.

Die amerikanische Journalistin Gail Sheehy nennt diese Phase die Authentizitätskrise oder auch die Phase der Entmystifizierung unserer Träume. Wir müssen das illusionäre Bild abbauen, das wir uns über uns selbst gemacht haben. Wir müssen uns fragen: Was bliebe von uns übrig, wenn wir alle Rollen von uns ablegten? Die Reifung unserer Persönlichkeit bewirkt, dass wir nicht mehr für den Schein leben wollen – sondern für das Sein. In der Partnerschaft etwa führe ich gewisse Handlungen nicht mehr aus Pflicht aus, weil meine Rolle als Mann oder als Frau es erfordert, sondern aus Liebe. Es fällt mir auch leicht, Nein zu sagen. Es muss nicht ein Ja sein, nur weil es die anderen erwarten; im Nachhinein würde ich mich nur ärgern, dass ich dies und das tun muss, weil es sich eben gehört. Ich handle aus meiner Überzeugung und meiner Authentizität heraus. Ein kleines Beispiel: Als ich 26 bis 28 Jahre alt war, meine Arbeit in der Praxis gerade anfing, schämte ich mich sehr, Patienten beim Einkauf auf dem Wochenmarkt zu treffen – am liebsten schickte ich meine Hausangestellte, um die Besorgungen zu machen. Seit ich 35 Jahre alt war, so erinnere ich mich, machte es mir großen Spaß, auf dem Markt einzukaufen. Es war mir eine richtige Freude, die besten Früchte und Gemüse für die Ernährung auszuwählen. Es kümmerte mich überhaupt nicht mehr, dabei Patienten zu treffen. Ich war zu einer Authentizität durchgestoßen, zur Liebe an der Sache, ganz egal, was die anderen über mich dachten.

Die Freimaurer drücken diesen Abbau der falsch aufgebauten Persönlichkeit mit dem Symbol des Hammers aus.

Wir leben jetzt in der Phase, die Rudolf Steiner die Phase der Bewusstseinsseele nennt. Wir betrachten die Dinge klarer und kritischer. Es besteht nun die Gefahr, dass unser Leben zur Routine wird, und häufig entsteht in uns ein Gefühl der Leere. Es erfordert jetzt Mut, die «Kritik nach außen» in eine «Kritik nach innen» umzuwandeln. Jeder muss sich fragen: Wo liegen meine Grenzen? Wo liegen meine Fähigkeiten und Wirkungsmöglichkeiten? In dem Alter von 21 bis 28 Jahren denkt man, alles sei möglich. Ich heirate einen Mann, der vielleicht ein Trinker ist, und ich bin davon überzeugt, dass ich ihn mit meiner Kraft dazu bringen kann, nicht mehr zu trinken. Oder ich habe die Idee, für eine ökologische Welt zu arbeiten, und bin überzeugt, dass viele Menschen meine Vorstellungen aufgreifen und annehmen werden.

Jetzt, in dieser Zeit, werde ich stark mit meinen Grenzen konfrontiert. Es ist nicht alles möglich, ich kann nur gewisse Teile von mir selbst realisieren. Ich darf mein Wesen nicht überbewerten. «Nicht ich, sondern der Christus in mir» – diese Erkenntnis wird immer mehr zu einer geistigen Realität.

Auf der einen Seite tendieren wir also dazu, unsere Persönlichkeit überzubewerten. Andererseits gibt es viele Menschen – hauptsächlich Frauen, die vielleicht in den vorhergehenden Jahren intensiv mit dem Aufbau der Familie und der Erziehung ihrer Kinder beschäftigt waren –, die von sich meinen, sie hätten gar nichts gelernt oder hätten gar keinen Beruf, und die ihre schöpferischen Anlagen unterschätzen. Es gibt also in der Lebensphase ab dem 35. Jahr auch eine gegenteilige Tendenz: seine eigenen Fähigkeiten unterzubewerten. Es geht für den Einzelnen jetzt darum, noch einmal zurückzuschauen: Was habe ich an Impulsen, an beruflichen Wünschen als Intention zurückgelassen? Wie kann ich diese Elemente wieder aufgreifen?

Wir kommen nun zum 37. Lebensjahr – die Zeit des zweiten Mondknotens. Hier kommt der Impuls des Neubeginns noch stärker zur Geltung als beim ersten Mondknoten mit 18 ½ Jahren. Man spürt den Impuls, die Vergangenheit abzustreifen, und hat den Drang, neue Werte, neue Maßstäbe anzulegen. Viele Frauen beginnen jetzt mit einem Beruf oder einem neuen Studium. Männer wechseln in diesem Alter manchmal den Beruf, um endlich an der Erfüllung ihrer Lebensmission zu arbeiten.

Wer sich angewöhnt hat, auf seine Träume zu achten, spürt den Drang, etwas in seinem eigenen Leben zu ändern. Und er spürt, dass er jetzt die Fähigkeit dazu hat. Wir können es auch mit Erich Fromm ausdrücken, der zur Charakterisierung seelischer Zustände die Gesichtspunkte von Sein und Haben ins Spiel gebracht hat: Die Phase des Habens ist vorbei; ich *habe* eine Frau, ich *habe* eine Familie, ich *habe* einen Beruf, ich *habe* ein Heim, manchmal *habe* ich sogar schon eine Firma. Hat das alles aber einen Sinn? Vielleicht habe ich aber dafür vieles verloren: den Kontakt zu meinen Kindern, den Kontakt zu meiner Frau, die Übereinstimmung mit meinen eigentlichen Werten. Oft spüre ich diese inneren Konflikte, und ich habe den Willen, etwas zu verändern. Es bereitet sich eine Richtung vor, die ich meinem Leben nach dem 40. Lebensjahr geben will.

Den meisten Menschen begegnet in dieser Phase auch die Frage des Todes. Der körperliche Abbau beginnt. Dies äußert sich in Träumen über das Sterben, kommt in Angstgefühlen zum Ausdruck. Typische Äußerungen, die wir in dieser Lebensphase machen: «Ich glaube manchmal, dass ich nicht mehr lange leben werde.» – «Mein Vater ist mit 42 Jahren gestorben, und auch ich werde diesen Zeitpunkt nicht überleben.» Oder es geschieht, dass eine Frau zu mir in die Sprechstunde kommt und sagt: «Ich weiß gar nicht, was mit mir los ist – ich habe plötzlich Angst, über die Straße zu gehen.» Auf meine Frage: «Wie alt sind Sie?» antwortet sie mir: «Ich bin gerade 38 geworden.» Solche Erlebnisse und andere spiegeln den Einfluss und die Erfahrung des Todes wider. Es ist so, als ob der Todesengel von der anderen Seite, vom Ende des Lebenslaufes her, herüberschaut und zu einem spricht: Achte darauf, was du in den nächsten Jahren noch alles tun möchtest, was du verpasst hast und was du noch in die Tat umsetzen willst.

C. G. Jung charakterisiert diese Zeit als die Phase des «großen Todes»; sie ist im Seelischen einerseits der Ausdruck für das Ablegen der nach außen hin orientierten Persönlichkeit, andererseits der Ausdruck für die abbauenden Kräfte des Leibes.

Bei Tanga beispielsweise (Biografie 2, S. 36ff.) regt sich mit 37 Jahren ein neues geistiges Interesse – ein Keim, den die Großmutter in der frühen Kindheit in sie gelegt hat.

Hören wir noch die Aussage einer 37-jährigen Frau:

Ich habe jetzt entdeckt, dass ich selbst der Held meiner Biografie bin. Ich habe das ganze Leben den Helden draußen gesucht, und nun merke ich durch diesen Biografiekurs, dass er in Wirklichkeit drinnen ist.

Diese Äußerung machte die Frau bei der Auswertung eines Biografiekurses.

Die Absterbevorgänge im Organismus, die nun aus dem physischen Leib ins Bewusstsein aufsteigen, bewirken das geschilderte Todeserlebnis. Aber außerdem ermöglichen sie eine beachtliche Erweiterung des Bewusstseins. Wir fangen an, die Dinge in ihrem Ursprung zu sehen. Wir sind nun in der Lage, das Wesentliche vom Unwesentlichen zu unterscheiden. Wir haben häufig geistige Erlebnisse: Vielleicht hören wir beim Sonnenuntergang «die Sonne tönen», oder wir verstehen auf einmal beim Aufblühen einer Blüte das ganze Leben. Auch die Beziehung zu anderen Menschen kann sich vertiefen. Es gelingt uns, von unserem Egoismus wegzukommen und die anderen Menschen in ihrem Wesen wahrzunehmen. Der «kleine Prinz» im anderen Menschen offenbart sich uns in seiner Größe. Wenn wir einen anderen Menschen und eine Idee in ihrer Essenz erfassen, so können wir ihnen treu bleiben. Eine Phase des großen Aufschwungs im Geistigen beginnt. Unsere Worte bekommen nach und nach Lebenserfahrung und Lebensinhalt.

Man kann in dieser Phase seines Lebens aber auch die innere Leere überdecken. Man flieht vor sich selbst, man vermeidet die Auseinandersetzung mit der eigenen Person, indem man zu Alkohol greift oder zu Kokain. Für viele Menschen besteht außerdem die Gefahr, dass sie dem Materialismus unterliegen, dass sie immer mehr besitzen wollen – indem sie zum Beispiel immer neue Firmen gründen – und den Sinn des Lebens weiterhin in der Anhäufung materieller Güter sehen.

Nachfolgend die Biografie eines 58 Jahre alten Mannes; sie führt unsere Betrachtung über Gesetzmäßigkeiten des Lebenslaufes bis zum achten Jahrsiebt weiter.

Biografie 5

Ich bin der dritte Sohn einer holländischen Bauernfamilie. Meine beiden älteren Geschwister sind auch Jungen; nach mir kommen noch einige Geschwister. Bis zu meinem 14. Lebensjahr bin ich in Holland aufgewachsen. Wenn wir zur Schule gingen, trottete ich hinter meinen Brüdern her. Sie hatten großen Spaß, wenn ich auf dem Weg zurückblieb und dann allein dastand. Unsere Familie war katholisch, und wir beteten jeden Abend zu Hause den Rosenkranz. Im Großen und Ganzen war unsere Kindheit recht harmonisch. Meine Mutter hatte allerdings wenig Zeit für uns, und wir mussten dem Vater viel auf dem Feld helfen.

Als ich 14 Jahre alt war, wanderte die ganze Familie nach Brasilien aus. Bei unserer Abreise kleideten wir uns neu ein. Es stellte sich heraus, dass die Kleidung in Brasilien angesichts der Hitze und des vielen Regens völlig unbrauchbar war. Mit 15 Jahren bekam ich gleich eine Hepatitis.

Ich musste mit den Pferden pflügen und Mais und Baumwolle, Gemüse und Tomaten pflanzen. In Holland hatten wir nur Blumen gepflanzt. Meine Familie kaufte bald einen Traktor, den aber nur meine beiden älteren Brüder benutzen durften. Jahrelang arbeiteten wir ohne Ferien durch. Mit 17 Jahren hatte ich eine schwere Vergiftung durch agrotoxische Mittel und verbrachte einen Monat mit einem Nierenschaden im Krankenhaus.

Als ich einmal mit 19 Jahren mit unserem kleinen LKW ausfuhr und mich etwas verspätete, wurde mein Bruder sehr wütend, und mein Vater munterte ihn noch auf: «Verhau ihn doch!» Das hat mir sehr weh getan! Wir drei Brüder befanden uns untereinander immer in einer Art Wettbewerb. Ich habe mich immer sehr schlecht mit den beiden älteren Brüdern verstanden. Mit meinem jüngeren Bruder dagegen kam ich sehr gut aus. Er ging dann aber bald außer Haus, um die Universität zu besuchen, und so verlor ich einen Freund. Mein Vater hat immer die älteren Brü-

der beschützt. Der älteste Bruder war der Einzige, für den er ein Ohr hatte. Ich dagegen musste immer um meinen Platz kämpfen. Als mein älterer Bruder heiratete, kam am Vorabend mein Vater in unser Schlafzimmer – wir Brüder schliefen alle in einem Zimmer –, um sich von ihm zu verabschieden. Er sagte ihm, dass er sein liebstes Kind sei. Das hat mich sehr geschmerzt.

Als ich mit 24 Jahren heiratete, war auch der zweite Bruder schon verheiratet. Wir arbeiteten aber alle drei weiter in dem Betrieb meines Vaters. Es war ein Familienunternehmen, das in eine größere holländische Kolonie mit mehreren Farmen eingegliedert war. Das Bestreben meines Vaters war es, die größte und beste Firma aufzubauen.

Meine Ehe war gut, wir bekamen aber keine eigenen Kinder. So adoptierten wir, als ich 28 Jahre alt war, einen Jungen und dann, als ich 30 war, ein Mädchen. In meinem 31. Lebensjahr verliebte ich mich in eine Sekretärin der Firma. Es ergab sich eine sehr schwierige Situation, da meine Frau sehr eifersüchtig wurde, obwohl es mit dieser Sekretärin zu keinem intimen Verhältnis kam. Sie blieb noch einige Monate in unserer Firma. Als ich 33 Jahre alt war, entschlossen wir uns, noch ein drittes Kind zu adoptieren, um unsere Eheschwierigkeiten zu überwinden. Die drei Adoptionen waren wie vom Schicksal gewählt.

Bedingt durch diese ganzen emotionalen Schwierigkeiten bekam ich ein Melanom, das entfernt werden musste. Kurz danach begab ich mich in eine anthroposophische Behandlung.

Die Firma wurde immer größer, wir haben uns dann auf Blumen spezialisiert, hauptsächlich auf Gladiolen und Chrysanthemen. Heute ist es ein Unternehmen mit siebenhundert Angestellten. Ich freue mich sehr an Blumen.

Mit 37 Jahren bekam ich ein kleines Hautkarzinom am Brustkorb.

Ab dem 35. Lebensjahr spürte ich eine größere innere Freiheit. Auch begann ich, dem Leben einen anderen Sinn und mehr Wert zu geben. Als ich vierzig war, zog sich mein Vater aus der Firma zurück, und mein älterer Bruder wurde ihr Vorsitzender.

Ich spüre, dass ich als Vater mit meinen eigenen Kindern gar nicht so gut umgehen kann, aber ich bemühe mich sehr darum. Es hängt wohl damit zusammen, dass die Beziehung zwischen mir und meinem Vater immer so stark in Frage gestellt war und es sehr schwer für mich war, mit ihm Kontakt zu bekommen.

Ich kam zum ersten Mal zu einem Biografiekurs, als ich 41 war. Das Verhältnis zu meiner Frau wurde immer schwieriger. Ich interessierte mich immer stärker für die Anthroposophie. Meine Frau war sehr streng katholisch erzogen worden. Sie kontrollierte mich und die Kinder sehr stark. Ich spürte, dass ich stärker an meiner Biografie und dem Verständnis meines Lebenslaufes arbeiten musste. Durch einen Vortrag im Biografiekurs, der auf Karl Königs Buch «Brüder und Schwestern» basierte, habe ich die Lebenssituation des ersten, zweiten und dritten Bruders kennengelernt. Da ist mir auch so manches über mein drittes adoptiertes Kind aufgegangen, mit dem ich mich sehr identifiziere. So merkte ich auch, dass ich die Möglichkeit hatte, einige Neuerungen in unsere Beziehungen einzubringen. Ich besuchte noch einen zweiten Biografiekurs. Auch das Verhältnis zu meinen zwei älteren Brüdern wird mir nun deutlicher.

Ich verliebte mich noch einmal sehr intensiv mit 42 Jahren und dachte sogar an eine Trennung von meiner Frau und an einen neuen Lebensanfang, der mir neue Anregungen für mein weiteres Leben bringen könnte. Ich habe mich ein ganzes Jahr lang sehr intensiv mit diesem Vorhaben auseinandergesetzt, bin aber meinen Prinzipien und meiner Familie treu geblieben. Im Grunde weiß ich, dass eine Veränderung von innen kommen muss und nicht von außen.

Ich habe auf die Beziehung verzichtet, aber das traditionelle Familienleben hielt ich immer weniger aus.

Zwischen dem 42. und dem 49. Lebensjahr habe ich neue Werte und neue Standpunkte entwickelt. Die großen Farmen, einige selbstständige Bauern und viele Landarbeiter, alles katholische Ansiedler aus den Niederlanden, schlossen sich zu einer Kooperative zusammen und wollten eine Stadt gründen. Ich habe mich dafür eingesetzt. Es war, als ob das äußere Ringen ein inneres Ringen in mir entfesselt hätte. Mit 49 Jahren stand meine silberne Hochzeit bevor. Aber ich hatte die innere Gewissheit, diesen Schritt nicht gehen zu wollen. Ich hatte mich ja überwunden und meine Geliebte nie mehr gesehen. Ich hatte wirklich verzichtet. Aber die Beziehung zu meiner Frau war dadurch keineswegs besser geworden.

In der Lektüre und in verschiedenen Kursen, die ich besuchte, wandte ich mich der Anthroposophie zu, und ich nahm an Biografievertiefungskursen teil, die dieses Interesse noch verstärkten.

Die Erziehung der Kinder war ein ewiger Streitpunkt zwischen mir und meiner Frau. Was band mich an diese Ehe? Meine Adoptivkinder hatten einmal ihre Eltern verloren. Sollte das ein zweites Mal geschehen? Aber die ewigen Streitereien taten den Kindern nicht gut. Es musste von meiner Seite eine Entscheidung getroffen werden.

Es waren sieben bis acht Jahre vergangen, ohne dass ich einen Kontakt mit meiner «Liebe» gehabt hatte. Nun suchte ich sie auf. Es war eine neue, sehr starke Begegnung, aus der eine tiefe Beziehung erwuchs. Ein Jahr später haben wir geheiratet.

Die Schwierigkeiten mit meinen Brüdern wurden größer – dies spiegelte sich auch in der Firma wieder, an der meine erste Frau ebenfalls beteiligt war.

So fasste ich den Entschluss, mich auch von der Firma zu trennen. Ich gab den Direktionsposten in der Blumenzüchterei ab und schied auch als Partner aus dem Unternehmen aus.

Bald danach wollte ich meine Ausbildung wieder aufnehmen, die ich ja mit vierzehn abgebrochen hatte. Nach einigen Jahren wurde ich Biografieberater und Betriebsberater. – Immer habe ich das gemacht, was andere von mir wollten. Jetzt möchte ich endlich das machen, was ich möchte.

Die Kinder waren schon selbstständig, zwei leben heute in Holland, die Tochter hat Familie. Für drei Jahre übernahm ich die Verwaltung von Artemisia, nachdem Gudrun und Daniel in den Süden gezogen waren, und jetzt arbeite ich an verschiedenen Sozialprojekten und bin an einigen Kursen der Artemisia beteiligt.

Auf der folgenden Doppelseite ist ein schematischer Überblick über diese Biografie abgedruckt.

Zusammenfassung der Biografie 5 und Spiegelung um die Achse von 31½ Jahren, die uns hilft, einen Überblick zu gewinnen. Ereignisse und Tatsachen sind in den beiden äußeren Feldern aufgelistet; Gefühle und Krankheiten (*kursiv*) im mittleren Feld.

Ereignisse (links)	Jahr	Gefühle und Krankheiten	Jahr	Ereignisse (rechts)
Geburt in Holland; Drittes von elf Kindern	0		63	
	1	*Keuchhusten*		
	2	*Masern, Röteln*		
Kindergarten	3			
Umzug	4	Brüder lassen ihn auf dem Schulweg allein zurück, fühlt sich verlassen	58	
	5			
Einschulung und Privatunterricht	6		57	Zeit in Aremisia
	7			
Feldarbeiten	8			
Mutter wird operiert, ist drei Wochen von zu Hause fort	9	fühlt sich verlassen	56	
	10	fühlt sich vom Vater u. d. Geschwistern abgelehnt, verliert Schulfreunde, leidet unter der Hitze		
	11		54	sucht einen neuen Beruf
Besuch einer Schule für Elektrotechnik, die 15 km Entfernung werden täglich mit dem Rad bewältigt	12		53	verlässt die Firma
	13		52	
Auswanderung nach Brasilien	14		51	zieht sich aus den Firmensitzungen zurück
Lernt erste Frau kennen	15	*Hepatitis*	50	zweite Tochter heiratet
Unternimmt viele Ausflüge	16	Vergiftung durch agrotoxische Mittel / Nierenschaden		
	17		49	begegnet seiner zweiten Liebe wieder; nimmt sein Studium
Firmengründung, Heirat des älteren Bruders	18	fühlt sich ungerecht behandelt, Vaters «Lieblingssohn» heiratet		

47

46

45 Stadtgründung
44 Entscheidung, mit der ersten Ehefrau zusammenzubleiben
43
42 2. Biografiekurs; zweite Liebe
41 1. Biografiekurs
40 Vater zieht sich aus Firma zurück

39 übernimmt die Leitung

38 Anthroposophiekurs

37 Anthropos. Beratung und Erweiterung des Betriebs
36 Probleme im Betrieb
35
34
33 Dritte Adoption

Streit mit Vater

ruhiger

operative Entfernung eines Melanoms

31 Schwierigkeiten in der Ehe
31½ erste außereheliche Liebesbeziehung

20
21
22
23
24 Heirat;
Vaters Ehrgeiz, die größte Blumen-
25 züchterei aufzubauen; ein Schwager
26 tritt auch in die Firma ein
27
28 Erste Adoption
Liebe auf den ersten Blick
29

30 Zweite Adoption

Die Krise um das 42. Lebensjahr

Das 42. Jahr markiert einen Wendepunkt in der Biografie des Menschen. Seine Entwicklung in den nächsten drei Jahrsiebten, vom 42. bis zum 63. Lebensjahr, hängt zum großen Teil davon ab, was er zwischen dem 28. und dem 42. Jahr in seinem Inneren umgewandelt hat. Wir können das 42. Lebensjahr als eine existenzielle Krise bezeichnen. Aber sie lässt sich selbstverständlich nicht genau auf das Jahr festlegen. Die kritische Phase beginnt bei einigen Menschen bereits am Ende der dreißiger Jahre. Und bei anderen zieht sie sich bis spät in das nächste Jahrsiebt hinein.

In meiner eigenen Biografie hatte ich das Empfinden, in einen dunklen Tunnel zu gelangen. Ich wusste wohl, dass es das Licht am anderen Ende des Tunnels gibt. Dennoch hat es einige Jahre gedauert, bis zum 45. Lebensjahr, bis ich aus diesem Zustand wieder herauskam. Wir können das Empfinden, wie man es in dieser Lebensphase hat, mit zwei bildhaften Erlebnissen beschreiben:

Man taucht wie in einen Brunnen tief hinab und hat das Gefühl, nicht mehr herauszukommen. Oft muss man sich dann bis zum Grund hinabfallen lassen, um sich wieder abstoßen und sich den Schwung nach oben geben zu können. Wenn wir auf unsere Biografie zurückschauen, erkennen wir, dass es immer Menschen gab, die uns aus einer schwierigen Situation heraushalfen. Von jetzt an müssen wir aber allein aus solchen Lagen herausfinden; wir müssen uns gewissermaßen die eigene Hand geben. Niemand hilft uns aus dem Brunnen heraus, nur wir selbst. Das vermittelt uns ein gewisses Erlebnis der Ohnmacht.

Ein anderer Vergleich: Du wanderst durch einen tropischen Urwald. Der Weg führt durch Unkraut, durch stacheliges Gesträuch, an Lianen und anderen Hindernissen vorbei. Plötzlich mündet er auf einem Berggipfel. Dort erlebst du zum ersten Mal die großartige Landschaft um dich herum und fängst an, sie im Großen zu verstehen. Warum macht der Fluss dort so viele

Windungen? Weil dort so viel Flachland ist. Und da drüben bildet sich ein gewaltiger Wasserfall. Viele weitere Entdeckungen solcher Art kannst du hier machen.

Wir müssen lernen, in dieser erhabenen Landschaft, die wir überschauen, zu lesen. Wir beginnen die Landschaft unseres Lebens von einer höheren Warte aus zu überblicken und zu verstehen.

Die sogenannte «midlife crisis», von der heute viel gesprochen wird, hängt eng mit den Werten und Anschauungen zusammen, die sich der Mensch in der vorangegangenen Phase der Bewusstseinsseele gebildet hat. Bei Männern, die ganz in ihrer äußeren Arbeit, in ihrer Karriere und ihrem Erfolg aufgehen, verzögert sich die Krise oft bis in die vierziger Jahre hinein. Sie streben weiterhin nach Erfolg, nach einem höheren Status. Auf diese Weise kann sich die Umwandlung, die die Aufgabe für die nächste Phase darstellt, nicht vollziehen. Häufig führt das zu einer immer größeren Unzufriedenheit, ja bis hin zu Depressionen. Man könnte diese Krise um das 42. Lebensjahr mit der «midlife crisis» gleichsetzen. Man darf aber, wie erwähnt, nicht übersehen, dass sie bei einigen Menschen früher, bei anderen später auftritt.

Auch Frauen, die Karriere machen, geht es ähnlich wie den erfolgsorientierten Männern. Besonders betroffen von der kritischen Lebenssituation um das 42. Lebensjahr sind jedoch Frauen, die sich bis dahin um Familie und Kinder gekümmert haben. Oft werden sie von der Krise gewaltig geschüttelt. Das kann dann, wenn sie bisher unterdrückt worden sind, bis zu feministischen Rebellionen führen. Die große Aufgabe für den Einzelnen besteht jetzt jedoch darin, seine persönlichen Angelegenheiten und seine Lebenssituation von innen umzuwandeln – dies würden wir als seelische Reife ansehen. Sie sollte zu diesem Zeitpunkt erreicht werden.

Der Autor der Biografie 5 erlebt klar, dass die Veränderung von innen kommen muss. Viele Menschen erkennen das jedoch nicht. Sie empfinden eine große Leere und versuchen, sich mit Arbeit, Sex oder Alkohol über sie hinwegzutäuschen.

Wir haben erst jetzt mit 42 Jahren die Lebensreife erreicht, das volle Bewusstsein unseres Ich. Mit 21 waren wir erst teilweise erwachsen, mit 42 dagegen sind wir ganz erwachsen geworden. Das Leben hat uns reif werden lassen – Lebensereignisse sind zu Früchten gereift, wenn sie umgewandelt und in unsere Persönlichkeit integriert worden sind. Wir können nun die von uns erworbene Lebensreife immer mehr den anderen Menschen zugute kommen lassen.

Die Sterbeprozesse des Körpers, die schon in der vorigen Lebensphase begonnen haben, klingen immer noch in der Seele nach und lassen uns ahnen, was das «große Sterben», wie C. G. Jung es nennt, bedeutet. Wir müssen uns die Frage stellen: Was lassen wir in uns sterben? Was lohnt sich, neu zu beleben oder gar zum Sprießen zu bringen?

Die Werte, die wir uns in dem Bewusstseinsseelenalter, also in der Zeit von 35 bis 42 Jahren, neu errungen haben, werden nun gefestigt. Wir finden uns mit den Fehlern ab, die unsere Eltern in der Erziehung ihrer Kinder begangen haben. Wir können unseren Eltern vergeben und zu ihnen eine neue Beziehung schaffen. Wer jetzt immer noch die Schuld auf die Eltern und die Erziehung schiebt, hat sich in seinem Leben nicht entwickelt, oder er ist in seiner Entwicklung stehengeblieben.

Um das 40. Lebensjahr, so belehrt uns Rudolf Steiner, gehen wir über die Schwelle. Was heißt «über die Schwelle gehen»? Es meint, dass im Menschen spontan Erlebnisse geistiger Art durchbrechen. Das hängt damit zusammen, dass jetzt Lebenskräfte frei werden, die bisher an die Organe gebunden waren. Das Ich beginnt sich ja ab dem 35. Lebensjahr langsam von den Organkräften zu lösen, die es mitgestaltet und durchformt hat. Diese Kräfte gelangen in unser Bewusstsein und können uns überwältigen. Heute ist es wichtig, dass wir immer bewusster über die Schwelle gehen. Viele Menschen haben immer häufiger Schwellenerlebnisse – nicht nur in dieser Lebensphase, sondern auch in anderen Jahren. Diese Erlebnisse können, wenn man ihnen nicht gewachsen ist, zu psychischen Störungen und Geisteskrankheiten führen. Gelingt es uns jedoch, mit ihnen in der richtigen Weise umzugehen, so können sie eine Belehrung für unser Leben sein. Und sie können uns das Bestehen einer geistigen Welt bestätigen. Die folgende Biografie kann uns einige Gesichtspunkte und Eigentümlichkeiten aufzeigen, die für die Lebensphase von 35 bis 42 Jahren charakteristisch sind. Sie ist von einer 57 Jahre alten Frau geschrieben.

Biografie 6

Ich bin im Inneren des Staates São Paulo geboren. Mein Vater war Brasilianer, meine Mutter stammte von Spaniern ab. Mein Vater war Polizeichef; er nahm mich öfters mit dem Motorrad mit. Ich bin das dritte Kind aus einer Familie mit vier Kindern – ich habe einen älteren Bruder und zwei Schwestern. Nachdem meine Mutter nach dem zweiten Kind sieben Fehlgeburten hatte, kam ich zur Welt. Mit neun Monaten konnte ich schon laufen. Wir hatten ein großes Haus mit vielen Tieren, Affen, Krokodilen und so weiter. Mit dreieinhalb Jahren hatte ich eine bazilläre Durchfallerkrankung.

Mit vier Jahren kam ich in einen katholischen Kindergarten. Ich verteidigte meinen älteren Bruder, der schwächer war als ich. Der Vater hatte viele andere Frauen, und ich sah meine Mutter oft weinen. Mit ungefähr sechs Jahren sollte ich mit meinem Vater zum Fischen gehen und fiel ins Wasser. Ich erinnere mich, dass ich damals beim Untergehen ein Dunkel-Hell-Erlebnis hatte.

Im siebten Jahr kam ich dann in die Schule. Ich war eine gute Schülerin. Mit Puppen spielte ich nicht gerne, ich riss ihnen die Haare aus und verwandelte sie in Männer. Mit neun Jahren hatte ich meine erste platonische Liebe zu einem Kind aus der Nachbarschaft. Im gleichen Jahr wurden mir auch die Mandeln herausoperiert. Vorher hatte ich Masern. Als ich zehn Jahre alt war, zogen wir in eine andere Stadt. Wir hatten auch wieder ein großes Haus, und ich half der Mutter viel beim Keksebacken und Einmachen. Dort in der neuen Stadt musste ich ein Schuljahr wiederholen. Aus dieser Zeit erinnere ich mich, dass ich die Blumen anschaute und mir Fragen stellte wie zum Beispiel: Wo kommen die Farbe und der Duft der Blumen her? Wie entstehen die Jahreszeiten? Auch maß ich mich immer mit meiner älteren Schwester. Mit zehn Jahren bekam ich schon meine erste Menstruation.

Unsere Ferien haben wir immer auf Farmen verbracht. Mit

13 Jahren fing ich an, Basketball zu spielen. Der Vater verbot es mir, und ich entkam heimlich durchs Fenster. Schließlich hörte mein Vater im Radio bei einem Wettbewerb meinen Namen, und dann erlaubten mir meine Eltern das Spielen doch. Mit 14 Jahren begann ich Theater zu spielen und schrieb auch kleine Stücke – auch das verbot mein Vater. Zur selben Zeit bekam ich auch die Windpocken.

Ich machte in der katholischen Jugendbewegung mit und nahm auch an Evangeliengruppen teil. Desgleichen gab ich eine Zeitung heraus; ich wollte Christus den Menschen näherbringen. Einige Male verliebte ich mich auch in meine Lehrer. In dieser Zeit begeisterte mich die Theorie der Atome; außerdem interessierte ich mich sehr für Sterne und für Philosophie. Mit 17 Jahren hatte ich das erste Sterbeerlebnis. Zuerst starb meine Freundin und kurz danach ein Freund. Diese Verluste gingen mir sehr nahe. So entstand in mir die Frage nach dem Tod.

Schon mit 14 und 15 Jahren, ganz besonders aber mit 18 Jahren, hatte ich das Erlebnis meiner Muskeln, fühlte sie ganz intensiv und interessierte mich sehr für Gymnastik und Bewegung jeder Art. Im gleichen Jahr, mit 18, bekam ich Mumps. Meine Eltern zogen in dieser Zeit nach São Paulo, und ich blieb im Inneren des Landes. Ich spielte in einem Basketballteam mit, das sich «Der schwarze Panther» nannte. Ich studierte sehr intensiv und belegte sieben Fächer in einem Jahr. Mit 19 zog ich auch nach São Paulo. Zu der Zeit bekam ich eine schwere Allergie.

Eigentlich wollte ich Philosophie studieren. Mein Lehrer riet mir jedoch davon ab und empfahl mir stattdessen, die Sportschule zu besuchen. Für die Aufnahme in die Sporthochschule musste ich eine Prüfung machen, und dazu gehörte auch das Schwimmen. Ich konnte aber nicht schwimmen. Trotzdem sprang ich im Schwimmbad ins Wasser und – konnte schwimmen! Ich ging nun morgens in die Sportschule, gab nachmittags Privatunterricht, und abends trieb ich meinen eigenen Sport. Ich reiste mit der

Sportmannschaft viel umher. Während dieser Schulzeit liebte ich sehr die Anatomie. Inzwischen war ich 21 Jahre alt geworden.

Von 21 bis 27 Jahren war mein Leben sehr bewegt. Ich unternahm Reisen und Tourneen mit dem Basketballteam. Auch gab ich Sportunterricht für Frauen und kranke Kinder. Ich befreite mich finanziell von meinen Eltern. Ich machte viele Ferienfreizeiten mit. Mit 17 Jahren verliebte ich mich in ein Mädchen, als ich Sportlehrerin in einer Ferienkolonie war. Ich vergaß diese Angelegenheit aber bald. Mit 24 Jahren bekam ich mein Diplom an der Sporthochschule. Danach unterrichtete ich Basketball an der Technischen Schule. Ich habe mich dort immer für Gerechtigkeit eingesetzt. Später sollte ich dann auch an der Universität als Basketballlehrerin arbeiten; ich nahm aber die Stellung nicht an.

Danach ließ ich alle meine Freunde zurück und gab auch das Basketballspielen auf. Ich zog wieder in eine andere Stadt im Inneren des Landes, wo ich viele Freundschaften mit Bauern hatte. Ich lernte reiten und begann zu rauchen. Ich wurde wieder in eine Ferienkolonie eingeladen und verliebte mich in einen Pfarrer. Mit 27 Jahren fuhr ich zurück in meine Heimatstadt. Zu diesem Zeitpunkt brach ich mir zwei Rippen beim Reiten. In meiner Heimatstadt gab ich weiterhin Sportunterricht und verliebte mich in eine Schülerin. Alle entfernten sich von mir und bezeichneten mich als lesbisch. Die ganze Stadt redete über mich, und ich nahm in kurzer Zeit 20 Kilo ab. Ich suchte niemanden um Rat auf.

Als ich mir die Rippen gebrochen hatte, spürte ich große Schmerzen, und eines Tages fühlte ich mich dem Körper enthoben. Mir erschien ein alter Mann mit Bart und eine Krankenschwester mit Instrumenten, wie bei einer Operation, und sie heilten mich. Nach einiger Zeit packte mich eine große Verzweiflung, ich wollte mich oder die anderen töten. Auch hier erschien mir wieder der alte Mann mit Bart und mahnte mich zur Ruhe, zur Liebe und zur Vergebung. In dieser Zeit erschien mir eine Hand mit einer Rose. Auch ein Wesen sprach zu mir und sagte, dass die Rebellion der

anderen mir gegenüber die Folge von früheren Inkarnationen sei.
(Hierzu gehört die Abbildung 5, S. 127.)

Nun begann ich eine Beziehung zu einem Mädchen, die sieben Jahre dauerte. Ich besuchte das Mädchen öfters in São Paulo.

Mit 31 Jahren kam mir das Buch «Die Geheimwissenschaft» in die Hände. Ich las es mit großem Interesse. Ich hatte ein behindertes Kind zu betreuen, zu dem ich eine tiefe Beziehung hatte. Durch ein Ferienlager, in dem auch behinderte Kinder untergebracht waren, war ich zu dieser Aufgabe gekommen. Ich erhielt ein Angebot, für ein Jahr in ein Camphill-Heim zu gehen. Ich nahm an. Nach meiner Rückkehr arbeitete ich hauptsächlich mit Kindern und Erwachsenen auf dem Gebiet der Gymnastik. Die Beziehung mit meiner Freundin ging weiter.

Mit 33 Jahren hatte ich in mir das Erlebnis eines anderen Wesens. Es sprach in meinem Inneren zu mir: «Ich bin der, der im Bauch deiner Mutter war. Ich komme, um dir zu helfen.» Ein ganzes Jahr begleitete mich dieses Wesen, bis zu meinem 34. Lebensjahr. Dann sprach es: «Die Zeit ist vorbei, du wirst nun deinen Weg allein erreichen.» Mit 34 Jahren hatte ich einen Bandscheibenvorfall. Der Arzt wollte mich operieren, aber ich habe mich durch Gymnastik selbst geheilt.

Zwischen meinem 34. und meinem 35. Lebensjahr kam ich nach São Paulo an die Waldorfschule. Ich gab dort dreieinhalb Jahre lang Unterricht. Mit 35 Jahren begann ich auch mit einer anthroposophischen Behandlung in der Tobias-Klinik. Kurz danach unterzog ich mich einer Hämorrhoidenoperation. Nun begann eine Freundschaft mit einem Mädchen, die vier Jahre lang dauerte. Dieses Mädchen ging dann nach Deutschland. Sie war ein sehr wichtiger Mensch in meinem Leben; sie war sehr ehrlich und sehr mutig.

Mit 36 gründete ich selbst eine Ferienkolonie, die außerhalb São Paulos lag. Dort widmete ich mich vielen Handarbeiten, beschäftigte mich mit Pferden, Pflanzen und Bäumen. Auf diese Weise verbrachte ich dort jedes Wochenende. Während der Woche un-

terrichtete ich weiterhin in São Paulo an der Waldorfschule. Ich war auch jetzt noch als Gymnastiklehrerin tätig. Außerdem gründete ich eine anthroposophische Studiengruppe. Dann überwarf ich mich mit den Lehrern an der Waldorfschule und verließ die Schule. Ich unterrichtete jetzt morgens und nachmittags an einer staatlichen Schule.

Um mein 37. Lebensjahr kam wieder eine Stimme zu mir, die mir sagte: «Du hast drei Wege. Lass nicht das Gefühl mitspielen. Pass auf, dass du die richtige Tür öffnest, damit das Leben einen Sinn hat!» Ich befand mich zu der Zeit in einer schwierigen Phase. Als ich 39 Jahre alt war, belegte ich einen Kurs für Psychomotorik, der an der Universität eingerichtet worden war. Auch arbeitete ich während dieser Zeit viel mit Musik. Zwischen meinem 39. und 40. Lebensjahr verlor ich meine Freundin, weil sie – wie erwähnt – nach Deutschland ging.

Nun kam ich Mitte der vierziger Jahre in eine schwere Krise. Ich verließ die Ferienkolonie, schloss mein Haus ab und war ein Jahr lang unfähig zu arbeiten. Ich merkte, dass ich einige Male mit dem Auto aus der Stadt herausfuhr und die Stadt hinter mir ließ. Ich hatte das Empfinden, dass das Leben keinen Sinn mehr hatte, und fühlte mich lustlos. Gleichzeitig war eine große Unruhe in mir. In meinem Inneren herrschte ein großer Widerspruch zwischen Fühlen und Denken. Ich ging wieder zu meinem Arzt, bat ihn jedoch, mich nicht in ein Krankenhaus einzuweisen. Diese Krise dauerte sechs Wochen, und ich bin selbst mit ihr fertig geworden. Während dieses Jahres fuhr ich manchmal allein in die Ferienkolonie. Mit 42 merkte ich, wie mein Kopf allmählich anfing, alles wieder zu lenken und zu ordnen. Ich begann jetzt wieder mit der Arbeit. Am Anfang musste ich mich etwas dazu zwingen. Es war auch nicht leicht, eine Lehrtätigkeit zu finden, weil es in jener Zeit an der Universität viele politische Strömungen gab. Aus dieser Zeit meines Lebens stammt die Zeichnung «Die Spaltung» (Abbildung 6).

Abb. 5

Links Blautöne – Mitte Rot – rechts Gelbtöne

Abb. 6

Wir kennen von der Biografie dieser Frau noch ein weiteres Jahrsiebt. In dieser Zeit eröffnete die Frau eine Ferienkolonie und nahm behinderte Kinder auf. Zwei Jahre lang dauerte diese Tätigkeit; sie waren für die Frau aufgrund von Problemen in menschlichen Beziehungen sehr schwierig. Als in São Paulo eine heilpädagogische Tagesschule gegründet wurde, wurde sie dort tätig. Sie war damals 46 Jahre alt. Heute arbeitet sie hauptsächlich mit gelähmten Kindern; sie macht mit ihnen Bewegungsübungen.

Das alte «Muskelerlebnis» ihrer Jugend hat sich zu einer neuen Lebensaufgabe umgewandelt.

In der Biografie dieser Frau ist der starke Willensimpuls zu spüren. Die Autorin hat ein cholerisches Temperament, das sich als Willensstärke äußert, sie aber auch in viele Konflikte brachte. Auch ihre homosexuelle Anlage versetzt sie in viele schwierige Situationen. Sie hat in ihrem Leben verschiedene übersinnliche Schwellenerlebnisse, die sie mit 41 Jahren an die Grenze einer psychischen Krankheit führen. Aus dieser Krise findet sie jedoch selbst heraus. Äußerlich gesehen hat sie mit beruflichen Schwierigkeiten zu kämpfen; sie führen sie aber doch zu ihrem eigentlichen Lebensimpuls, ihrer eigentlichen Aufgabe: das Arbeiten mit den gelähmten Kindern. Das Erlebnis ihrer eigenen Muskeln wandelt sich um in die Arbeit mit gelähmten Kindern. Wir erkennen hier deutlich eine Spiegelung in der Biografie. In einem späteren Kapitel unseres Buches kommen wir noch darauf zu sprechen, wie sich die Phase von vierzehn bis 21 Jahren in dem Alter von 42 bis 49 widerspiegelt (siehe unten, S. 176ff.).

Vom 42. bis zum 63. Lebensjahr: «Die menschliche Erfüllung» – geistige Entwicklung

In unserer Betrachtung wenden wir uns jetzt der großen Phase der geistigen Entwicklung zu, also dem Zeitraum vom 42. bis zum 63. Lebensjahr. Viele Menschen glauben, in dieser Zeit eine große geistige Sonne anzünden zu müssen. Nach unserer Erfahrung ist es aber besser, man zündet nur ein kleines Licht an, zum Beispiel eine Kerze, und achtet darauf, dass es nicht erlischt. Schon eine einzige Kerze oder gar ein Streichholz kann ein ganzes dunkles Zimmer erleuchten. Wollen wir zu viel, laufen wir Gefahr, gründlich zu scheitern. Mit einem anderen Bild ausgedrückt: Wer in der jetzigen Lebensphase zu hoch steigt, fällt umso tiefer.

Die Zeitspanne von 42 bis 63 Jahren können wir als die «Phase der menschlichen Erfüllung» bezeichnen. In diesen drei Jahrsiebten reifen unsere Lebensfrüchte. Wir schenken sie der Welt und den Mitmenschen. Wir wollen die Früchte natürlich gerne verschenken, denn wir selbst verzehren vielleicht nur vier oder fünf Früchte des Baums. Aber wie stellen wir das an? Sollen wir sie Menschen geben, die keinen Hunger haben? Oder lassen wir sie verfaulen? Nein, wir müssen das Interesse für die Früchte wecken; vielleicht sind sie besonders gut gereift. Und dann, wenn man sie für die anderen so recht schmackhaft macht, werden sie von allein geholt und mit großer Freude verzehrt.

Wir können unsere Kräfte, die sich zum Teil von den Organen lösen, in den Dienst unseres Bewusstseins stellen. Sie werden zu neuen geistigen Wahrnehmungsorganen. Wenn uns dies gelingt, sind wir auf dem Weg zur Weisheit. Wir werden im Folgenden sehen, wie sich im Laufe der nächsten drei Jahrsiebte aus den drei

Organsystemen, dem Nerven-Sinnes-System, dem rhythmischen System (Herz und Lunge) und dem Stoffwechsel-Gliedmaßen-System, die Kräfte jeweils lösen und zu neuen Fähigkeiten metamorphosiert werden können. In dieser Phase haben wir nicht selten unsere persönlichen Ziele erreicht und können nun immer mehr den Menschheitszielen dienen – wenn wir auf die inneren Fragen und Notwendigkeiten hören.

Das Märchen von «Frau Holle» kann uns einen Hinweis für diese Lebensphase geben: Die Stieftochter erarbeitet sich ihr Leben. Sie spult sich ihre Hände blutig, und sie springt in den Brunnen, ihrer Spule nach. Nun kommt sie auf die Wiese, sie lauscht den Fragen, die auf sie zukommen: Das Brot ist gebacken und will aus dem Ofen genommen werden; die reifen Äpfel wollen aufgelesen werden; und Frau Holles Federbetten müssen geschüttelt werden. Die Sehnsucht zur Erde drängt die Stieftochter nach Hause. Dort bekommt sie eine Belohnung und wird zur Goldmarie. Ihr Wesen kann in Licht und Weisheit leuchten. Die faule Tochter hingegen springt in den Brunnen, ohne sich durch Mühe und Arbeit hindurchgewunden zu haben. Sie hört wohl auf die Fragen, erfüllt aber ihre Arbeit gar nicht oder nur nachlässig. Sie möchte schnell ihre Belohnung ernten. Aber siehe da, sie bekommt einen Pechregen.

Benutzen wir die Kräfte nicht, die sich von den Organen lösen, so schlägt das auf unseren eigenen Organismus zurück. Krankheiten, besonders Wucherungen (bis hin zu Krebsgeschwulsten), treten auf. Oder unsere Seele kann sich nicht im Licht entfalten und wird dunkel. Das kann zu depressiven Zuständen führen. Wir haben es hier mit einer Art «Pechmarie-Wirkung» zu tun.

Vom 42. zum 49. Lebensjahr: Neue Kreativität und neues Schauen

Wir kennen sicher alle den Ausspruch, der das 40. Lebensjahr charakterisiert: «Das Leben beginnt mit 40.» Aber was genau beginnt eigentlich mit 40? In diesem Alter beginnt sich unser organgebundenes Ich allmählich von den unteren Organen zu lösen. Das gilt sowohl für die Fortpflanzungsorgane wie für unsere Glieder und unser Stoffwechselsystem. Wir bringen es nicht mehr fertig, wie in früheren Jahren ein großes Beefsteak zu verdauen. Es liegt uns im Magen – ein Zeichen, dass die Säfte in unserem Verdauungsapparat abnehmen. Vor allem Männer beklagen sich häufig, dass ihre Muskeln nicht mehr so stark sind und dass ihre Beine etwas dünner werden. Bei vielen kommt dann der Wunsch auf, Fitnesssport zu treiben, um dem Muskelschwund entgegenzuwirken. Wir haben es zugleich mit einer Phase der intensiveren Sexualität zu tun, denn wenn die Kräfte sich von diesen Organen zurückziehen, kommen einem die Organe besonders zu Bewusstsein. Bei Frauen treten häufig Unterleibserkrankungen auf, wie Myome oder sogar Unterleibskarzinome im Genitalbereich. Die Kräfte aus diesen Organen und aus unseren Muskeln sind dieselben, die jetzt in umgewandelter Form für eine neue Kreativität gebraucht werden. «Das Leben beginnt mit 40»: das heißt, neue Kreativität zu entfalten, die jeder Mensch auf seine eigene Weise finden muss. Für viele Menschen bedeutet es, neue Kreativität im eigenen Beruf zu entwickeln.

Die Frage, die wir uns in dieser Zeit stellen müssen, lautet etwa so: Was haben wir an Begabungen, Talenten usw. vielleicht begraben, das wir jetzt wieder heraufholen und sich zu einer neuen Kreativität entfalten lassen wollen? Oder wir können uns fragen: Welche neuen Kraftimpulse entstehen in unserem Inneren? Wir leben in einer Phase, in der wir noch recht aktiv sein und auch noch viele neue Initiativen ergreifen können. Vielleicht wandeln wir jetzt unsere Lebenserfahrungen in eine Lehrtätigkeit für andere Menschen um.

Häufig fürchtet der Mann, seine Position im Betrieb und in der Gesellschaft, seinen Status zu verlieren. Das kann dann in längere Arbeitsphasen und weniger Freizeit ausarten. Immer wieder erleben wir auch, dass der Mann, anstatt eine altruistische Haltung einzunehmen, die Weitergabe von Wissen und Information an jüngere Leute im Betrieb verhindert. Auf diese Weise behält er Macht und Status in der Hand. Und der Mann, der seine Gefühlsseite wenig entwickelt hat, seine weibliche Seite (die «anima»), wird jetzt leicht zu Ausschweifungen neigen. Er empfindet seine Frau vielleicht als Hexe, die ihn nur daran hindert, seine Gefühle zum Ausdruck zu bringen. Ständig ist er auf der Suche nach einem neuen Flittchen, um von außen zu ersetzen, was er innerlich nicht geschafft hat.

In diesem Zeitraum, nach dem 40. Lebensjahr, werden viele Scheidungen vollzogen – zum Teil aus dem oben angegebenen Grund, zum Teil auch, weil sich der Mann der Illusion einer verstärkten Sexualität hingibt, die aus den Sexualorganen aufsteigt. Nicht umsonst gibt es den scherzhaften Ausspruch: «Ein Mann tauscht seine vierzigjährige Frau gegen zwei Zwanzigjährige ein – und kommt dann aber doch nicht nach.»

Wie geht es der Frau? Sie stürzt sich häufig in eine emsige Tätigkeit, indem sie sich um ihre Kinder oder Enkelkinder kümmert. Dadurch versucht sie der im Haus existierenden Leere zu entfliehen – die Kinder sind ja schon zum Teil aus dem Haus gegangen. Viele Frauen nutzen aber gerade diese Zeit und die sich dadurch ergebende Muße aus, um endlich einmal etwas für sich selbst zu tun. Wir können das sehr schön bei der Frau in Biografie 7 (S. 141f.) wiederfinden.

Steht eine Frau fest im Berufsleben, dann wird sie dort mit denselben Problemen wie der Mann konfrontiert. Auch sie kann sich nun zu einer weisen Vorgesetzten oder Sekretärin entwickeln oder aber die frustrierte, garstige und unmögliche Person werden, von der man sagt: «Hoffentlich hat sie die Wechseljahre bald überstanden.» Eine Frau, die sich jahrelang von ihrem Mann unterdrückt und von Haus und Kindern belastet gefühlt hat, kann im siebten Jahrsiebt eine ungeahnte Aktivität entfalten und ihre zurückgedrängte männliche Seite, den «animus», wieder hervorkehren. Es kommt freilich auch hier darauf an, in welcher Form dies geschieht. Die Frau kann ihre männliche Seite überbetonen; vielleicht wird sie zu einer Feministin, die gegen die Männer ankämpft. Oder aber sie lässt ihr freigewordenes Potenzial in eine sinnvolle Arbeit einfließen.

Bei vielen Frauen kommt noch hinzu, dass sie sich Sorgen um ihre physische Schönheit und ihre Attraktivität machen. Das ist für viele ein Problem. Manche Frauen gehen so weit, dass sie sich ihren abgebundenen Eileiter wieder operieren lassen, damit sie noch ein Kind bekommen können. Das ist aber gewiss ein falscher Weg. Denn die Frau sollte sich bewusst werden, dass es jetzt darauf ankommt, «geistige Kinder» zu gebären. Auch sie muss sich fragen, auf welchem Gebiet sie eine neue Kreativität entfalten kann.

Wir haben im vorigen Kapitel die Situation um das 42. Lebensjahr mit einer Bergbesteigung verglichen. Wenn wir den Gipfel des Berges erreicht haben, sehen wir die Landschaft als Panorama unter uns liegen. Wir können uns neu orientieren und erkennen die Ordnung, die Struktur der Landschaft. So kann es uns nach dem 42. Lebensjahr auch mit unserer «Lebenslandschaft» ergehen. Die Lebensphase, in die wir jetzt eintreten, können wir deshalb als ein «neues Schauen» bezeichnen. Ein neuer Lernprozess kommt auf uns zu: Wir müssen lernen, das eigene Leben von einer höheren Warte aus zu überschauen, andererseits die Phänomene des äußeren Lebens, die Situationen und ihre Anforderungen schlagartig zu erfassen.

Wir stehen damit aber vor einer neuen Schwierigkeit: Einerseits wollen wir das von uns Erschaute den anderen mitteilen. Andererseits haben wir es mit einer Generation zu tun, die vielleicht 21 bis 28 Jahre alt ist und eigentlich durch eigene Erfahrung lernen möchte. Besonders im vierten Jahrsiebt macht man viele Fehler, durch die man seine Lebenserfahrungen sammelt. Der ältere Mensch überblickt zwar die Situationen, aber es hat wenig Sinn, wenn er zu dem Jüngeren sagt: «Siehst du nicht die Konsequenzen dessen, was du tust?»

Wir stehen also vor der Frage: Wie können wir das, was wir sehen, dem jungen Menschen vermitteln? Einerseits wollen wir geben, andererseits müssen wir uns zurückhalten und warten, bis die Jüngeren kommen, um uns zu fragen. Nach 42 beginnt die Phase, in der sich Weisheit entwickelt. Weisheit bedeutet auch, sich zurückzuhalten, bis man gefragt wird. Man kann den Jüngeren gegenüber wie ein Schutzengel dastehen und erst in dem Moment eingreifen, wo man sieht, dass die Fehler zu Unfällen führen. Wenn wir jungen Menschen hilfreich zur Seite stehen wollen, müssen wir einen neuen Stil des Führens entwickeln. Man kann zum Beispiel jüngeren Menschen sehr helfen, wenn man mit ihnen von Zeit zu Zeit eine Auswertung ihrer Arbeit vornimmt. Für sie ist es wichtig, öfters die Ergebnisse ihrer Arbeit zu sehen. Dadurch stärkt sich ihr Ich. Es ist also auch wichtig, dass ihre Arbeit wahrgenommen und in einer gesunden Form beurteilt wird und dass die jüngeren Menschen zu einer größeren Objektivität gelangen. Ein guter Chef zum Beispiel kann auf diese Weise ein Segen für die jüngere Generation werden.

Ein neuer Stil der Führung heißt aber auch, mehr Aufgaben an Jüngere weiterzugeben, und zwar an Menschen, die zwischen 35 und 42 Jahre alt sind und die schon Berufserfahrungen gesammelt haben. Und wir müssen andere Menschen in unseren eigenen Aufgabenbereich einarbeiten und sie darin ausbilden. Wenn wir Gründer eines Betriebes sind und jetzt nicht anfangen, für die

Nachfolge zu sorgen, kann es sein, dass der Betrieb zugrunde gehen wird.

Ein 48-jähriger Mann, der bei uns einen Biografiekurs besuchte, wurde sich darüber klar, dass er bis jetzt überhaupt noch nicht für die Nachfolge in seinem Betrieb gesorgt hatte. Er besaß eine Firma von über vierhundert Mitarbeitern. Er selbst stand noch im Mittelpunkt und leitete alles. Während des Biografiekurses – als er diesen Abschnitt seines Lebens beschrieb – wurde er sich der Verhältnisse in seinem Betrieb bewusst. Er versuchte dann eine schnelle Lösung zu finden. Seine 20-jährige Tochter, die gerade ein Architekturstudium begonnen hatte, wollte er schnell in die Firma holen. Auch eine jüngere Schwester, die schon als Sekretärin im Betrieb arbeitete, sollte mit verantwortungsvolleren Aufgaben betraut werden. Kurz darauf besuchte diese Schwester selber bei uns den Biografiekurs, aus der Verzweiflung heraus, zu große Verantwortung übernehmen zu müssen. Das sind natürlich keine Lösungen für eine solche Situation. Man muss darauf achten, dass man schon rechtzeitig Mitarbeiter in einem reiferen Alter, die vielleicht Mitte oder Ende 30 sind, für die Nachfolge vorbereitet und einarbeitet. Es genügt nicht, ein Familienmitglied zu sein, man muss vor allem sachverständig sein.

Auch in einer solchen Situation gilt es also, das goldene Gleichgewicht zu halten: Wenn Menschen ihre Aufgaben zu früh einem anderen übergeben, fallen sie häufig in eine Leere und wissen nicht recht, was sie nun aus ihrem Leben machen sollen. Und wenn sie bis in das fortgeschrittene Alter arbeiten und keine Zeit für ein Hobby haben, dann wissen sie später nicht, wie sie ihre Freizeit gestalten sollen. Man muss das richtige Maß finden – aber jeder hat eben ein etwas anderes Maß.

Ein anderer Kursteilnehmer, der Anfang 50 war, hatte seine Aufgaben rechtzeitig und gut weitergegeben, sodass er praktisch nichts mehr zu tun hatte und nur einmal pro Woche in den Betrieb gehen musste. Er musste jetzt gegen die Leere, die sich in seinem Leben ausgebreitet hatte, ankämpfen. Nun, er bekam dann die Möglichkeit, einem seiner Schwiegersöhne beim Aufbau einer Farm zu helfen. Er selbst baute auch eine eigene Farm auf, und hier konnte er sein Hobby und seinen langjährigen Lebenstraum verwirklichen.

Wenn man aber bereits Anfang 60 ist, einem großen Unternehmen von über dreitausend Mitarbeitern vorsteht und nicht rechtzeitig Führungskräfte für die Nachfolge weitergebildet hat, so steht man effektiv vor einem entscheidenden Problem. Dann gibt es nur noch die Lösung, dass man ein Beratungsunternehmen zu Hilfe zieht, das ein Ausbildungsprogramm für Nachwuchskräfte veranstaltet. Heute wollen die eigenen Kinder ja meist andere Wege gehen. Der Individualisierungsdrang macht sich immer stärker bemerkbar, und junge Menschen, wenn sie nicht eine besondere Begabung haben, tun sich heute schwer damit, Familienbetriebe zu übernehmen, sie entsprechend umzugestalten und weiterzuführen.

Vom 49. bis zum 56. Lebensjahr:
Neues Hinhören

Die Phase von 49 bis 56 Jahren ist eine Zeit, in der sich Kräfte aus dem mittleren, rhythmischen System, aus der Lunge und dem Herzen, zurückziehen. Jetzt ist es ganz besonders wichtig, dass wir einen neuen Rhythmus finden. Gelingt uns das nicht und wir wirtschaften in dem alten Tempo weiter, werden diese Organe geschädigt. Es kommt zu einem Herzinfarkt oder zu Problemen mit den Atmungsorganen. Man hat vorher keine Pausen eingelegt, um auf sein Leben zurückzublicken, und ist nun stattdessen zu einem Halt gezwungen, den man sich eigentlich nicht gewünscht hat.

Bernard Lievegoed bezeichnet diese Zeit als die «moralische Phase». Wir könnten sie auch die «moralisch-ethische Phase» nennen. Um zu erläutern, dass das Herz unser Organ des Gewissens oder der Moralität ist, führen wir ein kleines Beispiel an: In unterentwickelten Ländern gibt es unzählige Bettlerjungen, die auf dich zustürmen und dich bedrängen. Du hast ein Prinzip: Ich gebe ihnen kein Almosen, denn sie verwenden das Geld für Drogen oder Ähnliches. Also sagst du entschieden Nein und gehst deinen Weg weiter. Nun blicken sie dich mit ihren sprechenden Augen an, du drehst dich noch einmal um, und deine Augen begegnen den ihrigen. Plötzlich bringst du es nicht «übers Herz» weiterzugehen und gibst ihnen doch ein Almosen. Dein Herz hat gesprochen und den Kopf überstimmt.

Welche Möglichkeiten eröffnen sich uns jetzt, um die Welt besser zu verstehen? Können wir neue Wahrnehmungsorgane entwickeln? Mehr und mehr beschäftigen wir uns in der jetzigen Lebensphase nicht mehr nur mit unserem individuellen Schicksal, sondern auch mit dem Schicksal der Menschheit überhaupt. Das Organ der Herzlichkeit – das Herz – wacht auf und führt uns dazu, mit der ganzen Menschheit mitzuleiden und mitzufühlen.

Nehmen wir dazu noch ein konkretes, authentisches Beispiel: Ein junger Mann, der mit Anfang 20 geheiratet hat, ist Mitarbeiter eines Unternehmens zur Herstellung und zum Vertrieb von Kunstdüngern und agrotoxischen Produkten. Er strebt danach, eine Familie zu gründen, ein Haus zu bauen, ein Auto zu besitzen. Mit Mitte 30 hat er eine ganze Abteilung unter sich, auch einige Verkäufer, und er nimmt menschlichen Anteil an seinen Untergebenen: ob sie auch zu ihrem Heim, zu ihrem Auto und zu ihren sonstigen Rechten kommen. Als dieser Mann Mitte 50 ist, hat er sich ökologische Kenntnisse angeeignet, und er ist betroffen darüber, wie rücksichtslos man in Brasilien mit Herbiziden und mit Kunstdünger umgeht. Er beginnt sich immer größere Sorgen darüber zu machen. Es ist ihm nicht mehr wohl dabei, diese Produkte zu vertreiben. In den letzten Jahren hat er sich auch schon eine Farm gekauft. Hier versucht er, biologischen Anbau zu betreiben. Wie stellt er sich nun um? Er kann ja schwerlich seinen Beruf sozusagen aus dem Fenster werfen und etwas anderes anfangen. Was macht er nun? Er sucht nach biologisch-dynamischen Produkten oder Naturdüngern und beginnt sie nebenher zu vertreiben. Allmählich rückt diese Tätigkeit in den Vordergrund; das Ziel des Mannes ist es, später auf die mit Kunstdünger angebauten Produkte ganz zu verzichten. Sein Gewissen hat sich bemerkbar gemacht; und es ist wichtig, im Inneren auf die Stimme des Herzens zu hören und sie nicht von der Lust zur Macht übertönen zu lassen. An diesem Beispiel erleben wir einen stufenweisen Übergang von einer Tätigkeit zur anderen.

Es ist wichtig, dass wir in unserer jetzigen Lebensphase eine segnende Haltung einnehmen. Wir werden dann, wie man es auch ausdrücken könnte, zu einem «universellen Vater» oder zu einer «universellen Mutter». Die Kinder sind ja in der Zwischenzeit schon groß, die meisten sind außer Haus. Öfters können wir beobachten, dass wir zwar von den eigenen Kindern wenig zu Rate gezogen werden, desto mehr aber von den Freunden unserer

Kinder. Man spürt, wie sich das Vater- und Muttersein auf eine ganze Generation von jungen Menschen erstreckt. Und unser Haus kann ein Heim werden, wo junge Menschen fröhlich und locker ein- und ausgehen.

Jetzt ist auch das geeignetste Alter, wo man sich der Politik im besten Sinne des Wortes zuwenden und versuchen kann, auf diesem Gebiet etwas für Volk, Land und Menschheit zu tun.

Öfters gestaltet sich der Lebensabschnitt von Anfang bis Mitte 50 auch als eine harmonische Phase, die in einem schwierigeren Übergang endet. Denn der Mensch tritt dann nicht nur in ein neues Jahrsiebt ein, sondern durchlebt mit 56 Jahren auch die Zeit seines dritten Mondknotens. Was kann einem in dieser Phase passieren? Wir führen auch hier einen konkreten Fall als Beispiel an: Ein Mann von Mitte 50 hatte sein Leben lang in einem multinationalen Unternehmen gearbeitet und viele Filialen in ganz Brasilien gegründet. Durch seine intensive Berufstätigkeit hatte er sich zu wenig seiner Frau und den fünf Kindern gewidmet. Als er Anfang 50 war, merkte er, wie er nach und nach immer einsamer wurde. Seine Frau und die Kinder verstanden ihn nicht mehr und er sie nicht. Nun wurde ihm bewusst, dass er seine Familie vernachlässigt hatte. Was er bisher versäumt hatte, wollte er jetzt nachholen. Das war natürlich kaum möglich. Er baute am Strand ein großes Haus in der Form eines Fünfsterns und richtete für jedes der Kinder eine Wohnung ein. In der Mitte des Hauses sollte ein großer Festsaal und ein Aufenthaltsraum für alle sein. Der Mann musste jedoch die bittere Erfahrung machen, dass seine Kinder nie in dieses Haus kamen. Es blieb ihm nichts anderes übrig, als es für Weihnachtsfeiern und Wohltätigkeitszwecke zur Verfügung zu stellen. Er selbst entfernte sich aus der Firma, aber es gelang ihm nicht, für sich einen gesunden Übergang zu gestalten. Er litt weiterhin unter erhöhtem Blutdruck und unter Herzbeschwerden. Der Mann entschloss sich dann dazu, in das Amazonasgebiet zu gehen und dort Kakaopflanzungen und andere Plantagen neu anzulegen. Er widmete sich also wiederum einer Pionierarbeit. Leider haben wir seither nichts mehr von ihm gehört. Wir wissen aber, dass sich seine Herz- und Kreislaufbeschwerden verstärkt haben. Auch sein Verhältnis zur Familie hat sich in keiner Weise positiv entwickelt.

Betrachten wir jetzt die Lebensbeschreibung einer Frau im Alter von 62 Jahren:

Biografie 7

Eine Kursteilnehmerin, die heute 62 Jahre alt ist, berichtet, dass sie von ihren Eltern immer als das hässliche Entlein betrachtet wurde. Ihre Geschwister wurden ihr vorgezogen. Bereits im 14. Lebensjahr begann sie zu arbeiten und musste sich ihren Lebensunterhalt selbst verdienen, obwohl sie noch im Elternhaus wohnte. Mit 21 Jahren heiratete sie einen Arzt. Ein Studium aufzunehmen, hatte sie keine Neigung, obwohl ihr Mann sie sehr dazu ermunterte. In ihrem vierten Jahrsiebt bekam sie zwei Kinder. Neben der Kindererziehung betrieb sie ein Platten- und Tonbandgeschäft, um finanziell etwas zum Unterhalt der Familie beizutragen. Als sie um die 40 war, erkrankte ihr Mann an einer manisch-depressiven Psychose. Kurz danach bekam sie selber Schilddrüsenkrebs. Sie hatte den Tod vor Augen. Nach einer Behandlung mit Röntgenbestrahlungen erholte sie sich aber langsam wieder. In ihrem 42. Lebensjahr nahm sie ein Hochschulstudium für bildende Künste auf. Sie veranstaltete Ausstellungen, sie war erfolgreich und gewann einige Preise. Ihr Mann jedoch verkraftete ihren Erfolg schlecht, und so gab sie für eine ganze Weile diese Tätigkeit auf. Danach begann sie, Webrahmen herzustellen und den einfachen Frauen auf dem Land das Weben beizubringen. Sie entwarf Webmuster, nach denen die Frauen arbeiteten, und rief an drei verschiedenen Orten im Inneren des Bundesstaates Minas Gerais eine richtige kleine Textilindustrie ins Leben. Sie gab den Frauen die Aufträge zum Teppichweben und holte dann die fertigen Teppiche zum Verkauf ab.

Die Schicksalsschläge aber, die sie trafen, waren hart. Ihr Sohn war seit seinem 13. Lebensjahr drogensüchtig. Mit 20 Jahren hatte er einen schweren Autounfall. Als Folge davon war er vorübergehend gelähmt und benötigte über zwei Jahre lang ihre Hilfe, bis er sich wieder bewegen konnte. Er lebte dann mit einer drogensüchtigen Frau zusammen; sie bekamen Kinder und heirateten schließlich. Dreimal erlitt er einen psycho-manisch-depressiven Schub, und dreimal versuchte er sich das Leben zu nehmen. Immer war die Mutter die Einzige, die ihm zur Seite stand und ihm aus der Krise half. Auch die Tochter der Mutter schloss sich früh einem drogensüchtigen Mann an. Sie bekam zwei Kinder, die sie gerne bei ihrer Mutter unterbringen wollte, um selbst ihren Beruf ausüben zu können.

Und so geriet unsere Patientin immer wieder in Schicksalsverwicklungen und fand schwer die Möglichkeit, ihrer eigenen Arbeit nachzugehen. Mit Anfang 62 erkrankte sie an Blasenkrebs. Inzwischen hat sie sich davon erholt und steht in einer Lebensphase, in der sie endlich, zusammen mit ihrem 67-jährigen Mann, ihr eigenes Schicksal gestalten möchte. Aber in diesen ganzen letzten Jahren ist es ihr gelungen, ihre Kreativität in der Teppichfabrik weiterzuentwickeln. Ihr Mann erlitt in der Zwischenzeit nochmals einen manisch-depressiven Schub; in seiner manischen Phase vermachte er die ganze Einrichtung seines Sprechzimmers einer jungen Kollegin. Er machte also seiner Frau das Leben nicht leicht.

Unsere Patientin hat einen außerordentlichen Lebensmut. Sie glaubt, dass es ihr gut gelingt, endlich etwas weniger aggressiv zu sein und ihre restlichen Lebensjahre in größerer Ruhe zu verbringen. Sie ist evangelisch erzogen und hält sich an die Texte der Bibel. Darüber hinaus ist sie auf dem Wege zum Verständnis einer umfassenderen geistigen Dimension.

Aus dieser Biografie erkennen wir deutlich, was auf der einen Seite zu den allgemeinen Entwicklungen und Krisen eines jeden Menschen in den verschiedenen Phasen seines Lebens gehört und was andererseits einen individuelleren Charakter hat, was das ganz individuelle Schicksal eines Menschen ausmacht. Die Jahrsiebte dieser Frau sind stark ausgeprägt: Mit 14 beginnt sie zu arbeiten, mit 21 heiratet sie, zwischen dem 21. und dem 28. Lebensjahr bekommt sie ihre zwei Kinder. Dann treten äußere Schicksalsschläge, wie die Erkrankung ihres Mannes, ein. Dieses Ereignis wirkt auf sie so schockartig, dass es bei ihr wohl das Schilddrüsenkarzinom auslöst. Sie kommt an die Grenze des Todes. Mit 42 Jahren, wiederum also am Beginn eines neuen Jahrsiebts, kommt bei ihr ein Auferstehungselement zum Tragen. Neue Werte entstehen, und sie entschließt sich zu studieren. Obwohl sie erfolgreich ist, lässt sie sich aber wieder unterdrücken. Dann bringt sie es fertig, ihre Kreativität sogar mit einer Erwerbstätigkeit zu verbinden, und in der Phase von 42 bis 49 entwickelt sie ganz neue Aktivitäten. Obwohl dann die persönlichen Schicksalsschläge sie immer wieder treffen, kann sie ihre neu gefundene Aufgabe auch durch die Zeit von 49 bis 56 und bis ins 63. Lebensjahr hinein weitertragen. Die Knospen, die sich nach dem 42. Lebensjahr in ihrem Inneren angesetzt haben, können sich trotz der schwierigen äußeren Umstände weiter entfalten.

In meiner eigenen Biografie begann ich mich seit dem 42. Lebensjahr immer mehr für die psychologischen Aspekte beim Menschen zu interessieren. Jetzt hatte ich auch die Angst überwunden, die ich seit meiner Kindheit besaß, mit psychiatrischen Patienten in Kontakt zu kommen. Als ich Mitte 40 war, kamen von ganz allein viele junge Ärzte und Medizinstudenten, die sich in die anthroposophische Medizin einarbeiten wollten, zu meinen Kollegen und mir. Obwohl ich nie in meinem Leben daran gedacht hatte zu unterrichten, trat nun diese Frage von außen auf uns zu, und wir begannen mithilfe von einigen auswärtigen Dozenten, medizinische Seminare ins Leben zu rufen. Außerdem bewarben sich immer mehr junge Ärzte, die an der Klinik ein ganzes Jahr lang als Assistenzarzt tätig sein wollten. So hat sich für mich das rein medizinische Wirken für die Patienten in eine Lehrtätigkeit umgewandelt. In dieser Zeit kamen noch weitere neue Elemente auf mich zu: das Erlernen von sozialpädagogischen Fähigkeiten und die Leitung von Gruppenarbeit sowie ein tieferes Interesse für die Entwicklungsmöglichkeiten eines jeden Menschen durch die Arbeit an seiner Biografie. Diese neue Tätigkeit bekam dann auch einen neuen Rahmen: In meinem 52. Lebensjahr wurde die «Artemisia» gegründet und eingeweiht – der Ort, an dem unsere Biografieseminare abgehalten werden. Seither entfaltet sich meine Arbeit immer mehr auf diesem Gebiet.

Goethe hat sich intensiv mit den Gesetzmäßigkeiten der Pflanzenmetamorphose beschäftigt. Seine Entdeckungen helfen uns, die Pflanzen aufmerksamer zu beobachten und besser zu verstehen. Ihre Entwicklung vollzieht sich nicht abrupt, sondern kontinuierlich. Es wäre unsinnig, sich vorzustellen, dass die Pflanze sich selbst völlig vernichten muss, um Blüten und Früchte hervorzubringen. Wir haben es hier vielmehr mit einem naturgebundenen, organischen Vorgang zu tun. Ähnlich verhält es sich mit unserer eigenen Biografie. Auch hier entdecken wir, wenn wir genauer hinschauen, einen Prozess der Metamorphose, der Umwandlung. Und dieser Prozess der allmählichen Verwandlung ist von großer Bedeutung. Es ist daher äußerst wichtig, dass wir an Verwandlungen unserer Möglichkeiten arbeiten und nicht, um etwas Neues anzufangen, gewissermaßen alles wegwerfen, was wir gelernt und getan haben. Wir bauen immer auf Stufen auf, die wir uns selbst erbaut haben, und wir müssen von diesen Stufen aus aufwärts gehen.

In der Phase von 49 bis 56 Jahren kann die Weisheit so recht zum Blühen und Gedeihen kommen. Wir können diese Zeit auch die Phase der inspirativen Seelenentwicklung nennen. In ihr ist es ganz besonders wichtig, dass wir lernen, auf die Umgebung zu hören. Welche Fragen stellt uns die Außenwelt? Manche Menschen wissen in dieser Lebensphase nicht, was sie tun können. Und viele Frauen haben nun die Kinder von zu Hause fortgehen lassen und suchen eine neue Tätigkeit. Es hat aber wenig Sinn, wenn wir jetzt unsere Tätigkeit und unsere Impulse der Welt aufzwingen. Es ist sinnvoll, wenn wir immer mehr lernen hinzuhören. Inspiration hat mit dem Einatmen zu tun. Wir atmen ein, was uns die Welt zu

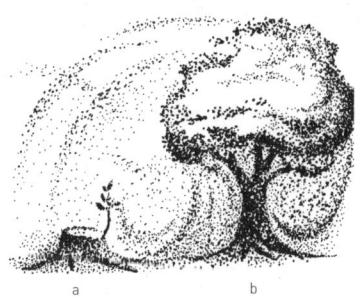

a   b

Abb. 7

sagen hat – oder auch, was uns unsere innere Stimme offenbaren will. Das Hinhören hat einen doppelten Aspekt, die Wendung nach außen und nach innen. Die Kräfte, die sich in dieser Phase vom Körper lösen, besonders vom Atmungssystem, ermöglichen uns immer mehr, dieses neue Erkenntnisorgan, das mit dem Hinhören zu tun hat, zu gebrauchen. Wir können dann eine immer größere Harmonie mit dem Kosmos erlangen, ganz besonders mit jenen Rhythmen des Kosmos, die sich in Herz und Lunge widerspiegeln. Denken wir hier an Beethoven, der in seinen letzten Lebensjahren nahezu taub war, aber immer stärker die innere Musik – oder auch die Sphärenmusik – hörte.

Folgende Übung kann uns in dieser Zeit und auch in den folgenden zwei Lebensphasen sehr helfen, hauptsächlich dann, wenn wir mit Aufgaben und Arbeiten überlastet sind:

Man stellt sich seine Aufgaben und auch die menschlichen Beziehungen, die man hat, wie Äste an einem Baum vor. Man schaut, welche Äste man absägen muss, damit sich neue Keime (Baumaugen) entwickeln können. Wenn man diese Übung noch mit Malen verbindet, kommen interessante Bilder heraus, wie zum Beispiel das oben abgebildete.

Es stammt von einem 52-jährigen Teilnehmer eines Biografiekurses. Er hat auf seinem Gemälde den ganzen verfaulten Baum abgesägt, den Sprössling aber stehen lassen (a). Die weitere Frage der Übung geht dann in diese Richtung: Was braucht nun dieser Baum, damit er sich neu und voll entfalten kann? Der nächste Schritt beim Malen wäre, den Baum zu malen, wie man ihn sich in der Zukunft entfalten sieht (b).

Der Kursteilnehmer, der dieses Bild gemalt hat, machte eine schwere Kindheit und Jugendzeit durch. Er wuchs ohne Vater und Mutter auf und begann sehr früh, selbst zu arbeiten. In seinen zwanziger Jahren führte er ein sehr ausschweifendes Leben. Von 30 bis 36 währte seine erste Ehe, und er hatte auch beruflich großen Erfolg. Mit 42 heiratete er nochmals und gründete erst dann seine Familie. Mit 52 Jahren – er hat zwei relativ kleine Kinder – ist er nun unzufrieden mit seinem materiellen Erfolg und in seinem Beruf. Aber er sieht neue Perspektiven, das erkennen wir aus dem wunderschönen Baum, der aus dem Spross entstanden ist.

Auch das nachfolgende Gedicht geht in diese Richtung.

Du fühlst nun langsam, wie dein Ich sich stärkt,
Aus dem dünnen Spross ein königlicher Baum sich entfaltet –
Ein Baum zwischen vielen anderen Bäumen –
Ach, wie fühl' ich mich so wohl –
Bin stolz und habe viel Erfolg –
Anerkannt und wohlgeachtet –
Mein Ich habe ich nun gefunden –
Durchs Leben kann ich schreiten stolz und sicher –
Bis nun eines Tages, schon ein bisschen müde von dem langen Weg,
Ich unter meinen Baum mich setze –
Aber ach, oh weh, vor lauter Blättern, lauter Ästen,
Den Himmel ich gar nicht mehr sehe!
Weder Sonne noch Wolken oder Himmelsblau –
Weder Mond oder Sterne noch die Dunkelheit der Nacht.

Entsetzt springe ich auf – wo bist du?
Erschrocken sehe ich einen langen Schatten auf dem Boden –
Vom Mond, der weit entfernt sein fahles Licht auf mich wirft –
Das bin ich?

Beim Aufwachen am nächsten Morgen
Ist mein erster Drang –
Mit der Hacke, Axt und Säge
Wollte ich Äste fällen –
Wieder atmen können –
Wieder Licht, wieder blauen Himmel sehen
und der Sterne ruhigen Schein! –
Nein, das ist kein Leben –
Wo ist mein Partner – wo ist mein Kind?
Aber der Baum, sehr gekränkt, nun spricht:
Kannst du denn nicht warten?
Siehst du nicht die reifenden Früchte?
Bald kommt der Herbst – du Tor –
Die Blätter fallen, es reifet die Frucht,
Und alle werden dich lobpreisen
in einem großen «O» –
Deine Frucht ist süß –
Viele kannst du speisen –
Menschen, Tiere – groß und klein –
Alle werden sie dir dankbar sein –
Vernichte sie nicht – schenke sie dahin –
Sonne und Mond werden durch die Äste wieder scheinen –
Grübelnd und sinnend stehst du da,
Selbst bedeckt mit Silberhaar.
Mit sonnenstrahlenden Augen –
Gleich ob du siehst oder nicht.
Unter den Sternen, die durch die Äste schauen –
Einer winkt dir schon so heimatlich, so freundlich –

Von dort vorne komme ich her –
Dort gehe ich hin –
Mit einem tiefsinnigen «U» verbeuge ich mich vor dir –
Und bewusst schaue ich nun:
So bin ich.

Vom 56. zum 63. Lebensjahr:
Die «intuitive Seite»

Nun wenden wir uns der Phase vom 56. bis zum 63. Lebensjahr zu. Es ist eine schwierige Zeit der Introversion. Bernard Lievegoed nennt sie die mystische Phase. Es ist die Zeit, in der manche Menschen die Gelegenheit haben, ein geistiger Führer zu werden. Aber auch hier gilt wieder die Tatsache, dass eine geistige Führungspersönlichkeit den anderen Menschen nicht nachläuft, um ihre Weisheit zu proklamieren. Sondern sie wartet, bis die Menschen zu ihr kommen.

Ich habe lange gebraucht, um zu verstehen, warum das neunte Jahrsiebt als mystische Phase bezeichnet wird. Wir können es aber auch als die Zeit der intuitiven Seele kennzeichnen. Jetzt stehen wir dem ersten Jahrsiebt polar gegenüber. In den ersten sieben Jahren unseres Lebens hat sich uns die Welt durch die Sinne geöffnet. Wir haben uns durch die Sinneswelt inkarniert, mittels der Sinne den Kontakt zur Außenwelt aufgenommen. Nun sind wir an dem Punkt angelangt, wo sich unsere Sinne, die Fenster zur Außenwelt, langsam schließen. Unsere Ohren hören nicht mehr so gut, wir brauchen eine Brille, und unser Tastgefühl ist auch etwas stumpfer. Oder wir beschweren uns, dass die Suppe nicht schmeckt. Sie ist aber die gleiche wie immer, nur sind unsere Geschmacksorgane nicht mehr so aufnahmefähig. Wir können auch häufig nicht mehr so differenziert den Duft einer Blume wahrnehmen, oder wir verlieren das verfeinerte Wahrnehmungsvermögen dafür, was in unseren Mitmenschen vorgeht oder was sie ausdrücken wollen. Auch diese Sinne müssen wir also intensiv pflegen, damit sie uns erhalten bleiben und wir sie gebrauchen können. Ich weise in diesem Zusammenhang auf die beiden Bücher von Norbert Glas hin: *Gefährdung und Heilung der Sinne* und *Lichtvolles Alter* (siehe im Literaturverzeichnis die Nummern 7 und 9).

Wir müssen also ganz bewusst etwas für unsere Sinne tun, damit sie uns weiterhin den Kontakt zur Welt vermitteln. Andererseits ist es aber eine Tatsache, dass unser Körper immer mehr zu einer Grotte wird, in der wir als Eremiten wohnen, und in diesem Sinne sind wir auf unser geistiges Licht angewiesen. Wir kommen nun stärker in Berührung mit der Geistigkeit in uns selber oder mit dem Gott in uns, wie einige es ausdrücken – daher sprechen wir hier von Intuition.

Ein kleines Kind strahlt in die Welt mit seiner Wesenheit und leuchtet. Man hat den Eindruck, dass die Persönlichkeit des Kindes viel größer ist als sein Körper. In der Mitte des Lebens ist unser geistiges Wesen in unseren Leib eingetaucht. Es ist verdunkelt, und wir sind tief an die Erde gekettet. Gerade dadurch können wir aber auch das Geistige, das wir in die Inkarnation mitgebracht haben, tief in die Erde einströmen lassen. Im Alter wird unser Leib dann immer transparenter. Unsere Knochen werden wieder leichter, wir leiden an Osteoporose, das heißt an einem Kalziumschwund in den Knochen, und unsere Wesenheit kann von innen nach außen immer mehr zu leuchten beginnen. Warum etwa lieben die kleinen Kinder ihre Großeltern so sehr? Weil sie bei ihnen dieses strahlende Licht erleben können. Und wenn der Körper nicht tiefer in die Schwere sinkt, sondern weiter mit Leichtigkeit getragen wird, dann wird dieses Licht sichtbar.

Bleibt das Licht unsichtbar, so ist es, als wäre die Sonne am Himmel von Wolken bedeckt. Das bedeutet, dass unser physischer Leib dann so fest geworden und verhärtet ist, dass wir ihn nicht mehr durchdringen können. Wie die Wolken lässt er dann das Licht und die Sonne nicht mehr durchscheinen. Es kommt auch häufig vor, dass die Menschen in dieser Zeit zu einer vorzeitigen Sklerose neigen. Das bedeutet, dass hauptsächlich die Blutgefäße des Hirns durch eine frühzeitige Verkalkung undurchlässig werden. Das macht sich als Unbeweglichkeit im Denken, als Vergesslichkeit und Starrsinn bemerkbar. Wenn die Lebenskräfte im ersten

Jahrsiebt nicht genügend gepflegt und respektiert worden sind – zum Beispiel durch eine frühe Einschulung und durch eine zu frühe Belastung des Intellekts –, dann wird die Vitalität frühzeitig dem Gehirn entzogen, und man ist zu einer frühzeitigen Sklerose prädisponiert. Oft machen sich erst jetzt, in der Phase vom 56. bis zum 63. Lebensjahr, die Folgen der frühen Kindheit bemerkbar. Natürlich gibt es in solchen Fällen immer Möglichkeiten im Leben, therapeutisch vorzubeugen. Jede künstlerische Therapie, jede Übung des Denkens, jede Kreativität als solche fördert den Menschen in diesem Sinne.

Das neunte Jahrsiebt ist eine Zeit, in der wir uns oft auch mit Krankheiten auseinandersetzen müssen. Mit ihnen müssen wir für den Rest unseres Lebens fertig werden. Wir haben vielleicht Zucker oder Rückenschmerzen oder einen zu hohen Blutdruck. Oft zwingen uns diese Erscheinungen zu veränderten Verhaltensweisen im Leben oder zu Umstellungen in der Ernährung. Wir müssen jetzt die Entsagung lernen, und dafür sind diese Krankheiten manchmal eine Hilfe.

Häufig fällt in diese Jahre auch der Beginn des beruflichen Ruhestandes, und wir müssen gelernt haben, ein Hobby aufzubauen. Vielleicht freuen wir uns schon lange auf diese Beschäftigung und haben dementsprechend schon Vorkehrungen getroffen, um ihr jetzt nachgehen zu können. Wer sich jedoch für diese Jahre nicht vorbereitet, erlebt dann eine Leere. Es gibt viele Berufe, bei denen der Beginn des Ruhestandes keine so ausschlaggebende Rolle spielt. Ein Arzt, ein Künstler oder auch ein Jurist haben vielleicht erst jetzt die Möglichkeit, sich ganz zu entfalten. Viele Menschen dagegen, die in einem stark technisierten Beruf gestanden haben, bei dem man kaum mit der Modernisierung Schritt halten kann, werden in der jetzigen Lebensphase in eine innere Leere geworfen. Es geht dann für sie darum, die Leere mit neuem Inhalt zu füllen. Andernfalls führt sie zu Depressionen oder zu Alkoholkonsum.

Man lebt nun in einem Zeitabschnitt, in dem man gerne auf sein Leben zurückschaut. Viele Menschen schreiben dann auch ihre Biografie. In unseren Biografiekursen haben wir häufig beobachtet, dass Menschen, die nach dem 63. Lebensjahr zu uns kommen, gewissermaßen das Interesse an ihrer eigenen Biografie verloren haben. Sie können die Kraft und den Mut nicht aufbringen, ihr Leben genügend klar anzuschauen. Daher ist das neunte Jahrsiebt – und natürlich auch die vorhergehenden Jahre – ganz besonders wichtig, um auf unser Leben zu blicken, uns darüber klar zu werden, was wir erreicht haben, welche Fähigkeiten wir entwickelt haben und was wir für die Zukunft noch weiterführen wollen. Das alles sind Fragen, die geklärt werden müssen und uns helfen, unser weiteres Leben sinnvoll zu gestalten.

In meiner eigenen Biografie – als ich etwa 56 Jahre alt war – hatte ich den Eindruck: Wenn ich in dem jetzigen Lebensabschnitt nicht einen neuen Einschlag entwickeln kann, werde ich geistig-seelisch vertrocknen und verdorren, und der physische Abfall wird von einem seelischen und geistigen Abfall begleitet werden. Etwa zwei Jahre dauerte es dann, bis allmählich sichtbar wurde, welches meine neue Aufgabe in diesem Jahrsiebt sein würde. In dem Moment, wo man den Faden findet, geht die weitere Entwicklung auch beständig vorwärts.

Die Autorin der Biografie 1 (S. 26ff.) äußerte sich zu dieser Phase folgendermaßen: «Mein Leben wird zu meiner Lebensphilosophie.» Jeder Mensch hat ja ein außerordentlich reiches Leben gehabt, und wenn er bewusst daran arbeitet, diese Erlebnisse zu einer Lebensphilosophie umzugestalten, so hat er die Aufgabe dieses Jahrsiebts ergriffen.

Es ist für uns jetzt auch eine Zeit, in der uns die materiellen Werte nicht mehr so wichtig sind. Häufig werden nun Testamente gemacht, und manchmal wird auch der Besitzstand verteilt. Man muss dann aber aufpassen, dass man für sich selbst noch eine Sicherheit für das Alter beibehält, sonst können die nächsten Jahre sehr schwierig werden, besonders wenn man – wie das etwa in Brasilien häufig der Fall ist – weiterhin für seinen Lebensunterhalt kämpfen muss. Manche Menschen brauchen in der jetzigen Lebensphase mehr Hilfe, als man denkt. Wenn man alt ist, ist es selbstverständlich, dass die eigenen Kinder einem helfen. Jetzt jedoch sind sie noch ganz mit dem Aufbau ihres eigenen Lebens beschäftigt und haben für die ältere Generation noch wenig Zeit. Daher muss man Menschen in dieser Lebensphase besondere Aufmerksamkeit zuwenden.

Wenn bei der Frau nach dem 49. Lebensjahr die Menopause eintritt und der Mann nach dem 56. Lebensjahr die Andropause durchläuft, wird der seelische Unterschied zwischen Mann und Frau wieder etwas ausgeglichen. Die zweite Hälfte der vierziger Jahre ist für die Frau die Zeit der Menopause. Sie bedeutet eine bis tief in das Organische gehende Veränderung und löst bei einigen Frauen eine Krise aus: Jetzt ist es mit der Möglichkeit, Kinder zu gebären, endgültig vorbei. Da sich die weiblichen Hormone langsam verringern, erhöht sich, relativ gesehen, die Anzahl der männlichen Hormone. Sie verursachen im biologischen Bereich eine tiefere Stimme und ein verstärktes Wachstum der Haare. Zugleich bringen sie aber auch seelische Veränderungen mit sich. Nach einer kürzeren Phase der emotionalen Labilität erlebt die Frau eine Art Befreiung. Sie gefällt sich darin, männliche Eigenschaften verstärkt anzunehmen, sie wird aktiver und übernimmt Aufgaben, die bisher nur dem Mann zufielen. Das Empfinden, endlich den eigenen Gefühlen nachgehen zu können, und ein Drang nach außen führt die Frau nun in die Welt. Bei älteren Frauen kann man das häufig beobachten.

Beim Mann tritt die sogenannte Andropause etwas später ein. Etwa Mitte fünfzig spürt er größere Veränderungen. Sie greifen jedoch nicht so tief in den Körper ein wie bei der Frau. Ein Mann kann ja auch noch Kinder zeugen, wenn er siebzig Jahre und älter ist. So spielt sich alles mehr im Seelischen ab. Der Mann möchte seine Männlichkeit nicht verlieren, er will häufig zeigen, dass er «noch derjenige ist, welcher …»" Oft auch verursachen die Organe, die ihre Kräfte freilassen, Sexualträume. Wenn der Mann weiß, dass sie aus dem Organbereich aufsteigen, wird er besser mit ihnen fertig und gibt sich nicht der Illusion hin, sich nun eine Freundin suchen zu müssen. Im seelischen Bereich machen sich die vermehrten weiblichen Hormone beim Mann in der Weise bemerkbar, dass er häuslicher wird.

Wenn ein Ehepaar genügend Verständnis füreinander hat, wird der Mann seiner Frau helfen, die Menopause zu überwinden, und umgekehrt wird die Frau später dem Mann über die Andropause hinweghelfen. Dazu ist es nötig, dass eine Intimität zwischen den beiden existiert und sie sich über die Probleme auch aussprechen können. Ihre Beziehung muss neu gestaltet werden. Ihre Kinder – sofern sie welche hatten – sind nun aus dem Haus, und das Ehepaar steht sich wieder allein gegenüber. Kann dies zu einer neuen Vertiefung in der Beziehung führen? Oder nehmen die Schwierigkeiten und das gegenseitige Herumnörgeln noch zu? Die Eigenarten des Einzelnen kommen nun stärker zum Vorschein. Manchmal kann man viel unnötigen Schmerz und Kränkungen vermeiden, wenn man getrennte Schlafzimmer einrichtet und die Eigenarten des anderen respektiert.

Biografie 8 – Lebensbericht
in Form eines Märchens

In unseren Biografiekursen stellen wir den Teilnehmern häufig folgende Aufgabe: Versuche, deine Biografie in der Form eines Märchens zu gestalten.

Man löst sich so von den seelischen Verwicklungen, in die man manchmal beim Rückblick auf den eigenen Lebensweg gerät. Erzählt man seine Lebensgeschichte in Form eines Märchens, distanziert man sich stärker und kann in der Gestalt von Bildern seine eigene Biografie als Ganzes überschauen.

Lesen wir nachfolgend die Biografie einer Frau; sie schrieb sie in ihrem 54. Lebensjahr auf. Die Patientin wurde am 28. Oktober 1930 in dem brasilianischen Bundesstaat Minas Gerais geboren. Sie wuchs in einer kinderreichen Familie auf. Einige Jahre arbeitete sie als Lehrerin, dann heiratete sie und gab ihren Beruf auf. Sie widmete sich ganz ihrer Familie und opferte sich für sie auf. Ihr Mann war der Herr im Haus, der alles bestimmte. Später, etwa ab ihrem 50. Lebensjahr, pflegte die Frau eine freundschaftliche Beziehung, die sie aber bis kurz vor ihrem Tode der Familie verheimlichte. Die Patientin starb am 17.12.1991 an Magenkrebs.

Die Geschichte eines Rosenstrauches

Es war einmal ein hübscher Garten. Dort lebten viele Blumen in schönster Eintracht zusammen: Margeriten, Begonien, Vergissmeinnicht, Petunien, Stiefmütterchen und auch Sträucher und Blattgewächs in vielen verschiedenen Formen und Farben.

Eines Tages gegen Ende des Winters, als alle Pflanzen aus ihrem Schlafe erwachten und sich anschickten zu blühen, geschah es, dass eine neue Pflanze geboren wurde. Es war ein ganz junger Rosenstrauch, so jung, dass selbst er nicht ahnte, wie seine Rosen

aussehen würden. Die kleineren Blümchen blickten die neue Ge-
spielin respektvoll an und auch ein wenig ängstlich; denn außer
seinem kräftigen Stamm hatte der Rosenstrauch Stacheln! Dieser
aber ließ eine so zarte Sprache vernehmen, dass die Pflänzchen
sogleich Zutrauen zu ihm empfanden. Angesichts eines so lieblichen
und bunten Gartens wollte der Rosenstrauch sich von seiner besten
Seite zeigen – er machte große Anstrengungen, bis es ihm gelang,
seine erste Knospe zu entfalten, aus der eine wunderschöne Rose in
der Farbe des Sonnenaufganges erblühte.

Eines Tages, als der Rosenstrauch noch dabei war, die letzten Trop-
fen des Morgentaus an der Sonne zu trocknen, erschien ein blau-
er Schmetterling. «Oh, welch schöne, duftende Rosen!», rief er aus.
«Gern wollte ich so gut duften, aber ich bin ja keine Blume, ich bin ein
Schmetterling. Dafür kann ich aber fliegen, kann andere Gärten weit
weg von hier besuchen. Eine Rose wie du wird das nie sehen können.»

Mit diesen Worten flog der Schmetterling davon und ließ seine
blauen Flügel leicht in der Luft schwingen. Der Rosenstrauch sah
ihm nachdenklich nach: «Ach, wie wäre es schön, wenn ich Flügel
hätte und auch fliegen könnte; ich wäre frei wie der Schmetterling.
Aber ich habe so tiefe Wurzeln, dass sie mich an die Erde fesseln.
Weder Wind noch Gewitterstürmen gelingt es, mich von hier los-
zureißen.»

An diesem Tage war der Rosenstock traurig, weil er statt Flügeln
nur Wurzeln hatte.

Er war noch in Gedanken versunken, als eine Biene kam und
um die Rosen herumflog. «Was für ein komisches Tier», dachte der
Rosenstrauch. «Was willst du von mir?», fragte er. «Meine Rosen
bewundern oder meinen Duft einatmen?»

«Nichts dergleichen», antwortete die Biene. «Du musst wissen,
dass ich eine fleißige Arbeiterin bin und für so etwas keine Zeit
habe. Von den Blüten will ich nur den Saft aus ihrem Innern. Aus
ihm stellen wir Bienen den Honig her, von dem der ganze Bienen-
stock lebt.»

Sprach's, drang in den Blütenkranz der Rose ein, sammelte den Nektar und flog davon.

Ein paar Tage später kam eine Singdrossel durch die Luft geflogen und setzte sich neben dem Rosenstock nieder. «Du bist bezaubernd», sagte sie. «Bleibe nur immer so und gib gut Acht auf deine Zweige, deine Rosen und deinen Duft. Mit einem Wort – sei ganz ein Rosenstrauch!»

«Aber da sind doch die Dornen, die mir nicht gefallen. Auch habe ich keine Flügel wie der Schmetterling, nur Wurzeln, die mich am Boden festhalten.»

«Die Dornen», sagte die Singdrossel, «sind deine Waffen gegen die Räuber deiner Rosen. Gib gut Acht auf sie, sie werden dir in der Stunde der Not dienlich sein. Auf die Schmetterlinge brauchst du nicht neidisch zu sein; sie sind die Boten der Blumen, und deshalb müssen sie Flügel haben. Und den Wurzeln solltest du dankbar sein, denn sie sind es, die dir aus den Tiefen der Erde frisches Wasser bringen, wenn die Sonne so stark ist, dass sie schwächere Blümchen verbrennt. Die Wurzeln bringen dir Kraft gegen den Frost, halten dich fest und aufrecht. Deine Bestimmung ist es, immer bereit zu sein, fest an deinem Platz wie ein Wächter, wie ein Leuchtturm.»

«Aber ich möchte von hier fort, möchte die Welt kennenlernen und weise sein.»

«Deine Weisheit liegt hier. Was weiß ein Vogel von den Geheimnissen des Bodens? Du aber weißt es. Deine Wurzeln reichen bis in die Tiefe und sammeln den Saft, den dein Stamm in Spuren des Lebens verwandelt, in Zweige, Blätter, Stacheln und Rosen. Sei nichts als ein Rosenstrauch, und du bist ein Meister!»

So sprach das Vöglein und flog davon, während der Rosenstrauch ins Grübeln versank.

Da hörte er ein lautstarkes Kreischen, das ihn erschreckte; es war der Sperber, der ihm zurief:

«Du träumst ja wie alle Rosensträucher! Nimm das nicht so ernst,

was der Vogel dir da gesagt hat; er ist ein Bruder Lustig, der nur
ans Singen denkt. Nichts von dem, was er sagt, ist wichtig. Wer lebt
schon von Rosen und Duft? Der wilde Maulbeerbaum gibt uns viel
mehr, denn er stillt uns Vögeln den Hunger. Auch der mit Blättern
reich geschmückte Strauch ist nützlicher, er spendet uns an heißen
Tagen Schatten. Schönheit und Duft, alles Eitelkeit! Was vonnöten
ist, ist nützlich zu sein, mein Sohn! Immer kämpfen, leiden bis zu
Tränen, wenn es nötig ist, um eines Tages Frieden zu erobern. Lass
ab von dem Leben, das du führst, kümmere dich nicht so viel um die
äußere Erscheinung deiner Rosen; lerne zu dienen.»

In dieser Nacht konnte der Rosenstrauch nicht richtig schlafen.
Was er gehört hatte, wälzte er in Gedanken immer wieder hin
und her. Als der Morgen kam, war er überzeugt, dass er wirklich
ein eitler und unnützer Rosenstrauch sei. Er sah um sich her und
wurde gewahr, dass er in der Tat egoistisch war, denn bisher hatte
er nicht einmal die kleinen, so zarten Pflänzchen gesehen, die um
ihn herum aus der Erde kamen und mit ihren unbeholfenen Ästen,
Blättern und Blüten zu kämpfen hatten. Er beschloss, Lehrer zu
sein. Unzählige Male begann er, Margeriten, Veilchen und Vergiss-
meinnichte zu lehren, ihre Blätter auszubreiten, Knospen zu bilden
und die Blütenblätter zu entfalten. Er sprach ihnen von Düften und
wie man sie zart verstreut. Erzählte ihnen von den Unkräutern,
die die kleinen Pflanzen erdrücken und sie nicht atmen lassen. Er
war seiner Sache sehr gewiss und dachte im Innern, dass das sein
eigener Garten sei und er der Herr darin. Er wollte, dass alles in
Ordnung sei, alles an seinem Platz und zu seiner Zeit, ohne das
Gleichgewicht zu stören. Er fühlte sich glücklich in der Gewissheit,
weise und gerecht zu sein.

Der Sperber, der in der Nähe umherflog, machte sich jedoch über
ihn lustig und sagte:

«Was für einen bequemen Dienst hast du dir ausgesucht! Pflanzen beraten! Von der Höhe deiner Eitelkeit herab glaubst du, König
zu sein. Nützlich sein, mein Sohn, heißt aus sich herausgehen, sich

ganz den anderen hingeben. Was sehe ich, wenn ich dich anschaue? Denselben eingebildeten Rosenstrauch, eitel auf seine Rosen. Sieh dort das schöne Beispiel von Selbstverleugnung. Der Vogel dort hat seine Jungen großgezogen; jetzt sorgt er für einen Kuckuck, der aus einem verlassenen Ei gekrochen ist.»

Und wirklich kam da die Mutter Sperling, von ihrem Zögling gefolgt, einem starken Vogel, der größer war als sie selbst.

«Wie geht es?», fragte der Rosenstrauch.

«Hab' keine Zeit, darüber nachzudenken, denn ich hab' viel Arbeit. Das Leben ist schwer für einen wie mich, der Verantwortung trägt. Ich bin sehr müde, die Füße schmerzen vom vielen Scharren im Boden; die Flügel sind mir schwer, weil ich so viel fliegen muss; die Augen sehen nicht mehr gut, weil ich aus der Höhe spähen muss nach einer sauberen Quelle, nach einer süßen Frucht und einem schattigen Baum. Ich habe viele Kinder aufgezogen, und alle haben gleich zu fliegen und nach Nahrung zu scharren gelernt; jetzt leben sie glücklich in den Wäldern. Aber dieser Sohn hier macht mir zu viel Arbeit! Er ist unfähig, sich selbst zu ernähren, ist immer um mich herum, schreit hungrig und verlangt Hilfe. Das ist mein Schicksal: alt, müde und immer weiter arbeiten!»

Mit diesen Worten entfernten sich Mutter und Sohn.

Die Zeit verging, und der Rosenstrauch fühlte sich zunehmend unglücklich. In jedem Frühjahr erschien der Sperber, um ihn an seine Pflicht zu gemahnen: «Wie steht es, bist du immer noch eitel und unnütz?» Jetzt stand aber alles schlimm um ihn. Scheinbar wollten alle Kräfte der Natur für ihn das Beste. Die Wurzeln des Rosenstrauchs drängten immer tiefer in den Boden hinein, aus dem sie die Nahrung holten und die Säfte durch ihre Kanäle bis in den Stamm leiteten; der Stamm, der so bewegungslos zu sein schien, verarbeitete alles in seinen Eingeweiden und nährte und stärkte die Zweige. Sonne und Wind brachten aus der Umgebung ihren großzügigen Beitrag. Die Keimlinge konnten jederzeit sprießen, in Knospen ausbrechen, aus denen dann die Rosen erblühten. *Das war aber sein ganzer Verderb! Sosehr er sich auch bemühte, konnte er das Blühen nicht verhindern.*

Da bemerkte er neben sich ein neues Pflänzchen, das so zierlich war, dass seine Blätter Spielzeug zu sein schienen. Es begann, sich in aller Stille aufzurichten, sich um den nächststehenden Stamm zu ranken, bis es den Stamm des Rosenstrauches erreicht hatte. Dort fand die Ranke festen Halt und wuchs schnell heran, rankte sich, soviel sie konnte, um die Zweige, streckte neue Äste aus und strebte immer mehr in die Höhe. Anfänglich war es dem Rosenstrauch unangenehm. Das Gefühl, von der Pflanze, die seine Zwischenräume ausfüllte und ihn immer mehr bedrängte, völlig eingehüllt zu werden, war seltsam.

«Du brauchst Liebe und Schutz», sagte die Ranke. «Du bist so unschuldig und schutzlos. Es gibt so viel Schlechtigkeit ringsum! Von nun an werde ich hier sein und dich bewachen. Ich werde nicht erlauben, dass dir ein Leid zugefügt wird.»

«Die Ranke hat Recht», dachte der Rosenstrauch. «Der Garten ist voll von Gefahren.»

Eines Frühlings – er erinnerte sich noch sehr gut – hatte er umsonst versucht zu erblühen. Jedes Mal, wenn er dazu ansetzte, einen neuen Zweig auszustrecken, kam der Spatz und fraß die Knospe, eine teure Knospe, die so viel vergebliche Mühe gekostet hatte. Danach kamen die Wespen, die alle noch geschlossenen Knospen verschlangen. Jetzt aber brauchte er nichts mehr zu fürchten: Die Ranke war da und sorgte um seine Zweige; sie bedeckte sie und schützte sie vor den Unbilden der Erde. Er hatte zwar keine Rosen mehr, aber das war nicht wichtig. In diesem Frühling blühte die Ranke unaufhörlich, brachte kleine Blümchen wie Sterne hervor und bildete eine schöne, dichte Krone, die sogar Schatten gab. Der Rosenstrauch war mit sich zufrieden. Endlich war er nützlich. Dank seiner konnte die Ranke blühen und war bezaubernd anzusehen. Alle, die sie sahen, bewunderten die Ranke so, dass sie sich nicht mehr daran erinnerten, dass da einmal ein Rosenstrauch stand.

Eines schönen Tages landete ein seltsamer Vogel auf einem Zweig des roten Hibiscus. Der Rosenstrauch sah ihn kaum, so sehr war er verdeckt von dem Gestrüpp der Ranke. Der Vogel war jedoch neugierig und kam von Ast zu Ast hüpfend näher, bis er den Rosenstrauch endlich entdeckte. Er untersuchte ihn schweigend und nachdenklich. Dann fragte er:

«Wann wirst du deine Rosen erblühen lassen? Es ist Frühling – Zeit, dass alle Rosensträucher ihre Farben und ihren Duft zeigen. Du hast ja noch nicht einmal eine Knospe!»

«Das ist alles nicht wichtig», sagte der Rosenstrauch. «Wichtig ist, aus sich herauszugehen und sich den anderen zu schenken. Das ist der Weg, den man mich gelehrt hat, um den Frieden zu erlangen. Und das tue ich; ich trete meine Zweige der Ranke ab. Sieh doch, wie sie es versteht, sich zu schmücken! Der Glanz der Ranke ist mein Leben.»

Der Vogel entgegnete jedoch: «Wichtig ist, dass du ganz du selbst bist. Schau um dich, wie viele armselige Blumen, Pflanzen und Sträucher es gibt – nur du jedoch bist ein Rosenstrauch. Ein Rosenstrauch, der seiner Aufgabe entsagt, die die Natur ihm anvertraute. Deshalb ist dieser Garten unvollständig. Man muss seine Harmonie wiederherstellen.»

«Was kann ich tun?», fragte der Rosenstrauch mit flüsternder Stimme.

«Kämpfe, erobere deinen Lebensraum zurück, sei selbstbewusst!»

Hiermit flog das Vögelchen davon.

Und der Rosenstrauch fing an zu meditieren. ‹Wie schön wäre es, wenn ich wieder blühen könnte! Nur so wäre ich glücklich.› Jedoch, es fehlte ihm an Mut, die Ranke zu bitten, dass sie ihm nicht mehr die Kraft entzöge, sondern ihn leben lassen sollte. ‹Ah, wenn doch die Ranke dies alles selbst verstünde und sich endlich entschlösse, von hier fortzugehen!›

Die Zeit verging, und die üppige und selbstsichere Ranke wurde immer stärker und schlang neue Äste um die Zweige des Rosenstrau-

ches, der ganz müde und erdrückt war. ‹Es ist zu spät, um zu kämpfen›, dachte er. Und allmählich verlor er den Lebensmut. Niemand hörte seine Schmerzensseufzer, so schwach waren sie.

Eines Sommernachmittags ergriff ein Sturm einen ganzen Zug von Schwalben. Da es keine schützenden Bäume gab, suchten sie in dem blühenden Strauch der Ranke Zuflucht. Sie versuchten, so gut es ging, die nassen Federn zu trocknen. Da hörten sie das gedämpfte Klagelied:

«Könnte mir doch jemand helfen!»

Die Schwalben erschraken. ‹Wie, ein so gesunder Strauch, der um Hilfe bittet?› Erst da entdeckten sie die starken gebogenen Dornen; es waren die des Rosenstrauches.

«Was ist mit dir geschehen? Warum bist du so traurig?», fragten sie.

«Ich möchte gern blühen, habe aber keine Kraft mehr dazu.»

«Wir wollen dir helfen», sagten die Schwalben sofort.

«Und die Ranke, was wird aus ihr?»

«Sie muss lernen, ihre eigenen Kräfte zu benützen.»

Da begannen die Schwalben, in einer geduldigen Arbeit, Ast um Ast, vorsichtig die Zweige des Rosenstrauches zu befreien.

Der Rosenstrauch seufzte tief auf und schlief ein, denn er war sehr müde.

Einmal von dem Rosenstrauch getrennt, bejammerte die Ranke ihr Schicksal und bemühte sich, ihr Gestrüpp von Ästen zu entwirren.

«Willst du auch Hilfe?», fragten die Schwalben.

«Nein!», war die Antwort, denn die Ranke war sehr stolz auf ihre Macht.

Und die Schwalben flogen davon.

Der Rosenstrauch überdauerte schlafend den ganzen Herbst. Er träumte von einem neuen Frühling, voll Sonne, Blumen, Schmetterlingen und Singvögeln. Und im Traum sah er, wie die Ranke an Edelholzstäben hochkletterte, ihre mit Sternblüten bedeckten

Zweige in alle Richtungen ausdehnend. Erholt öffnete da der Rosenstrauch die Augen dem Leben entgegen. In der Luft waren Zeichen des endenden Winters; es war Zeit, sich für die Blüte bereitzumachen.

Alles fügt sich und erfüllt sich,
Musst es nur erwarten können
Und dem Werden deines Glückes
Jahr und Felder reichlich gönnen.

Bis du eines Tages jenen
Reifen Duft der Körner spürest
Und dich aufmachst und die Ernte
In die tiefen Speicher führest.

Christian Morgenstern

Die letzten Abschnitte
im menschlichen Lebenslauf

Vom 63. Lebensjahr an wird man freier von dem Gewebe des Schicksals. Diesen Zeitpunkt erlebt man häufig wie eine Neugeburt. Auch viele kleine Beschwerden unseres Körpers und die allgemeine Gesundheit bessern sich wieder. Wie nun unser weiteres Leben verläuft, hängt natürlich von der vorhergehenden Zeit ab, hauptsächlich von den Jahren ab 42: wie wir sie gestaltet haben, ob Mut und Kreativität zwischen 42 und 49 vorhanden waren, ob zwischen 49 und 56 ein neuer Rhythmus und eine neue Weisheit gefunden wurden und ob wir Innerlichkeit und Geduld im letzten Jahrsiebt entwickelt haben. Die Zyklen der Jahrsiebte vermischen sich jetzt, und die Einschnitte sind nach dieser Zeit nicht mehr so deutlich. Sie hängen sehr mit dem Einzelschicksal eines jeden Menschen zusammen.

In unserer heutigen Gesellschaft wird das Alter ein immer größeres Problem. Das ganze familiäre Leben ist unsicher geworden, und der Zusammenhalt der Großfamilie fehlt. Sicherlich gibt es Altenheime, aber es ist äußerst wichtig, dass sie eine Stätte werden, wo die Möglichkeit zu einer geistigen Entwicklung besteht, und nicht ein Ort, an dem die alten Menschen sich nur gegenseitig kritisieren und an ihren Behinderungen herumnörgeln.

Unsere körperlichen Kräfte nehmen weiterhin ab; und unser Seelisches und Geistiges beginnt sich immer mehr vom Körper zu lösen. Das ermöglicht uns zum einen, die körperlichen Leiden zu überwinden. Wir fühlen uns dann freier und können uns mehr und mehr einer kosmischen Existenz zuwenden. Unser Bewusstsein vermag sich dadurch unendlich zu erweitern, und wir gelangen zu neuen Einsichten. Zum anderen ist es uns jetzt möglich, eine größere Demut und Selbstlosigkeit zu entwickeln. Und überdies können wir uns mehr und mehr wohltätigen und sozialen Aufgaben zuwenden. Natürlich muss jeder sie für sich selbst finden. Bei manchen Wohltätigkeitsarbeiten wird die Person zu sehr in Beschlag genommen und hat nicht mehr genügend Zeit für sich, um auch noch geistig und kreativ zu wirken.

Viele Menschen beginnen jetzt mit einer künstlerischen Tätigkeit, etwa mit Malen. In den Vereinigten Staaten zum Beispiel, im Grand Canyon, gibt es eine Malschule, die ältere Menschen ab 70 besuchen können. Und auf der ganzen Welt existieren selbstverständlich viele Organisationen dieser Art, die das künstlerische Element im älteren Menschen fördern.

Wir können auch weiterhin den Lebenslauf des Menschen in Jahrsiebtzyklen einteilen. Die nächsten drei Jahrsiebte weisen ein gemeinsames Charakteristikum auf: In dieser Zeit kann der ältere Mensch erneut Qualitäten erüben, die für die ersten Jahrsiebte grundlegend waren.

Vom 63. bis zum 70. Lebensjahr lassen wir in uns das Staunen wieder aufkommen: ein neues Staunen vor der Natur, über die Umgebung, die Enkelkinder, die sich zu immer kräftigeren Persönlichkeiten entwickeln. Wenn wir in dieser Zeit nochmals auf unsere erste Kindheit schauen, so können wir erneut das Gefühl der Dankbarkeit entwickeln. In uns können wir noch einmal dieses Kind entstehen lassen. Geduld und Selbsterziehung helfen uns über so manche schwere Hürde hinweg; eine wahrhaftige Güte vermag von uns auszustrahlen. Oft treffen wir ältere Menschen, die ausgesprochen jung wirken – nicht so sehr in ihrem Aussehen als vielmehr in ihrer Art.

Der Lebensabschnitt von 70 bis 77 Jahren: Blicken wir noch einmal auf unser zweites Jahrsiebt zurück! Die Eigenschaften, die wir in jener Zeit durch unsere Erziehung erworben haben, kommen nun zur Geltung. Man sagt ja ganz allgemein: «Wer in der Kindheit seine Knie zum Beten gebeugt hat, bekommt stärkere Beine.» Und in besonderem Maße macht sich dieser Einfluss der Kindheit im Alter bemerkbar. In ihrem Buch *Citizens of the Cosmos* (Bürger des Kosmos) weist Beredene Jocelyn darauf hin: Wer als Kind mit Verehrung zu jemandem aufgeschaut und seine Hände gefaltet hat, kann im Alter segnen. Auch die Schönheit der Welt erlebt der Mensch jetzt auf eine neue Weise.

Das Durchschnittsalter des Menschen beträgt etwa 72 Jahre. Das hängt mit dem Rhythmus der Sonne zusammen; sie verschiebt sich innerhalb von 72 Jahren in ihrer Präzessionsbewegung um ein Grad. Dadurch wird unser Geburtsstern nicht mehr vollständig von der Sonne bedeckt. Rudolf Steiner spricht in einem seiner Karma-Vorträge davon, dass der Geburtsstern nun dem Menschen entgegenwinkt. Wenn wir daher nach dieser Zeit noch auf der Erde leben, so ist das tatsächlich eine Gnade. Auch unser Puls schlägt übrigens im Sonnenrhythmus, ungefähr 72mal pro Minute.

Der ältere Mensch hat jetzt wirklich das Vermögen, Ruhe auszustrahlen, andere zu segnen und ihnen Mitleid entgegenzubringen. Eine Patientin dieses Alters sagte einmal: «Ich fliege wie ein Adler über die Landschaft und setze mich dort nieder, wo ich gebraucht werde.» (Sie hatte fünf Kinder und viele Enkel.) Diese Haltung einzunehmen ist fruchtbarer, als sich gekränkt zu fühlen, weil man verlassen ist oder nicht aufmerksam genug behandelt wird.

Die Phase von 77 bis 84: Wir lassen nun wieder den Jüngling in uns entstehen. Wir bemühen uns um ein neuerliches Streben nach der Wahrheit. Der Tod kommt uns entgegen, und wir sollten uns bemühen, endlich unsere schlechten Angewohnheiten sterben zu lassen. Mit Wahrheit und Gerechtigkeit müssen wir uns gegenübertreten, ein klares Bewusstsein haben und uns mit den Menschen versöhnen.

Bei diesen drei Stufen, den drei Jahrsiebten, kann es uns gehen wie in einer Gebirgslandschaft: Man sieht einen Höhenzug vor sich und wandert darauf zu. Wenn man ihn erklommen hat, entdeckt man dahinter einen noch höheren Gipfel. Und auch hinter diesem wird ein weiterer Gipfel sichtbar. Und so schreitet man mit Kraft und Mut in immer weitere Dimensionen.

Selbstverständlich ist die Lebensdauer des Menschen ganz verschieden. Das hängt mit dem individuellen Schicksal jedes Einzelnen zusammen. Man kann sehr kurz leben und doch für die Welt außerordentlich bedeutsam gewesen sein und schöpferisch gewirkt haben – etwa wie Mozart und die vielen anderen großen Genies. Man kann auch lange leben und der Welt nichts hinterlassen und die letzten Jahre seines Alters nur so dahinvegetieren. Um sein Leben fruchtbar zu gestalten, ist es besonders wichtig, dass man immer, solange man lebt, etwas Neues dazulernen kann. Auch wenn man beispielsweise jahrelang an einen Rollstuhl gefesselt sein muss, hat das eine ganz bestimmte Bedeutung. Vielleicht hat dieses Schicksal jemanden getroffen, der nie gelernt hat, Geduld zu üben. Oder es ist ein Mensch, der kaum die Hilfe von anderen Menschen angenommen hat. Für ihn bedeutet dann dieses Schicksal eine wichtige Schulung; er kann ganz neue Fähigkeiten erwerben. Zieht man nur die körperliche Hülle eines solchen Menschen in Betracht, so könnte man vielleicht meinen, er wäre besser gestorben. Berücksichtigen wir aber auch das seelische und das geistige Element des Menschen, so bekommt jede Nuance in seiner Biografie einen neuen Sinn.

Völlig neue Möglichkeiten in ihrem Leben erblicken auch Menschen, die bereits an die Schwelle des Todes gelangt sind und in diesem Augenblick ihr Leben wie in einem Film haben vorbeiziehen sehen. Wenn sie dann wieder ins Leben zurückkehren, gibt das in ihrer Biografie eine ganz neue Wendung.

Wir betrachten rückschauend unseren Lebensweg und versuchen zu erkennen: Was waren in unserer Biografie die positiven Punkte, an denen wir unseren Lebensmut stets auffrischen konnten? Welche Elemente hätten noch besser ausgestaltet werden können? Wo lagen die Reibungspunkte, durch die im zwischenmenschlichen Bereich Schwierigkeiten entstanden sind? Haben wir vielleicht Gelegenheit, dies noch zu Lebzeiten in Ordnung zu bringen? Wenn wir durch solche Arbeit an unserer eigenen Biografie in den ganzen Lebensweg mehr Licht werfen, können wir freier und leichter durch die Pforte des Todes gehen und bewusster ein neues Schicksal gestalten.

Speziell mit den Lebensphasen ab 63 befasst sich mein Buch *Die Freiheit im «dritten Alter»*.

Bemerkung: Vor drei Jahren haben wir eine regelmäßige Arbeit mit älteren Menschen angefangen. Sie kommen wöchentlich zum Malen und Singen, und wir machen gemeinsam Biografiearbeit. Jede Woche nehmen wir uns ein Jahrsiebt vor, es gibt einen Vortrag zu dem Thema – zu Hause malt dann jeder das betreffende Jahrsiebt, und beim nächsten Mal tauschen wir uns in kleinen Gruppen darüber aus. Die Teilnehmer haben das als sehr anregend empfunden, und der gegenseitige Austausch half ihnen dabei, wesentliche Lebensabschnitte aus der Erinnerung heraufzuholen. Sie fühlten sich erfrischt und belebt.

Stufen

Wie jede Blüte welkt und jede Jugend
Dem Alter weicht, blüht jede Lebensstufe,
Blüht jede Weisheit auch und jede Tugend
Zu ihrer Zeit und darf nicht ewig dauern.
Es muss das Herz bei jedem Lebensrufe
Bereit zum Abschied sein und Neubeginne,
Um sich in Tapferkeit und ohne Trauern
In andre, neue Bindungen zu geben.
Und jedem Anfang wohnt ein Zauber inne,
Der uns beschützt und der uns hilft, zu leben.

Wir sollen heiter Raum um Raum durchschreiten,
An keinem wie an einer Heimat hängen.
Der Weltgeist will nicht fesseln uns und engen,
Er will uns Stuf' um Stufe heben, weiten.
Kaum sind wir heimisch einem Lebenskreise
Und traulich eingewohnt, so droht Erschlaffen,
Nur wer bereit zu Aufbruch ist und Reise,
Mag lähmender Gewöhnung sich entraffen.

Es wird vielleicht auch noch die Todesstunde
Uns neuen Räumen jung entgegensenden,
Des Lebens Ruf an uns wird niemals enden ...
Wohlan denn, Herz, nimm Abschied und gesunde!

Hermann Hesse

Rhythmen und Spiegelungen
in der Biografie

Wenn man das Meer beobachtet, sieht man, wie eine Welle langsam näher kommt. Sie wächst immer mehr an, wird immer größer, bis sie sich schließlich bricht. Es gibt einen großen Wirbel, und dann läuft das Wasser weiter. Ähnlich verhält es sich in unserem Leben. Auch hier gibt es Phasen, in denen sich eine Entwicklung immer mehr steigert, wir erleben Höhepunkte und Umbruchsituationen und dann wieder längere Entwicklungsphasen. Im folgenden Kapitel wollen wir den verschiedenen Phasen und Rhythmen in der Biografie ein wenig nachgehen. Wir greifen dabei auf unsere Betrachtungen der vorangegangenen Kapitel zurück und stellen wichtige Entwicklungen in einem Überblick zusammen.

Meistens begehen wir unseren 10., 20., 30., 50. Geburtstag und so weiter besonders festlich. Viele Ehepaare feiern nach 25 Jahren ihre Silberne Hochzeit, nach 50 Jahren die Goldene Hochzeit. Das sind Zeitabstände, die uns äußerlich besonders beeindrucken. Wir haben hier die Vorstellung von runden Zahlen, vielleicht auch das Gefühl, dass sich bestimmte Lebensabschnitte jetzt gerundet haben.

Wir können aber auch die drei großen Lebensphasen, wie wir sie in unserem allgemeinen Überblick beschrieben haben – die Phasen der körperlichen, der seelischen und der geistigen Entwicklung – in jeweils drei kleinere unterteilen, und dann ergibt sich ein Rhythmus von sieben Lebensjahren für jeden Abschnitt. Dieser Rhythmus stellt uns jeweils vor größere Veränderungen, die im Lebenslauf manchmal bis zur Krise führen. Wir könnten sagen, dass wir alle sieben Jahre in unserem Leben auf eine höhere Stufe gelangen – oder, wie es im Volksmund heißt: Alle sieben Jahre wechseln wir unsere Haut. Das meint, dass unser Inneres nicht mehr ganz zu unserem Äußeren passt und dieses gewissermaßen abgestoßen oder umgeformt werden muss.

Der Sieben-Jahres-Rhythmus hat seinen Ursprung in kosmischen Gesetzen. Wie der Wochenrhythmus (der Sieben-Tage-Rhythmus) hat er eine eigene Dynamik. Jeder von uns weiß, dass der Samstag anders ist als der Montag; der Wochenbeginn hat einen anderen Charakter als das Wochenende. In einigen Sprachen werden diese Tage verschiedenen Planeten zugeordnet: der *saturday* dem Saturn; der *Sonntag* der Sonne; der *Montag* dem Mond; im Französischen finden wir dann die Verwandtschaft von *mardi* und Mars, von *mercredi* und Merkur, von *jeudi* und Jupiter, von *vendredi* und Venus. Diese Planetenkräfte wirken in das menschliche Dasein hinein. Sie wirken besonders auch auf die verschiedenen Jahrsiebte des menschlichen Lebenslaufs. Sie prägen und erneuern Kräfte im Menschen während der Nacht, wenn sich das Geistig-Seelische des Menschen gewissermaßen vom Physisch-Biologischen löst, um in diese höheren Sphären einzudringen – ein ähnlicher Vorgang, wie er sich auch zwischen dem Tod und einer neuen Geburt abspielt. Wir verweilen als geistiges Wesen in den verschiedenen «Kammern Gottes», um schicksalsgemäß ganz besondere Kräfte in uns aufzunehmen.

So sind wir von der Zeugung an bis zum siebten Jahr ganz besonders den Mondkräften ausgesetzt, die wesentlich unsere Gestalt und Konstitution bestimmen. Vom siebten bis zum 14. Lebensjahr, im Schulalter, wirken die merkurialen Kräfte, die einen gesundenden und harmonisierenden Einfluss haben. Von der Pubertät an beginnen hauptsächlich die Venuskräfte zu wirken; sie beeinflussen intensiv den erotischen Bereich und die Vorstellungen und Ideale des dritten Jahrsiebts. Vom 21. bis 42. Lebensjahr geraten wir in den Einflussbereich der Sonnensphäre, die ganz besonders unsere seelische Entwicklung gestaltet.

In dieser Sphäre verweilt der Geisteskeim des Menschen (die geistige Individualität oder, wie es Goethe bezeichnet, die ewige Entelechie) die meiste Zeit seines nachtodlichen Lebens. Daher umfasst sie auch in der menschlichen Biografie die größte Zeitspanne. Aus dieser Sphäre nimmt die Individualität die Kraft, Vergangenes (Ereignisse bis zum 21. Lebensjahr) zu verarbeiten und neu zu gestalten. Ab dieser Zeit haben wir die Möglichkeit, immer freier von der Vergangenheit in die Zukunft zu schreiten und unsere Lebensziele immer besser zu verwirklichen. Von 42 bis 49 unterliegen wir nun stärker dem Einfluss des Mars, der uns die Kräfte zur Verwirklichung unserer Lebensziele gibt. Von 49 bis 56 machen sich besonders die Jupiterkräfte geltend; sie ermöglichen uns eine immer weisheitsvollere Gestaltung des Lebenslaufes. Von 56 bis 63 schließlich wirken die Saturnkräfte, die uns zurückschauen lassen auf unser Leben; so können wir die fragende Haltung einnehmen: Haben wir unsere Ziele, unser Leitmotiv verwirklicht?

Wir können in dem menschlichen Sieben-Jahres-Rhythmus auch eine innere Dynamik feststellen. Zunächst durchleben wir eine Anlaufzeit von etwa zwei Jahren, bis sich die eigentlichen Gesetzmäßigkeiten des Jahrsiebts geltend machen. In den nächsten drei Jahren stehen wir in der Mitte des Jahrsiebts und mitten in seinen Gesetzen. In den letzten zwei Jahren arbeiten wir gewissermaßen das Erlebte auf und bereiten uns auf die nächste Phase vor, die von der Zukunft her schon hereinleuchtet. Vergangenheit, Gegenwart und Zukunft reichen sich ständig die Hand.

Auch könnte man die einzelnen Jahre des Jahrsiebts im Hinblick auf die Planetenwirksamkeit anschauen. Hier gehen wir ebenfalls durch die verschiedenen Einflusssphären der Planeten, und zwar in der Reihenfolge von Mond, Merkur, Venus, Sonne, Mars, Jupiter und Saturn. Das Sonnenjahr bringt jeweils den neuen Einschlag des Jahrsiebts. Beredene Jocelyn ordnet die Jahre nach dem 63. Lebensjahr Uranus, Neptun und Pluto zu. Auch die Kräfte dieser Planeten haben eine, allerdings lockerere und geringere, Wirkung auf den Menschen.

Was sind bei den drei großen Lebensphasen, wenn wir sie in ihrer Dreigliederung betrachten, die jeweiligen Einschnitte? Es sind die Schulreife mit sieben Jahren, die Pubertät mit 14 und die Mündigkeit mit 21 Jahren. Unser physischer Körper ist irdischen Ursprungs. In ihm sind alle unsere Vererbungsanlagen enthalten, und sein Reifen entfaltet sich in drei großen Etappen: Im ersten Jahrsiebt reifen unser zentrales Nervensystem (Gehirn und Rückenmark) und unsere Sinne. Im zweiten Jahrsiebt reift unser Atmungs- und Zirkulationssystem heran; und im dritten Jahrsiebt reifen unsere Gliedmaßen (Wachstum und Stärkung der Knochen, Muskeln und Sehnen), das Stoffwechselsystem (alle Drüsen der Verdauungsorgane erreichen nun ihre volle Tätigkeit) und unsere Reproduktionsorgane. Wir haben das im Einzelnen in den vorigen Kapiteln bereits ausgeführt. Wenn wir hier von einem *Reifeprozess* sprechen, so heißt das, dass die entsprechenden Organe zur vollen Entfaltung gelangen und ab diesem Moment als Instrument für die geistig-seelische Entfaltung gebraucht werden. Wenn die Organe ausgereift sind, kann die Seele gewissermaßen auf ihrem körperlichen Instrument spielen und entfaltet sich als denkendes, fühlendes und wollendes Wesen.

Die Individualität ist geistigen Ursprungs und dringt ab der Geburt immer tiefer in die Leiblichkeit ein. Wir können in diesem Zusammenhang von drei kleineren Ich-Geburten sprechen. Den Moment, wo in der Mitte des ersten Jahrsiebts das Nerven- und Sinnessystem völlig ausgebildet ist und das Kind zum ersten Mal «ich» zu sich sagt, können wir als «Erwachen des Ich-Bewusstseins» bezeichnen. Das Kind spürt zum ersten Mal, dass Ich und Welt nicht mehr eins sind. Danach geht das Kind durch die Trotzphase, in der es sich stärker behauptet. Im zweiten Jahrsiebt, um das neunte und zehnte Lebensjahr, werden dank des Heranreifens des rhythmischen Systems (Herz und Lunge) die

Gefühle immer wacher. Es ist die Phase, in der Kinder stärker in sich gekehrt und etwas träumerisch, aber auch aggressiv gegenüber Eltern und Lehrer sind. Wir können dies als «Ich-Gefühl» bezeichnen. In der Mitte des dritten Jahrsiebts, mit etwa 18 ½ Jahren, dringt das Ich tief in das Stoffwechsel-Gliedmaßen-System ein, und der junge Mensch erlebt seine eigene Tätigkeit in der Welt. Erst ab dieser Phase steht er so richtig auf dem Boden. Häufig leuchtet in dieser Zeit auch die Erkenntnis über seine eigene Berufsbegabung auf. Wir könnten diesen Prozess bezeichnen als «das Erwachen des Ich im sozialen Weltendasein». Es ist die Aufgabe der Erzieher, dem jungen Menschen in den ersten drei Jahrsiebten zu helfen, so recht den Boden unter die Füße zu bekommen, und für eine gesunde Leiblichkeit zu sorgen – «mens sana in corpore sano». Gelingt das dem Erziehenden, so können wir von dem Jugendlichen sagen: «Er ist gut inkarniert» oder: «Er sitzt gut in seinem Körper drin.» Erst ab dem 21. Lebensjahr ist er ganz da. Jeder einzelne Teil des Körpers steht ihm jetzt zur Verfügung. Das Ich ist dann nicht mehr so stark mit dem Aufbau des Leibes beschäftigt und wird sozusagen frei – der junge Mensch wird mündig.

Die Dynamik der jeweiligen Organsysteme spiegelt sich intensiv im Seelischen wider. Wir leben im ersten Jahrsiebt ganz in der Wahrnehmung der Welt, alle Einflüsse kommen von außen. Im zweiten Jahrsiebt spüren wir die Dynamik unseres Herz- und Lungensystems. Es ist ein ständiges Ein- und Ausatmen, Zusammenziehen und Ausdehnen. Ein reger Austausch von innen nach außen und von außen nach innen findet statt. Im dritten Jahrsiebt überträgt sich die Dynamik unseres Willens von innen nach außen. Wir wirken aus unserem Inneren heraus und werden Mitgestalter unserer menschlichen Umgebung. Diese Dynamik wiederholt sich in den mittleren Phasen des Lebens. Sie besteht im Grunde aus Aufnehmen, Verarbeiten und Austauschen sowie aus Weitergeben und Umgestalten.

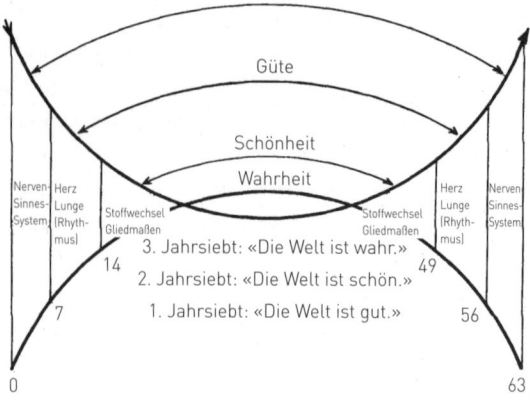

Abb. 8: Die geistig-leibliche Spiegelung

Überspringen wir in unserer Betrachtung zunächst die mittlere Lebensphase und wenden uns Rhythmen und Spiegelungen in den drei Jahrsiebten der geistigen Entwicklung, der Zeit von 42 bis 63 Jahren, zu. Denn dadurch werden wir zugleich auf die Spiegelungen zu den ersten drei Jahrsiebten aufmerksam. Der Mensch befindet sich jetzt in einer Phase, in der sich die Individualität stufenweise vom physischen Körper loslöst. Wir können diesen Vorgang den «Exkarnationsprozess» nennen. Das obige Schema (Abb. 8) verbildlicht dies durch die aufsteigende Linie.

Der Exkarnationsprozess vollzieht sich nicht wie der Inkarnationsprozess vom Kopf bis zum Fuß, sondern umgekehrt vom Fuß zum Kopf. Vom 42. bis zum 49. Lebensjahr lösen sich die Kräfte vom Stoffwechsel-Gliedmaßen-System. Was beobachten wir da? Die Muskeln werden schwächer; bei der Frau hört am Ende dieser Phase die Menstruation auf. Der so veränderte Körper kann anfangen, selbstständig zu wuchern, wenn dieser Prozess zu schnell vor sich geht oder wenn in der Jugendzeit eine schlechte Inkarnation im Unterleib stattgefunden hat. Das Loslösen dieser Organkräfte ermöglicht aber andererseits die

Entwicklung einer neuen Kreativität. Wir spiegeln in dieser Phase auf der organischen Ebene die Zeit von 14 bis 21 wider.

Vom 49. bis zum 56. Lebensjahr lösen sich die Kräfte vom rhythmischen System, von Herz und Lunge. In dieser Zeit muss der neue, verlangsamte Lebensrhythmus gefunden werden, der unserem physischen Abbau entspricht. Jetzt kommen leicht Asthmakrisen der Kindheit zurück, oder eine Herzerkrankung bricht aus. Wir spiegeln nun die Zeit von sieben bis vierzehn Jahren. Welche neue Fähigkeiten auf geistig-seelischem Gebiet ermöglicht uns das Loslösen dieser Kräfte? Ein neues Empfindungsorgan für das moralische Element, für die Ethik kann entwickelt werden. Wir werden mitfühlend für die Bedürfnisse der Menschheit. Wenn wir es fertigbringen, unsere Seele in diesem Sinne zu entfalten, hat das eine wohltuende und gesundende Wirkung auf unser Herz- und Kreislaufsystem. Das heißt natürlich nicht, dass man nicht auch schon in früheren Jahren diese Kräfte entwickeln kann. Aber physiologisch gesehen ist man erst jetzt dazu reif.

Vom 56. bis zum 63. Lebensjahr lösen sich die Kräfte nun von unserem Nerven- und Sinnessystem. Wie schon erwähnt, sind unsere Sinnesorgane jetzt nicht mehr so wahrnehmungsfähig. In diesem Lebensabschnitt spiegeln wir die Phase des ersten Jahrsiebts, in der sich diese Organe entfaltet hatten. Wenn in den ersten sieben Jahren zu viel Vitalität für das Bewusstsein verbraucht wurde, beispielsweise ein verfrühter Lernprozess begonnen hat, so besteht jetzt – falls wir nicht schon vorher vorbeugende Maßnahmen ergriffen haben – die Gefahr einer vorzeitigen Sklerose. Was für ein Wahrnehmungsorgan kann unsere Seele in diesen Jahren neu gewinnen? Wir bringen es nun fertig, unser Ich als geistige Realität immer stärker wahrzunehmen, als Spiegel der Geistigkeit des Kosmos zu erleben. In dieser Phase findet eine starke innere Einkehr statt.

Wenn in der Zeit der ersten drei Jahrsiebte die Inkarnationskräfte keine harmonische Organbildung bewirkt haben – die Ur-

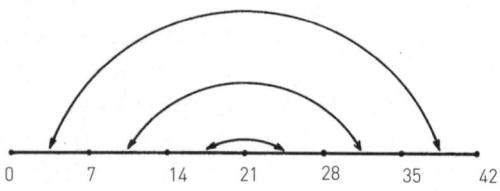

Abb. 9: Die seelische Spiegelung

sachen dafür können bei Vererbung, Erziehung oder auch bei Schicksalsanlagen liegen –, werden es auch jetzt die exkarnierenden Kräfte schwer haben, sich völlig loszulösen. Es ist ungefähr so, wie wenn wir über einen Stacheldraht steigen und mit unserer Kleidung an einem Haken hängen bleiben. Oft muss der Arzt in dieser Phase helfen, damit sich die Kräfte harmonisch lösen können. Manchmal ist es sogar nötig, mit einer medikamentösen Behandlung einzugreifen.

Das Erleben des ersten Jahrsiebts: «Die Welt ist gut», des zweiten Jahrsiebts: «Die Welt ist schön» und des dritten Jahrsiebts: «Die Welt ist wahr» kann nun intensiv als Erlebnis von Wahrheit, Schönheit und Güte wiederkehren.

Nun kommen wir auf die drei mittleren Jahrsiebte, die Zeit der seelischen Entwicklung, zurück. In dieser Phase ist das Ich freigeworden und kann anfangen, das in den ersten 21 Jahren Erhaltene und Erlernte umzuwandeln. Das Ich greift gewissermaßen die ersten drei Jahrsiebte nochmals auf und verwandelt sie. Das 21. Lebensjahr wird daher zu einem weiteren Spiegelpunkt in der menschlichen Biografie. Unsere emotionalen Impulse, die mit 14 beginnen, werden nun immer mehr gebändigt, geläutert, gezügelt. Die Phase der Empfindungsseele, also die Zeit von 21 bis 28, wird stark von dem vorausgehenden Abschnitt bestimmt. Meist beginnt der junge Mensch schon mit 16 oder 18 Jahren seine Berufsausbildung, die dann mit 24 bis 26 Jahren ihren Abschluss findet; danach tritt er in das Berufsleben ein. Von 28 bis 35 Jahren stehen wir sozusagen in der Lebensmitte. Beim Mittelpunkt dieser Zeitspanne, wenn wir genau 31 ½ Jahre alt sind, sind wir mit unserem Inkarnationsprozess am tiefsten in den Körper eingedrungen. Danach setzt dann wieder ein langsames Loslösen ein. Das fünfte Jahrsiebt ist auch die Zeit, in der wir sehr egoistisch sind. Und das Denken und die Gefühle – Rudolf Steiner nennt diese Phase die Zeit der «Gemüts- und Verstandesseele» – müssen nun zu einer Ganzheit integriert werden. Wir erleben jetzt eine ähnliche Dynamik wie im zweiten Jahrsiebt. Was uns an Normen und Gewohnheiten aus dem zweiten Jahrsiebt bindet und hindert, muss nun definitiv abgestreift werden, damit wir in immer größerer Freiheit unser Ich entfalten können. Wir müssen auch lernen, unsere Gewohnheiten zu ändern.

Meist bauen wir in der mittleren Phase des Lebens eine Ehe auf. Zwischen 21 und 28 suchen wir häufig einen Partner, der uns in einer gewissen Hinsicht eine Ergänzung ist. Wir schmelzen die beiden Hälften zusammen, und so ergänzt einer den anderen. Das ist in diesem Lebensabschnitt berechtigt. Nach dem 28. Lebensjahr muss man aber immer mehr, jeder als Individuum für sich, zu einer Ganzheit werden und aus der Ganzheit heraus einander respektieren und lieben lernen. So kann sich eine Beziehung, die vielleicht anfänglich voller Erwartungen und Forderungen ist, in eine freie Hingabe an den anderen wandeln und sich langsam zu einer echten Kameradschaft entwickeln.

Von 35 bis 42 Jahren – in der Phase der Bewusstseinsseele – gehen wir schon der Zeit entgegen, wo die freiwerdenden Kräfte des Leibes ein höheres Bewusstsein ermöglichen. Diese volle Entfaltung ist nur möglich, wenn wir im ersten Jahrsiebt eine gesunde Leiblichkeit aufgebaut haben.

Wer die Parzival-Legende kennt, kann dort den Biografien der einzelnen Figuren nachgehen und wird überrascht sein, seine eigenen seelischen Prozesse in Form von Bildern wiederzufinden.

Parzival begegnet ab einem gewissen Punkt denselben Menschen wieder, er muss vieles in einer anderen Form wiederholen, vieles muss er aus der Vergangenheit erlösen und wiedergutmachen. Auch uns geht es so in den Phasen von 21 bis 42 Jahren, bis wir schließlich unsere volle Reife erlangt haben. Auf unserer Lebensbahn werden wir es jedoch gewiss nicht mit sich stets wiederholenden Geschehnissen zu tun haben, sondern wir werden sicherlich mit Situationen konfrontiert werden, die sich uns in einer umgewandelten Form präsentieren oder sich auf einer ganz anderen Ebene abspielen, nämlich auf der seelischen. Eine weitere Spiegelung in der menschlichen Biografie findet um das 42. Lebensjahr herum statt. Sie wird auf Seite 202 f. besprochen.

Wenn wir versuchen, Spiegelungen in unserer Biografie zu finden, kommen wir leicht in die Gefahr, auch wieder neue Spiegelungen voraussehen zu wollen. Das ist deshalb eine Gefahr, weil das Leben eben ein ständiges Metamorphosieren ist und von Umwandlungsprozessen bestimmt wird. Und so kommen auch gewisse Elemente in einer ganz anderen Form auf uns zurück.

Außer den Spiegelungen und dem Sieben-Jahres-Rhythmus spielen noch andere Rhythmen eine wesentliche Rolle in unserer Biografie. Ein wichtiger Rhythmus, auf den wir im Laufe unserer Biografiebetrachtungen schon mehrfach aufmerksam gemacht haben, ist der sogenannte Mondknotenrhythmus. Er wiederholt sich alle 18 Jahre und sieben Monate. Sonnen- und Mondbahn kreuzen sich, und dieser Punkt wandert innerhalb von 18 Jahren und sieben Monaten durch den ganzen Tierkreis. Nach genau dieser Zeit kommt der Kreuzungspunkt wieder in dieselbe Stellung, die er bei der Geburt eines Menschen eingenommen hat.

Das menschliche Leben und die Natur werden stark vom Mond beeinflusst. Er bringt uns die Kräfte aus der Vergangenheit ins jetzige Leben. So wirkt er ganz besonders im ersten Jahrsiebt, aber auch weiterhin bis fast zur vollkommenen Gestaltung des

Leibes im 19. Lebensjahr. Wie wirkt sich der Mondknoten see-lisch auf den Menschen aus? Man könnte sagen, dass man bei jedem Mondknoten seine Vergangenheit ablegt, um eine neue Wiedergeburt durch die Sonnenkraft seines Ich zu erleben. Den Zeitpunkt des Mondknotenübergangs in unserer Biografie kann man natürlich nicht genau auf den Tag festlegen – er kann aller-dings astrologisch genau errechnet werden –, sondern er gilt für einen ungefähren Zeitraum. Zu dieser Zeit ist es so, als wenn wir stärker unsere geistige Individualität, die sonnenhafter Natur ist, in ihren Erdenaufgaben spüren. Dies äußert sich durch Träume oder auch durch innere oder äußere Veränderungen. Es ist auch der Zeitpunkt, wo die Menschen sich manchmal ganz neue Ziele setzen.

Wenn wir 18 ½ Jahre alt geworden sind, zur Zeit des ersten Mondknotens, werden wir stärker zu einer eigenen Persönlich-keit. Wir fangen an, selbstständig zu denken, und häufig wis-sen wir dann, welchen Beruf wir wählen wollen, wozu wir uns berufen fühlen. Es ist der Übergang von der Adoleszenz zum Erwachsensein. Einige junge Menschen wollen heute nicht er-wachsen werden – sie wollen am Alten hängen bleiben und keine Lebensverantwortung übernehmen. Wenn das so ist, kommt häufig ein Schlag von außen – ein Autounfall, ein Verlust oder Ähnliches –, und der Betreffende muss diesen Schritt durch eine Krise vollziehen.

Der zweite Mondknoten, der sich um das 37. Jahr herum ereig-net, bringt eine neue Auseinandersetzung mit unserem Beruf. Wir stehen zu diesem Zeitpunkt vor der Frage: Was wollen wir für die weitere Zukunft? Auch hier wird ein Stück Vergangenheit abgelegt. Man könnte über die Mondknoten auch sagen: Sie öff-nen die Himmelspforte und lassen uns nochmals unsere vorge-burtlichen Absichten spüren. Wenn bis dahin in unserem Leben noch gewissermaßen alles Vorbereitung war, so spüren wir jetzt unsere eigentliche Berufung stärker, und wir haben nun auch die menschliche Reife, sie in der Welt zu realisieren. Deshalb geschieht es zu diesem Zeitpunkt nicht selten, dass jemand seine berufliche Tätigkeit ändert oder erst jetzt zu seiner eigentlichen Erdenaufgabe durchstößt. Die Krisen entstehen hier, wenn jemand seine eigentliche Lebensaufgabe nicht gefunden hat, was heute bei mehr und mehr Menschen der Fall ist. Es ist die Frage nach dem Sinn des Lebens.

Der dritte Mondknoten, den wir durchlaufen, wenn wir ungefähr 55 ½ Jahre alt sind, stellt uns vor die Frage: Wie sehen wir uns als Mensch, als persönliches Ich in der Welt realisiert? Was für neue Menschheitsaufgaben wollen wir aufgreifen? Was liegt in unseren Möglichkeiten, auch wenn unsere physischen Kräfte vielleicht schon nicht mehr so widerstandsfähig sind? Hier handelt es sich um den Übergang von einer aktiven, nach außen gerichteten Phase in eine mehr besinnliche Phase. Viele Menschen wollen nicht akzeptieren, dass sie sich ab 60 anders einstellen lernen müssen, und die Krise des dritten Mondknotens äußert sich häufig in Krankheit.

Aus den meisten Biografien geht hervor, dass die Menschen Schwierigkeiten haben, sich an die Zeit zu erinnern, als sie 18 ½ waren. Oft finden in diesem Lebensjahr äußere Veränderungen statt: die Aufnahme eines Studiums, Reisen und so weiter. Sie sind für den Lebenslauf eines Menschen von beachtlichem Einfluss. Das 37. Lebensjahr, beim zweiten Mondknoten, tritt bei allen Menschen deutlich hervor und wird als eine markante Veränderung, hauptsächlich auch bezüglich der inneren Werte, erlebt. Das 56. Lebensjahr, also die Zeit des dritten Mondknotens, fällt beinahe zusammen mit dem Übergang eines Jahrsiebts. Hier stellt sich die Frage: Was habe ich realisiert, und was steht mir als neue Aufgabe oder als neue Möglichkeit noch bevor?

Man kann übrigens auch beobachten, dass in einigen Biografien der halbe Ablauf des Mondknotenrhythmus, also etwa die Zeitspanne von neun Jahren, einen gewissen Rhythmus bildet.

Der dritte Mondknoten, mit 74 Jahren, hat mit dem Übergang zur «Senilität» im guten Sinne des Wortes (Senior, Senat – Weisheit) zu tun. Man muss nun lernen, mit seinen körperlichen, seelischen und geistigen Grenzen umzugehen, und sich Ziele setzen, die mehr mit dem nächsten Leben zu tun haben, aber auch noch das jetzige Leben abrunden und ergänzen. – Man sieht ja überall Notwendigkeiten und Dinge, die noch gemacht werden müssen – kann man sie mit Gelassenheit auch anderen überlassen?

Ein weiterer wesentlicher Rhythmus in der menschlichen Biografie ist der Saturn-Rhythmus. Er wiederholt sich alle 29 ½ Jahre. Dann tritt der Planet Saturn wieder an die Stelle unserer Geburtskonstellation. Saturn steht polar zum Mond, hat mehr mit der geistigen Prägung unseres Ich zu tun. Er gibt uns geistige Richtungsweisungen für unser Leben. In meiner eigenen Biografie habe ich eine größere Veränderung zwischen 59 und 60 Jahren gespürt als mit 56 Jahren. Dies mag von Biografie zu Biografie unterschiedlich sein. Auch beim Saturn-Rhythmus können wir von drei großen Phasen sprechen. Wir durchlaufen eine Vorbereitungsphase, die bis zum Alter von 30 Jahren geht, dann eine zweite Phase der Realisierung unserer Leitmotive oder Intentionen – sie währt von 30 bis 60 –, und ab dem 60. Lebensjahr vollzieht sich ein Zurückschauen und die Vorbereitung für die Zukunft.

Im Lebenslauf vieler Menschen können wir auch noch andere Rhythmen finden, zum Beispiel einen Jupiter-Rhythmus. Jupiter kehrt alle 12 Jahre in unsere Geburtskonstellation zurück. Also kann der Abstand von 12, 24, 36 Jahren usw. für viele Menschen einen sich wiederholenden Rhythmus bedeuten. Oder für einige ist auch der Rhythmus von sechs Jahren, die Hälfte des Jupiter-Zyklus, maßgebend. Jupiter bringt Weisheit, Harmonie, Ordnung in unser Leben. Jesus tritt mit 12 Jahren im Tempel zu Jerusalem auf – und von da an vollzieht sich in ihm eine große Veränderung, die seine Eltern spüren. Ein neuer Ich-Einschlag wird sichtbar.

Bei vielen Kindern zeigen sich mit 12 Jahren schon ihre beruflichen Neigungen. Mit 24 ist dann die Berufsausbildung oft schon beendet, und mit 36 sind wir in der Lage, unser Schicksal zu verwirklichen und unsere Erdenaufgaben zu erfüllen. Mit 60 Jahren fallen Saturn- und Jupiterrhythmus zusammen, und wir spüren: Es ist doch ein besonderes Alter, in dem wir jetzt leben!

Ein ganz neuer Rhythmus ist auch der Zyklus von 33 Jahren. Er hängt mit den Sterbe- und Auferstehungskräften zusammen, also auch mit dem Christusereignis. Wir haben schon weiter oben darüber gesprochen. Die Christuskraft, die seit dem Mysterium von Golgatha die Erde durchdrungen hat, wirkt intensiv auf unser Ich. Unser Ich hat dieselbe geistige Natur wie die Christuswesenheit. Das dritte Lebensjahr, das neunte, das 19. und dann die Phase von 30 bis 33 Jahren haben eine besondere Beziehung zu diesen Christuskräften. Und ab dem 33. Lebensjahr, könnte man sagen, kann die Auferstehungskraft in uns zur Wirksamkeit kommen. Das bedeutet, dass wir dann unsere Biografie erneut von innen heraus ergreifen können. Auf der geschichtlichen Ebene finden wir in den Ereignissen oft einen Rhythmus von 33 Jahren. Er ist maßgebend für die Evolution der Menschheit. Es gibt auch einen Rhythmus von 11 Jahren ($33 = 3 \cdot 11$), der ebenfalls ein Sonnenrhythmus ist. Er hängt mit dem Entstehen und Vergehen der Sonnenflecken zusammen und hat in einigen Biografien eine Bedeutung.

Zudem wiederholen wir in unserer eigenen Biografie bewusstseinsmäßig die Biografie der Menschheit als ganzer. Vergleichen wir die individuelle und die menschheitliche Entwicklung miteinander und betrachten die Marksteine in der Entwicklung der Menschheit, so befindet sich die Menschheit heute gewissermaßen in der Phase von 35 bis 42 Jahren, also in der Phase, in der der Mensch die Bewusstseinsseele entwickeln kann. Um dieses

Ziel aber zu erreichen, müssen wir an uns selbst arbeiten. Von allein gelangen wir in der Entwicklung nur bis zur Empfindungsseele, das heißt nur bis zum 28. Lebensjahr. Und wir können viele Menschen erleben, die in ihrer Seelenentwicklung in der Phase von 21 bis 28 stehengeblieben sind. Sie verweilen in einer völligen Abhängigkeit von der Umgebung und von der Meinung der anderen, und sie befinden sich in einem emotionalen Auf und Ab. In den späteren Phasen unseres Lebens, also vom 42. Jahr an, sind wir Einzelgänger – die Menschheit in ihrer gesamten Entwicklung ist noch nicht dahin gekommen –, und die Eigenschaften, die wir in dieser Zeit entwickeln können, sind der Entwicklung der Menschheit um ein Vielfaches voraus. Deswegen sind Einsamkeitserlebnisse in dieser Phase auch so häufig. Es ist aber wichtig, dass in der individuellen Entwicklung für die ganze Menschheit Zukunftskeime gelegt werden.

Zweiter Teil:
Arbeit an der eigenen Biografie

Methodik

Nachdem wir einen Überblick über den ganzen Lebenslauf gewonnen haben, können wir darangehen, an unserer eigenen
Biografie zu arbeiten. Es gibt, je nach Veranlagung des Einzelnen, verschiedene Arten, dies zu tun. Wir können die Ereignisse
unseres Lebens, an die wir uns erinnern, hintereinander in er-
zählender Weise aufschreiben. Wir können auch systematischer
vorgehen, indem wir zum Beispiel für jedes Jahrsiebt ein Blatt
nehmen und darauf die wichtigsten Ereignisse schreiben, nach
Möglichkeit mit den verschiedenen Daten. Wir können dieses
Blatt längs in zwei Hälften teilen; auf der einen Seite schreiben
wir dann die äußeren Ereignisse unseres Lebens auf und auf der
anderen Seite unsere Gefühle. Was sind äußere Ereignisse? Zum
Beispiel die Geburt eines Bruders oder einer Schwester, der Tod
einer Großmutter, Umzüge in ein anderes Haus oder ein anderes
Land; wann wir zum ersten Mal in die Schule gegangen sind, was
und von wann unsere erste Erinnerung ist und so weiter. Auf die
rechte Seite des Blattes können wir unsere Gefühle aufschreiben:
Wie war zum Beispiel mein Verhältnis zu Vater und Mutter?
Oder was habe ich gefühlt, als das kleine Schwesterchen auf die
Welt kam? So geht man nun von Jahrsiebt zu Jahrsiebt vor.

Man kann sich auch ein großes Blatt nehmen, das man sowohl
längs wie quer in drei Teile einteilt. So hat man dann neun Felder,
in die man die Ereignisse aufschreiben kann. Nun geht man wie
folgt vor:

Ich schreibe die Ereignisse vom ersten bis zum 21. Jahr in den
drei linken Feldern von oben nach unten auf, und wenn ich zum
21. Jahr komme, gehe ich in den Mittelfeldern aufwärts, von unten nach oben. So erhalte ich gleichzeitig die Spiegelung – wir
haben sie die seelische Spiegelung genannt – vom ersten Jahr-

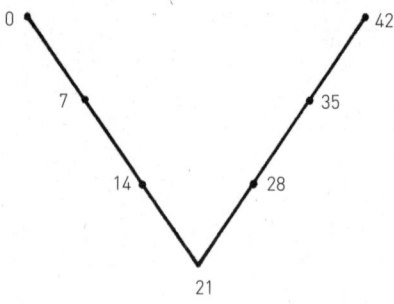

Abb. 10: Seelische Spiegelungen

siebt zum sechsten, vom zweiten Jahrsiebt zum fünften und vom dritten zum vierten Jahrsiebt. Was könnte ich da zum Beispiel entdecken? Ich könnte entdecken, dass eine unerklärliche große Depression, die mich im 33. Lebensjahr befiel, mit dem Verlust meiner Großmutter oder meiner Mutter im neunten Lebensjahr zu tun hat. Oder ich könnte beispielsweise sehen, dass ich im 14. Lebensjahr mit dem Malen aufgehört habe, für das ich sehr begabt war, und jetzt plötzlich, im 28. Lebensjahr, habe ich den Drang, damit wieder anzufangen. Wenn ich älter als 42 bin, nehme ich noch die dritte Spalte rechts dazu, die für das 42. bis 63. Lebensjahr gilt, und gehe dann auch von unten nach oben vor. (Siehe dazu die Abbildung 11.)

Das Niederschreiben der persönlichen Ereignisse ist selbst schon ein therapeutischer Akt. Es hilft einem, die Gedanken zu formen und zu ordnen. Wenn man in späteren Jahren sein Tagebuch durchliest, ist man ja häufig erstaunt über sich selbst. Man erkennt viele Dinge erst aus der Distanz. So würde ich jedem raten, seine Biografie niederzuschreiben – in Form eines Tagebuches oder auf einzelne Blätter, in zeitlicher Anordnung.

In dieser Form des Schemas kann man die wesentlichen Ereignisse seines Lebens leicht einsetzen.

Wenn ich die äußeren Ereignisse meines Lebens und meine

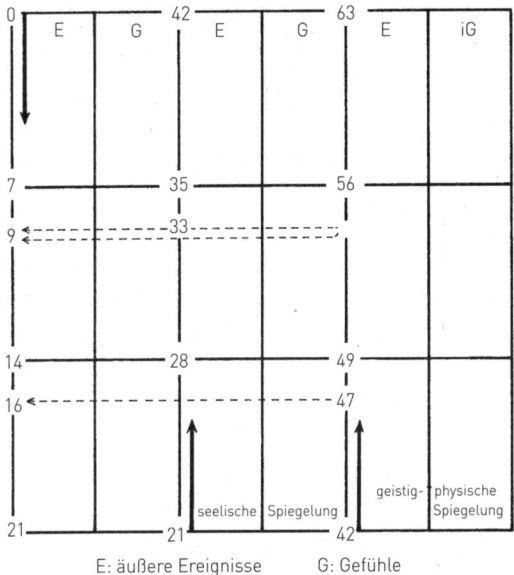

| 0 | E | G | 42 | E | G | 63 | E | iG |

Abb. 11: Biografieblatt

Gefühle auf einem «Biografieblatt» nebeneinanderstelle, erkenne ich auch für die Zeit von 42 bis 63 die Spiegelungen der Lebensspanne bis 21. Auch hier entdecken wir dann manchmal merkwürdige Ereignisse. Zum Beispiel empfinde ich in meinem 47. Lebensjahr den großen Drang, ein Schwimmbad zu bauen. Woher kommt dieser Drang? Er ist eigentlich ganz unerklärlich. Wenn ich jetzt auf mein 16. Lebensjahr zurückschaue, sehe ich, dass ich in jener Zeit eine aktive Schwimmerin war und viel trainiert habe. Ein anderes Beispiel: Ich merke plötzlich, dass mit 54 Jahren meine Asthmabeschwerden wiederkommen, die ich seit dem neunten Lebensjahr nicht mehr hatte.

Ich kann auch versuchen, mit Gefühlen zu arbeiten. Zum Beispiel kann ich den verschiedenen Jahrsiebten Farben geben; sagen wir eine gelbe Farbe für eine große Fröhlichkeit oder ein dunkles

Blau für stärker depressive Zustände und so weiter. Ich kann dann erkennen, welche Farben sich im Spiegelbereich wieder decken. Jeder mag hier kreativ sein und selbst entscheiden, wie er vorgehen will. In dieser Auflistung auf dem Biografieblatt können wir auch darauf achten, welche Ereignisse sich immer wieder in umgewandelter Form wiederholen. Beispielsweise entdeckt ein Mann, dass er alle neun Jahre seine berufliche Stellung wechselt. Nun steht er zum dritten Mal in einem Neun-Jahres-Zyklus, und er merkt, dass an seiner Arbeitsstelle alles immer schwieriger für ihn wird. Da er aber schon zweimal die Erfahrung des Stellenwechsels gemacht hat, sagt er sich jetzt: «Ich neige dazu, alle neun Jahre die Stelle zu wechseln. Diesmal möchte ich aber versuchen, dass sich die Situation der vorigen Male nicht wiederholt.» Er bemüht sich nun darum, mit den schwierigen Verhältnissen, die sich an seinem Arbeitsplatz ergeben haben, fertig zu werden. Nach einer Weile spürt er, dass seine Bemühungen Erfolg haben.

Beispielsweise kann ich auch bemerken, dass sich in meiner jetzigen Ehephase dieselben Elemente wiederholen, die ich auch schon in einer früheren Ehe erlebt habe. Und indem ich das nun bewusst feststelle, kann ich auch gezielt an diesen Elementen arbeiten. Vielleicht kommt es dann diesmal nicht zur Scheidung, sondern ich versuche, das Problem von innen anzugehen und von innen heraus zu lösen.

Eine junge Frau merkt, dass sie sich immer wieder leicht verliebt, dass die Männer ihr nur so zufliegen. Liegt es an ihr oder liegt es an den Männern? Die junge Frau muss sich fragen: «Will ich diese Situation ändern, oder will ich, dass sie sich ständig wiederholt?»

Oder ich merke plötzlich, dass ich mit meinen Kindern genauso umgehe, wie mein Vater früher mit mir und meinen Geschwistern umging. Und doch habe ich so oft das starke Erlebnis gehabt, wie weh mir dieser Umgang getan hat, und ich weiß, wie viel Schaden er mir zugefügt hat. Werde ich weiterhin dieses

Vatermodell wiederholen, oder versuche ich nun, eigene Formen des Zusammenlebens und der Beziehungen zu pflegen?

Ein Mann, der auf seine Biografie zurückschaut, stellt vielleicht fest, dass er keine Jugend hatte, weil er schon zu früh mit der Arbeit begonnen hat und zu früh Verantwortungen tragen musste. Auch hat er sehr früh geheiratet. Nun ist er etwas über 40 Jahre alt, und seine Kinder, besonders sein ältester Sohn, sind bereits Jugendliche. Der Sohn hat viele Freundinnen, und er besitzt ein Motorrad; er lebt vergnügt, und er amüsiert sich. In dem Vater steigen nun die Erinnerungen an seine verpasste Jugendzeit auf, er ist in gewisser Weise eifersüchtig auf seinen Sohn. Er würde auch gerne noch einmal frei sein so wie dieser und mit verschiedenen Freundinnen spazieren fahren. Er hätte größte Lust, von zu Hause wegzugehen, sich frei zu fühlen und diese Jugendphase noch einmal zu durchleben. Wie geht man nun in der Praxis mit solchen Gefühlen um? Lässt man sie zügellos dahinfluten, oder versucht man, seinen Neid umzuwandeln und ein besseres Verständnis für den Sohn und seine Generation aufzubringen? Sollte man nicht besser Freude empfinden, dass der Sohn in seinen schönen Jugendjahren das durchlebt, was einem selbst nicht möglich war?

Viele Leute sprechen davon, was sie im Leben verpasst haben, aber im Grunde genommen verpassen sie ja gar nichts; denn wenn sie in dieser Zeit studiert oder gearbeitet haben, so haben sie ja etwas anderes an die Stelle des vermeintlich «Verpassten» gesetzt. Man kann nicht an zwei Stellen auf einmal sein, etwa in Amerika und gleichzeitig in Europa. Wer in Europa gelebt hat, braucht später nicht das Gefühl zu haben, Amerika «verpasst» zu haben. Denn er hat ja in Europa außerordentlich viel gelernt, das er in Amerika nicht erfahren hätte.

Wir müssen lernen, darauf aufmerksam zu sein, wofür wir in unserem Leben die Gelegenheiten gehabt haben und ob wir sie auch gut ausgenützt haben, ob wir damit zufrieden sind. Viele

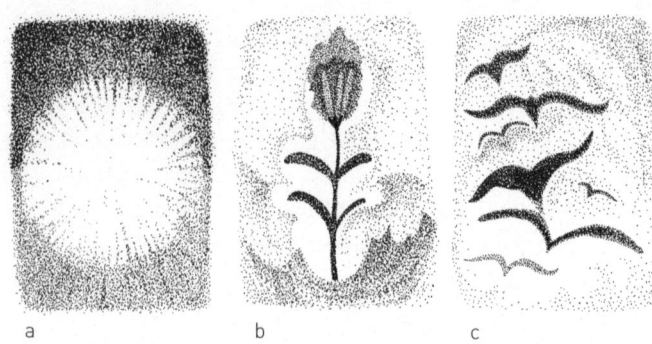

Abb. 12: Spontane symbolische Darstellung der ersten drei Jahrsiebte.
a: erstes Jahrsiebt; b: zweites Jahrsiebt; c: drittes Jahrsiebt

Menschen sind ständig mit sich unzufrieden, weil sie sich in der gegenwärtigen Situation nicht am richtigen Ort fühlen. Oder sie malen sich in ihrer Fantasie aus, wie es wäre, wenn sie sich da oder dort befänden. Das ruft ein Gefühl der Unzufriedenheit hervor. Solche Menschen meinen dann, sie müssten etwas nachholen. Es ist in der Tat so, dass man mancherlei Dinge nachholen muss – es fragt sich nur, in welcher Form man dies tut. Ist es angebracht, dass ein 45-jähriger Mann sich so benimmt wie sein 18-jähriger Sohn, oder gibt es Formen, wie er das vermeintlich «Verpasste» seinem Alter entsprechend nachholen könnte? Könnte er es nicht in umgewandelter Form nachholen?

Wenn wir nun unser Leben überblicken können und die Ereignisse vor uns liegen haben, können wir weitere Schritte unternehmen. In einem Biografiekurs etwa versuchen wir – nachdem wir aus dem Gedächtnis heraus die Ereignisse niedergeschrieben haben –, unsere Biografie in künstlerischer Form auszudrücken. Wir können dies durch Malen versuchen oder auch durch Modellieren, falls wir hierfür eine Begabung und die Zeit haben. Die Aufgabe wäre dann folgende:

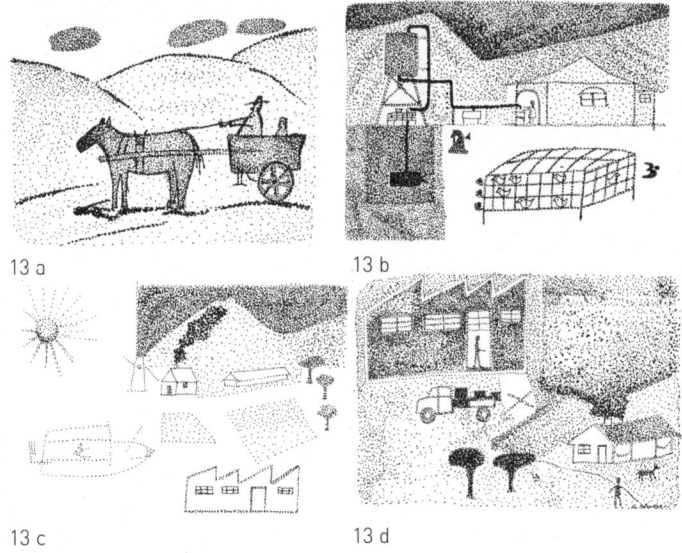

13 a

13 b

13 c

13 d

Wir malen für jedes Jahrsiebt ein Bild. Wenn wir uns zuvor von dem Jahrsiebt einen zusammengefassten Überblick erarbeitet haben, können wir dies in Symbolen oder Farben auf das Papier setzen. Oder wir können eine Szene oder ein gravierendes Erlebnis aus dem Jahrsiebt herausgreifen und versuchen, es in Formen oder Farben zu gestalten. Wir haben dafür als Beispiel die Abbildungen 12 a – c eingefügt. Die Kursteilnehmerin, von der sie stammen, hat für die ersten drei Jahrsiebte jeweils eine symbolische Form ausgewählt. Die Originalbilder sind in Aquarellfarben gemalt worden; für dieses Buch sind sie in Federzeichnungen übertragen worden. In den Abbildungsreihen 13 a – d und 14 a – d (S. 196.) sind konkrete Erlebnisse ausgedrückt. In den Biografiekursen machen wir die Teilnehmer darauf aufmerksam, dass es nicht so sehr darauf ankommt, wie schön die Bilder gemalt werden; die Teilnehmer sollen vielmehr fein beobachten, welches innere Erlebnis sie beim Malen spüren.

14 a

14 b

14 c

14 d

Bei der Abbildungsreihe 13 ist es offensichtlich, dass der Teilnehmer ein Betriebsleiter geworden ist. Schon von klein auf war
er von Mechanismen fasziniert. Abbildung 13 a: Der Pferdewagen
hat den Teilnehmer als Kind stark beeindruckt! In der Zeichnung
13 b baut der Teilnehmer mit acht Jahren selbst eine Wasser-
pumpe – und plötzlich bekommt seine Mutter das Wasser in die
Küche geleitet! In der Abbildung 13 c besitzt er eine kleine Farm;
er hat aber schon die Idee einer Fabrik, die im unteren Teil des
Bildes dargestellt wird. In Zeichnung 13 d gelingt es ihm, die Fabrik zu bauen, und er hat das Gefühl, seine Pläne vollkommen
realisiert zu haben.

Bei der jungen Frau, die die Abbildungsreihe 14 gemalt hat, ist
es offensichtlich, dass sie in der Großstadt (in São Paulo) geboren
ist, dass sie heiratet und eine glückliche Familie bildet.

Der nächste Schritt in einem Biografiekurs besteht nun darin, dass sich eine Gruppe von Teilnehmern bildet. Sie setzen sich freiwillig zusammen, um sich über ihre Biografien auszutauschen. Dazu können sie die Bilder und auch ihre Notizen zur Hand nehmen, sollen aber versuchen, aus der Erinnerung zu schöpfen und zu erzählen. Wir arbeiten in unseren Kursen mit Gruppen von drei, vier oder fünf, maximal sieben Personen. Es ist wichtig, dass jeder Teilnehmer die wesentlichsten Elemente seines Lebens neu erstehen lässt und erzählt. Dabei bleibt es jedem frei überlassen, das zu erzählen, was er für wichtig hält, und, vor allen Dingen, auch nur das zu erzählen, was er freiwillig mitteilen möchte.

Wir erleben nun in einer solchen Gruppenarbeit, dass durch das Erzählen eines Teilnehmers bei den anderen Erinnerungen und Gefühle wachgerufen werden. Sie werden sozusagen in ihrem Inneren wach und können auch ihre eigene Biografie besser durchschauen.

Ganz wichtig ist die Haltung der Kursteilnehmer zueinander. Wir versuchen, eine Haltung des Staunens und des warmen Interesses in der Gruppe zu entwickeln. Wir erleben, wie jeder ein Meister seiner eigenen Biografie ist und wie er seine eigenen Probleme löst. Durch Fragen kann man dann versuchen, noch mehr Klarheit in das Bewusstsein des anderen zu bringen. Wir müssen lernen, auf unsere Mitmenschen zu hören, zu lauschen und zu erkennen, und zu verstehen versuchen, was sich in den Worten ausdrücken und offenbaren will. Das ist der eine Aspekt.

Der andere ist, dass wir uns bemühen sollten, uns so klar wie möglich auszudrücken und unsere Sprache so zu formen, dass sie die anderen erreicht, dass die anderen uns verstehen. Wichtig ist auch, dass wir uns nicht zu sehr in Details und Abschweifungen verlieren und, statt von uns selbst, von unserem Vater oder Bruder erzählen. Es kommt vielmehr darauf an, dass wir uns beim Erzählen auf uns selbst konzentrieren.

In der Gruppenarbeit versuchen wir, eine Atmosphäre der

Wärme, ja der Nestwärme, zu schaffen, in der sich jeder Teilnehmer gut aufgehoben fühlt. Er spürt zwar auch seine Grenzen, aber durch die Offenheit, mit der in der Gruppe meistens gesprochen wird, merkt er, dass er den anderen Teilnehmern Vertrauen schenken kann. Je offener die Menschen in einer Gruppe sprechen, desto mehr fördert dies die Vertiefung bei dem Betrachten der Biografien.

Jeder Teilnehmer hat eine Zeitgrenze, an die er sich möglichst halten sollte. Die Gruppe übernimmt die Aufgabe des Wahrnehmens und Hinhörens auf den anderen, sie bildet den Spiegel und die Aufnahmeschale für denjenigen, der sein Leben der Gruppe erzählend darlegt. Der Erzählende wiederum beschenkt die Gruppe mit seinen Lebenserfahrungen, und so ist der Gruppe auch gleichzeitig die Rolle des Empfangenden zugedacht. Bei manchen Menschen, die ihren Lebenslauf vor der Gruppe erzählen, ergibt sich die Notwendigkeit, Elemente der Vergangenheit immer wieder mit der Gegenwartssituation in Verbindung zu bringen. Man muss versuchen, jegliche Äußerung der Kritik oder auch der Auslegung des dargebrachten Lebenslaufs innerhalb der Gruppe zu vermeiden.

Manchmal arbeiten die Gruppen allein. Die meisten Gruppen, die wir innerhalb der «Artemisia» betreuen, werden von einem Moderator begleitet. Er erfüllt eigentlich nur den Zweck, die Zeit zu koordinieren und mit Fragestellungen beim Ablauf der Gruppenarbeit zu helfen.

Dieselbe Arbeit, die wir hier für eine Gruppe von Teilnehmern beschrieben haben, kann auch mit einem Einzelnen gemacht werden – als Gespräch zwischen Patient und Therapeut. Jeder Einzelne kann sie sogar für sich selbst vornehmen.

Unsere Seminare dauern vier bis sieben Tage. So haben wir die Möglichkeit, die Zeit einzuteilen. Entweder wir beschäftigen uns an jedem Tag mit jeweils zwei Jahrsiebten, oder wir arbeiten jeweils eine der großen Lebensphasen durch. Dies geschieht sowohl auf unserem großen Blatt, wo wir die Ereignisse des Lebens aufgeschrieben haben, als auch bei den Malübungen und im Gruppengespräch. Am vorletzten Tag müssen wir bis zum Gegenwartsmoment kommen. Beim Malen können wir so vorgehen wie bisher, oder wir können die Aufgabe stellen, ein neues Bild zu malen, das die gegenwärtige Situation des Kursteilnehmers darstellt. Wenn wir beim Malen wie in den vorangegangenen Übungen verfahren, wird man eine spezifische Szene oder ein Symbol wählen, womit die gegenwärtige Situation charakterisiert wird. Am letzten Kurstag versuchen die Teilnehmer dann, in der Malübung ihre Zukunft auszudrücken, und zwar in dem Sinne: Wo möchte ich gerne hin? Wie sieht meine Lebenslandschaft in der Zukunft aus?

Wenn wir eine neue Übung hinzunehmen, so lassen wir den Betreffenden sich in Form einer Pflanze, mit der er sich identifiziert, darstellen. Dann geht das Bild in der kleinen Gruppe herum mit der Bitte, dass die anderen Teilnehmer das Bild des Betreffenden mit kleinen «Geschenken» bereichern. Sie malen zum Beispiel zu der Pflanze eine Sonne, den Regen, bunte Blumen auf das Gras, einen Gärtner, der die Pflanzen begießt, oder Menschen, die um ihn herum sind, und so weiter (siehe die Abbildungsreihe 15 a – c). An der von dem Betreffenden selbst gemalten Pflanze darf die Gruppe nichts ändern, nur im Umfeld der Pflanze darf die «Landschaft» bereichert werden. Es ist ja so einfach, den anderen zu kritisieren. Man möchte ihn so gerne verändern – aber seine Werte stärker herauszustellen (indem man den Hintergrund des Bildes malt) oder ihm zu geben, was er noch braucht, ist eine schwierige soziale Aufgabe. Bei dieser Übung kommt es eben auch gerade darauf an, diese soziale Fähigkeit zu erüben. Jeder Teilnehmer muss von der Idee ausgehen, dass er dem Betreffenden gern etwas schenken möchte, sodass dessen Pflanze in der Zukunft besser gedeihen möge. Anschließend wird über dieses Bild auch in der Gruppe gesprochen, und jeder äußert sich darüber, was er dem anderen geschenkt und

Abb. 15 a – c

warum er es getan hat. Vorher darf der Betreffende sagen, warum er gerade diese Pflanze als Gestalt für seine Biografie gewählt hat. Bei dieser Übung kommen sehr interessante Dinge heraus, und das soziale Element wird sehr gefördert.

Die Geschenke, die man den anderen gemacht hat, können angenommen und verarbeitet werden oder auch nicht. Am nächsten Tag, wenn wir an unserer Zielsetzung, an unserer Zukunft arbeiten, werden diese Geschenke sozusagen inkorporiert, und jeder malt nun noch einmal seine Pflanze und seine eigene Landschaft, die er in der Zukunft verwirklichen will. Wir vermeiden eine Auslegung der Bilder und jegliche Kritik. Meistens ist es so, dass jeder, der sein Bild gemalt hat, plötzlich zu Einsichten kommt – und dies geschieht oft aus den neuen Perspektiven heraus, die ihm die empfangenen «Geschenke» eröffnet haben –, und er merkt nun, dass er seinem Baum ja gar keine Wurzeln gegeben hat oder dass er seine Pflanze ganz an die Seite des Bildes gesetzt hat. Mit anderen Worten: Er kommt selbst zu den Erkenntnissen, was er alles auf seinem Bild hätte anders und besser machen können. So wird der vorletzte Tag der Gruppenarbeit, nämlich der Tag der «Geschenke», zum eigentlichen Höhepunkt des Kurses, weil in diesem Moment die Früchte der Zusammenarbeit in der Gruppe sichtbar werden. Einige Momente der Gruppenarbeit können uns wirklich zu dem christlichen Erlebnis führen: «Wenn zwei oder drei in meinem Namen beisammen sind, so bin ich mitten unter ihnen.» Und dieses befruchtende Element hat eine außerordentlich starke therapeutisch-belebende Wirkung, für die man dankbar sein kann.

Man kann auch noch folgende Übung dazunehmen: Am Tag, bevor man sich im Kurs mit der gegenwärtigen Situation beschäftigt, versucht jeder Teilnehmer, sich vor dem Schlafengehen noch einmal intensiv die Menschen seiner Gruppe innerlich vor sich hinzustellen und für jeden der Teilnehmer eine Frage zu formulieren, die dem anderen zu größerem Bewusstsein verhelfen

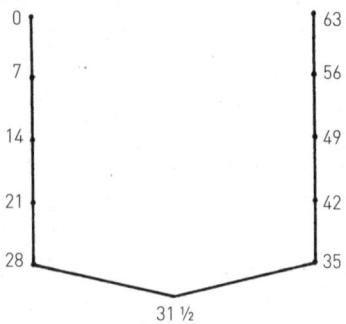

Abb. 16: Die geistige und physiologische Spiegelung

kann. In einer Vierergruppe bekäme jeder Teilnehmer dann drei
Fragen. Am nächsten Tag werden die Fragen dann, zusammen
mit den «Bildergeschenken», besprochen. Es kommt überhaupt
in der ganzen Biografiearbeit für den «biografischen Therapeuten» darauf an, die richtigen Fragen zu stellen.

Wenn wir eine schnelle Übersicht über unsere Biografie erhalten wollen, so können wir auch statt eines großen Blattes Papier
eines der weiter unten abgebildeten Schemata verwenden. Das
Schema auf Seite 190 (Abbildung 10) eignet sich eher für Menschen, die unter 42 Jahre alt sind. Hier erhält man sofort einen
Überblick über die verschiedenen Spiegelungen. Das Schema der
Abbildung 16 ist für Menschen über 42 geeignet. Es kann auch
schon für den Zeitabschnitt ab 35 Jahren verwendet werden. Wir
werden in diesem Aufbau des Schemas etwas andere Elemente
finden als in dem Schema der Abbildung 10. Hier haben wir den
Inkarnationsprozess auf der einen Seite dargestellt und den Exkarnationsprozess auf der anderen. Der Zeitpunkt mit 31 ½ Jahren befindet sich in der Mitte des Geschehens. Es ist der Punkt,
wo wir am tiefsten in unserem Leib und mit der Erde verbunden
sind. Wir werden merken, dass um diese Zeit eine Fülle von Begegnungen und Ereignissen stattfinden kann.

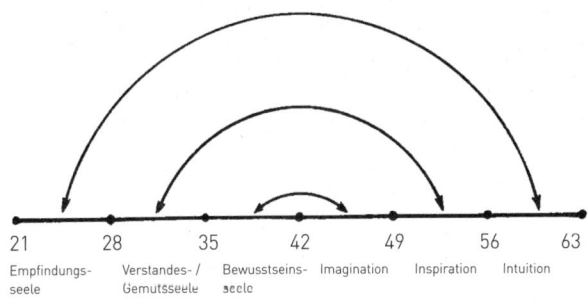

| 21 | 28 | 35 | 42 | 49 | 56 | 63 |

Empfindungs-
seele

Verstandes- /
Gemütsseele

Bewusstseins-
seele

Imagination

Inspiration

Intuition

Abb. 17

Auch das Schema, das ungefähr das 42. Lebensjahr als Spiegelungspunkt ansetzt, kann uns behilflich sein (siehe Abbildung 17). Hier wird ersichtlich, wie unsere Seele immer mehr zur Hülle unseres Geistes wird. Das heißt, dass wir in den Jahren von 21 bis 42 an der Umwandlung unserer Seelenglieder (Empfindungsseele, Verstandes- oder Gemütsseele und Bewusstseinsseele) so arbeiten, dass diese Seele wie eine Schale für unseren Geist wird. Bildhaft ausgedrückt: Unser Edelstein, die Seele, kann so geschliffen werden, dass er dann in den Jahren von 42 bis 63 das Geistig-Kosmische ungetrübt reflektieren (spiegeln) kann und dass sich aus diesen Seelengliedern Imaginations-, Inspirations- und Intuitionsseele entwickeln können.

Wir haben in der «Artemisia» auch eine andere Form der biografischen Arbeit entwickelt. Sie wird von Teilnehmern durchgeführt, die bereits den einführenden Biografiekurs besucht haben. Man verwendet die gleichen Schemata, aber jetzt trägt man nicht die Ereignisse seines Lebens ein, sondern die Begegnungen, die man gehabt hat. Durch diese Form der Arbeit kommen die Kursteilnehmer zu der Einsicht, dass sich das eigene Lebensschicksal und die eigene Persönlichkeit durch die Menschen geformt haben, die ihnen in ihrem Leben begegnet sind. Es entstehen Fragen wie die:

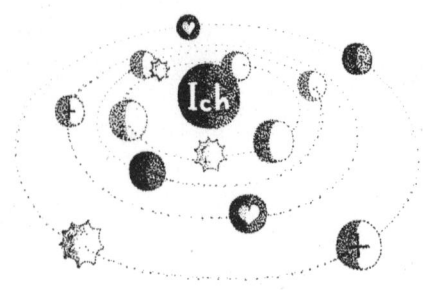

			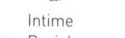	
Geistige	Seelische	Arbeits-	Familien-	Intime
Beziehungen	Beziehungen	beziehungen	beziehungen	Beziehungen

Abb. 18

Wie hat dieser oder jener Mensch unser Schicksal von der Geburt bis zum jetzigen Moment beeinflusst?

Wir gehen bei der Arbeit so vor, wie es Rudolf Steiner in seinem Vortrag vom 12. Dezember 1918, «Soziale und antisoziale Triebe im Menschen» (siehe im Literaturverzeichnis die Titelnummer 38), für eine Übung angibt. Wir betrachten die Menschen, denen wir im Laufe unseres Lebens begegnet sind, ganz objektiv, frei von Sympathie oder Antipathie, unabhängig davon, ob sie uns Gutes oder Schlechtes getan haben. Wir können sie in unsere Lebenslandschaft einsetzen, z. B. als Pflanzen. Anschließend können wir auch einen Kosmos aufzeichnen, in den wir alle Menschen einsetzen, mit denen wir im Gegenwartsmoment in irgendeiner Beziehung stehen. Wir kennzeichnen hier, welche Menschen uns näher stehen, welche weiter weg sind; und wir können dadurch ausdrücken, ob diese Beziehung eine physische, geistige oder seelische Nähe beinhaltet, ob es eine Arbeitsbeziehung ist und so weiter.

Wir können hier sehr kreativ werden, und die Übersicht über dieses menschliche Beziehungsbild ermöglicht uns viele neue Entscheidungen. Auch können wir feststellen, welche dieser Beziehungen eigentlich abgestorben sind, sodass wir sie nur noch äußerlich mit uns schleppen. Wenn wir in der Zukunft neue Beziehungen anknüpfen wollen, müssen wir wahrscheinlich Raum schaffen, damit diese neuen Sterne in unser Leben eintreten können. Auch das ist eine wichtige Zielsetzung.

Wir haben bereits die Übung beschrieben, bei der wir einen Baum zeichnen und dabei beobachten, welche Äste verdorrt sind und abgeschnitten werden müssen und was die Keime bedeuten, die sich für die Zukunft neu entwickeln können.

Eine weitere Zielsetzung kann es auch sein, sich noch einmal mit den alten Beziehungen zu beschäftigen und sie in Harmonie und Ausgleich zu bringen. Das hat sich als besonders fruchtbar erwiesen bei schwer kranken Menschen, die empfinden, in ihrem Schicksal müsste noch etwas ausgeglichen werden. Wenn das möglich ist, so können viele dieser Menschen friedlicher auf ihr Lebensende schauen.

Die künstlerische Übung bei dieser fortgeschrittenen Form der Arbeit an der eigenen Biografie kann folgendermaßen aussehen:

Wir malen auf einem großen Blatt unsere ganze Biografie in Form eines Flusses, der durch ganz verschiedenartige Landschaften fließt. Manchmal verschwindet er sogar unter der Erde, um dann wieder hervorzukommen. Er fließt durch Gebirge, durch Täler, durch verdorrte Wüsten usw. Dann können wir auch noch die Menschen einsetzen, die uns auf diesem Weg begegnet sind. Je nach der Art unserer Begegnungen können wir sie als menschliche Figuren oder als Symbole einsetzen; wir können ihnen auch die Form einer charakteristischen Pflanze geben. Auch dies gibt uns Einsichten und hilft uns, unsere Biografie zu vertiefen und eine stärkere Objektivierung des erlebten Geschehens zu erreichen.

Wir stellen auch gerne die Aufgabe, die eigene Biografie in die Form eines Märchens zu verwandeln. Hier entstehen manchmal sehr schöne Ergebnisse, wie etwa die Biografie in Form eines Märchens, die auf Seite 155ff. abgedruckt ist. Auch der Therapeut, der mit Biografien arbeitet, kann zu diesem Mittel greifen. Indem man das Lebensbild noch einmal in seiner Gesamtheit vor sich hinstellt, hilft es einem manchmal, über festgefahrene Vorstellungen hinwegzukommen, die man von sich selbst oder von den anderen hat.

Wir haben es in unserer Arbeit häufig mit Patienten zu tun, die jahrelang in psychoanalytischer Behandlung waren; sie sind oft auf einige Interpretationen ganz fixiert und können sich von ihnen nicht befreien. Für diese Menschen ist es eine Hilfe, wenn sie einen großen, freien Überblick über die ganze Gestalt ihrer Biografie gewinnen. Die Biografie wird so als großes Lebenspanorama oder als eine große Gestalt empfunden. Es ist wichtig, dass jeder Mensch spürt:

Wie sieht meine biografische Gestalt aus? Was sind meine Lebensaufgaben? Wie verläuft der rote Faden in meiner Biografie? Was möchte ich gerne in mir verändern?

Indem wir unsere Lebensgestalt, die Dynamik in unserer Biografie, verstehen, können wir unser Schicksal besser in die Hand nehmen und unser ganzes Leben zu einer unvollendeten Symphonie komponieren.

Der Weltenpilger

Tragt ihr mich einst hinaus, sprecht nicht: ‹Zur ew'gen Ruh› –
Legt mir zum Pilgerkleid ins Grab zwei Wanderschuh!
Drei Tage halt ich Rast. Dann schreit ich meinen Weg.
Hie Gletscher und hie Glut: schmal ist der Geistersteg.
Die Höhenluft ist gut; ich werde bald gesunden.
Mein Schritt steigt erdbefreit durch sieben Sternenrunden.
Ich trug ein Erdgewand; es war nicht fleckenrein.
Im Tau der Mondenflut wird's bald geläutert sein.
Geh ich den Büßerpfad, getreu der Silberspur –
Leiht meinem Wanderschritt die Flügelschuh Merkur.
Des Weges Müdigkeit weicht frohem Geisterschwung:
Der Venus Gnade strahlt und macht den Pilger jung.
Wie Rosen glutverklärt, wie Lilien kinderrein –
Kehrt durch das Sonnentor die Menschenseele ein.
Der Sonnen-Engel winkt: Empfange Speer und Schild!
Dich ruft zum Weltenkampf das weite Marsgefild.
Willst du, ein Menschengeist, zum Weltengeist erwachen –
Am Glanz des Jupiter musst du dein Licht entfachen!
Der Tod und Leben eint, Saturn wahrt ew'gen Hort,
Aus Schweigen reift Geburt: ‹Im Anfang war das Wort.›
Das Weltenwort erklingt aus allen Sternengründen,
Die ew'ge Geistgestalt dem Sterben zu entbinden.
So wächst des Menschen Geist, am Gotteslicht verklärt,
Bis er im Liebesdrang zur Erde wiederkehrt.
Er kennt nicht ‹ew'ge Ruh› – ihm ziemt das Pilgerkleid,
Dazu zwei Wanderschuh: zum Schicksalsgang bereit!

Rudolf Meyer

Die Lebensmotivation –
das Geheimnis der Zielsetzungen

Jeder Mensch steht innerlich vor den Fragen:

Was sind meine Lebensmotivationen? Was sind meine Aufgaben? Was ist meine Mission? Welche Fähigkeiten besitze ich? Mit welchen Schwierigkeiten habe ich zu kämpfen? Warum wiederholen sich in meinem Leben immer wieder gewisse Situationen? Wie verläuft mein Lebensfaden, mein «roter Faden»?

Wir können diese Fragen kaum beantworten, wenn wir uns nicht deutlich machen, dass wir Bürger zweier Welten sind, der irdischen Welt und der himmlischen oder geistigen. Wir haben zum einen unseren biologischen Körper, der irdischer Natur und von der Vererbungslinie geprägt ist. Zum anderen lebt in uns ein höheres Ich, das geistiger Natur ist. So wie unsere Erbanlagen durch eine lange Vorgeschichte der uns vorausgegangenen Vorfahren bedingt sind – auch heute noch lassen sich ja viele Menschen ihren Stammbaum aufstellen –, so hat auch unser «Ich» eine lange Vorgeschichte. Sie hat sich zeitweise auf der Erde abgespielt (es ist das, was wir als Inkarnationen bezeichnen) und zeitweise im Kosmos. Wir können die Zeiten im Kosmos mit dem Samen vergleichen, der im Winter in der Erde ruht und auf den Frühling wartet, um dann zu keimen und zu wachsen; oder auch mit einem Fluss, der zum Teil unter der Erde fließt und so für unsere Augen unsichtbar ist. Die Reinkarnationslehre wurde von Rudolf Steiner für das heutige, moderne Bewusstsein in einer neuen Form präsentiert und kann in vielen seiner Vorträge und Bücher nachgelesen werden. (Siehe im Literaturverzeichnis die Titelnummern 35 bis 37.)

Die irdische und die geistige Strömung des Menschenwesens

finden ihre Vereinigung durch die Empfängnis und Geburt. Im Kosmos bereitet sich die Individualität, noch im Stadium eines Geistkeimes, lange auf ihr irdisches Dasein vor. Der Vererbungsstrom bringt leibeskonstitutionelle Anlagen mit, und wir suchen uns als Geistkeim die Vererbungslinie aus, die uns eine so geartete Leibeskonstitution anbietet, dass wir sie als physisches Instrument gebrauchen können, um unsere geistigen Intentionen hier auf der Erde zu realisieren. Wenn es beispielsweise zu meiner Intention gehört, meine Genialität in Form von Musik auf der Erde zu entfalten, so muss ich einen Körper aussuchen, der mir unter anderem ein gutes Gehör bietet. Oder wenn ich als Arzt wirken will, muss ich in eine Familie hineingeboren sein, die mir die Möglichkeit dazu bereitstellt.

Das Ich bringt vorgeburtliche Intentionen mit, die es auf der Erde verwirklichen will. Damit es sie auch in die Tat umsetzen kann, bringt es außerdem gewisse Anlagen aus dem kosmischen Sein mit. Einige Anlagen stammen aus der Sphäre des Tierkreises – ob ich als Schütze oder als Krebs geboren bin, wird einen erheblichen Unterschied in meiner Lebenshaltung ausmachen. (Siehe im Literaturverzeichnis die Titelnummer 29.) Andere Anlagen kommen aus der Sphäre der Planeten. Ich bringe vielleicht mehr die Mars-Qualitäten mit, die mir unternehmerische Fähigkeiten verleihen, oder die Saturn-Qualitäten, die mich dazu anregen, einer Sache tief auf den Grund zu gehen, und mich zu einer Forschernatur machen – um nur einige Beispiele zu nennen. (Siehe im Literaturverzeichnis die Titelnummern 27 und 28.)Weitere Anlagen hängen mit dem Temperament zusammen. Mein Temperament kann mehr dem Element des Feuers oder des Wassers, der Luft oder der Erde unterliegen.

Unsere Individualität bringt also schon die Anlagen mit, die ihr aus dem Einfluss folgender vier Sphären gegeben sind: dem Tierkreis, den Planetensphären, den Elementen und der physischen Konstitution (dem Vererbungsstrom). Dies sind sozusagen vier Saiten eines Instruments, auf dem unsere Individualität spielen kann, um ihre Lebensmusik erklingen zu lassen. Es sind angeborene Anlagen, die es der Individualität ermöglichen, ihre Lebensmotivation hier auf der Erde zu verwirklichen.

Während wir diese Anlagen von vornherein mitbringen, begegnen wir nun den äußeren Lebensbedingungen, in die wir hineingeboren werden: unserer Umgebung, dem Land, der Sprache, dem Elternhaus, der Familie, den Lehrern und der Schule, der Gesellschaft, Kultur und Zeitepoche. Alle diese Umstände tragen zur Bildung unserer Persönlichkeit bei. So ziehen wir mit dem 21. Lebensjahr gut gewappnet ins Leben, finden unseren Partner, unseren Beruf und Arbeitsplatz und begegnen anderen Menschen, an denen wir psychisch wachsen können.

Allmählich, wenn wir älter als 30 sind, kommen unsere Lebensintentionen immer mehr zur Verwirklichung. Bis dahin sollten wir unser Augenmerk besonders darauf richten, unsere Begabungen zu fördern und zur Entfaltung kommen zu lassen. Es hängt natürlich von unserer inneren Kraft und unserem Durchhaltevermögen sowie den uns begegnenden größeren und kleineren äußeren Hindernissen ab, ob uns dies gelingt und ob wir uns als Persönlichkeit realisiert fühlen können.

Durch das Leben auf der Erde werden nun unsere Begabungen immer mehr zu Fähigkeiten. Viele davon schütteln wir, wie man oft bildhaft sagt, aus dem Ärmel. Sie sind es, die unser Ich sozusagen aus vorigen Inkarnationen mitbringt. Andere Fähigkeiten müssen wir uns mühsam erarbeiten.

Wir haben schon darauf hingewiesen, wie um das 28. Lebensjahr herum die Genialität von innen heraus neu gestaltet werden muss. Wir lassen hier einige Begabungen zurück, und andere werden umgewandelt, um für die Menschheit fruchtbar zu werden. Wir erfüllen unsere Aufgaben und wandeln dafür unsere Anlagen um. Wir sind in dem großen Lebensabschnitt des «Menschseins». Alles, was nun neu auf uns zukommt, muss geübt und erlernt werden, besonders auch der Umgang mit Schwierigkeiten und Hindernissen in der Arbeit und in den Beziehungen. Jeder von uns hat wohl schon die Erfahrung gemacht, dass das, was er an einem Tag mühsam übt – vielleicht einige neue Wörter in einer Fremdsprache oder ein Stück auf dem Klavier – am nächsten Tag schon als umgewandelte Fähigkeit erscheint. Es fließt alles schon viel leichter. Jeder Lernprozess beruht auf dieser Umwandlung – aus dem Üben entstehen Fähigkeiten. Aber nicht alles, was wir in einem Leben üben, gelingt uns, in Fähigkeiten umzuwandeln. Es ist aber wichtig zu wissen, dass die Anstrengungen, die wir unternehmen, nicht verloren gehen, sondern dass sie sozusagen aufbewahrt werden – und wenn nicht später im Leben, so werden sie doch in einer nächsten Inkarnation ihre Früchte tragen. Wenn wir bewusst unsere Lebensabschnitte der «menschlichen Erfüllung» gestaltet haben, schauen wir mit größerem Reichtum in die Zukunft, besonders im Alter, denn es entstehen dann neue Begabungen, neue Motivationen, neue Genialitäten für die nächste Inkarnation. So wie es zwischen einem Tag und dem anderen die Nacht gibt und vieles sich von einem Tag zum nächsten durch den Schlaf wandelt, so gibt es auch die große kosmische Nacht, in der Erübtes, gelebte und verarbeitete Erfahrungen sich zu neuen Begabungen, Fähigkeiten, Motivationen umwandeln. Wir können von einer Tagesbiografie sprechen – es ist der Teil, den wir mit unserem Bewusstsein begleiten – und von einer Nachtbiografie, die wir mit unserem gewöhnlichen Tagesbewusstsein nicht erfassen können. Erst nach dem Tod (wenn die große kosmische Nacht beginnt) können wir einen Überblick gewinnen und die Kontinuität von unserer Biografie als eine Ganzheit erleben.

Menschen, die kurz vor dem Ertrinken sind oder eine andere Schockwirkung erfahren (eine Verschüttung, eine Operation oder Ähnliches), können ein Lebenspanorama erleben: Das ganze Leben wird in wenigen Sekunden als eine Gesamtheit sichtbar. Auch nach dem Tod durchlebt jeder Mensch eine Phase, in der er sein Leben noch einmal als Panorama vor sich sieht. Dann durchläuft er das Kamaloka (oder Purgatorium) und die verschiedenen Planetensphären; in vielen Werken Rudolf Steiners wird das immer wieder beschrieben. (Siehe dazu die Literaturhinweise Nr. 33, 34 und 39.) Die einzelnen Phasen nach dem Tod haben ihre direkten Auswirkungen auf den Lebenslauf des Menschen in seiner nächsten Inkarnation. Wie wir schon ausgeführt haben, ist der Sieben-Jahres-Rhythmus das Resultat davon, dass unsere Individualität zwischen Tod und neuer Geburt durch die Planetensphären gegangen ist. Und in den verschiedenen Lebensphasen macht sich dann der Einfluss der verschiedenen Planetenkräfte geltend. (Siehe dazu oben Seite 172f.)

Je bewusster wir uns im Leben den Überblick über unsere Biografie verschaffen, desto bewusster können wir nach dem Tod die Früchte unseres Lebens und unsere Fehler überschauen und mit anderen Kräften unsere Zukunft gestalten. Denn was wir auf Erden erobert haben, kann im Nachtodlichen umgewandelt werden. Aus der Zeit des Kamalokas bildet sich der Impuls, das, was wir einem anderen Menschen als Schaden zugefügt haben, wieder in Harmonie zu bringen. Und so entsteht die Notwendigkeit, diesem Menschen in einem neuen Leben wiederzubegegnen. (Siehe die Literaturhinweise 33, 36 und 37.)

Wenn wir unsere Begegnungen unter dem Aspekt betrachten, was jeder Mensch für uns im Leben bedeutet, bekommen wir mehr Klarheit für die Gestaltung unserer Beziehungen. Vergangenheit und Zukunft reichen sich immer die Hand, und so, wie die Vergangenheit von der einen Seite unseren Lebensweg bestimmt, prägt auch die Zukunft von der anderen Seite her unsere Biografie. Auch eine Lebenskrise muss immer unter diesem Gesichtspunkt gesehen werden. Kommt sie aus der Vergangenheit, oder sind es Verunsicherungen, die aus der Zukunft hereinspielen? Denn eine Lebenskrise kann durchaus eintreten, weil unbewusst schon die Zukunft hereinspielt; ich spüre dann bereits die Veränderungen, die ich herbeiführen und gestalten muss, aber ich bin durch die alte Situation gebunden.

Wenn wir also einen Gegenwartsmoment untersuchen, können da sowohl Elemente aus der Vergangenheit als auch aus der Zukunft hereinspielen. Beides sind unbewusste Elemente. Wir können versuchen, sie immer mehr in unser Bewusstsein zu heben. Wenn uns dies gelingt, vermögen wir schließlich unsere Zukunftsziele besser und bewusster zu gestalten.

Der folgende Spruch von Rudolf Steiner gibt uns einen schönen Abschluss zu diesem Thema:

Es keimen der Seele Wünsche,
Es wachsen des Willens Taten,
Es reifen des Lebens Früchte.

Ich fühle mein Schicksal,
Mein Schicksal findet mich.
Ich fühle meinen Stern,
Mein Stern findet mich,
Ich fühle meine Ziele,
Meine Ziele finden mich.

Meine Seele und die Welt sind Eines nur,

Das Leben, es wird heller um mich,
Das Leben, es wird schwerer für mich,
Das Leben, es wird reicher in mir.

Strebe nach Frieden,
Lebe in Frieden,
Liebe den Frieden.

(aus: Wahrspruchworte)

Schematische Anleitung
für persönliche Zielsetzungen

Nachdem wir an der Vergangenheit unserer Biografie gearbeitet haben, müssen wir uns über den Gegenwartsmoment ganz klar werden, damit wir uns dann unsere Ziele deutlich vor Augen führen können.

Es ist eine gute Übung, wenn wir uns zum Beispiel die Frage stellen: Wie sehe ich mich in zehn Jahren? Oft werden wir dann erst gezwungen, uns über unsere Zukunft Gedanken zu machen und nach unseren eigentlichen Zielen zu fragen. Unsere Lebensmotivation hängt mit den Zielen zusammen. Wer keine Ziele im Leben hat, spürt keine Lust zum Leben. Wenn sich ein Mensch in einer Depression befindet, wenn ihm das Leben leer und öde erscheint oder ihm zur Routine geworden ist, können wir ihm helfen, neue Ziele zu finden. Auch einem Schwerkranken oder Sterbenden kann diese Arbeit sehr helfen.

Es gibt Ziele für kürzere, mittlere und längere Zeitspannen.

Es gibt Zielsetzungen für die verschiedenen Lebensbereiche. Wie könnten sie etwa aussehen? Wir führen für die einzelnen Gebiete einige Beispiele und Richtlinien an.

1. Der ökonomische Bereich:
  – unser Gehalt
  Zum Beispiel: Von meinem Gehalt möchte ich 20 Prozent für Forschungsarbeiten gegen die Krebskrankheit einsetzen.
  – unser Hab und Gut
  Welche Anschaffungen wollen wir noch machen?
  Wie wollen wir später unsere Güter verteilen (Testament)?

2. Gesundheitsziele:

   Zum Beispiel eine homöopathische Behandlung anfangen, Sport treiben oder etwas in meiner Ernährung ändern.

3. Berufsziele:
   – Wie wird sich meine Karriere in Zukunft entwickeln?
   – Was ist meine eigentliche Aufgabe, meine Mission?
   Beispielsweise: Neben meinem Ingenieurberuf möchte ich mich dem Unterrichten junger Schreiner widmen.

4. Beziehungen:
   – familiäre Beziehungen
   – berufliche Beziehungen
   Zum Beispiel die Beziehungen zu meinem Chef besser pflegen, um Konflikte und Reibungen zu vermeiden. Wie muss ich konkret vorgehen?
   – Freundschaften
   – Partner

5. Ziele der Selbstentwicklung:
   – geistiger Art:
   Zum Beispiel an den Übungen eines Schulungsweges arbeiten. Ein Gebet sprechen, eine Meditation erüben; oder meinen Glauben wieder aufnehmen; oder eine neue Lebensphilosophie kennenlernen.
   – seelischer Art:
   Zum Beispiel an meiner Ungeduld, meinem Hochmut arbeiten.
   – praktischer Art:
   Besser kochen lernen; oder besser zeichnen lernen.

6.Menschheitsziele:

Ich möchte beispielsweise etwas für die Ökologie meines Landes beitragen;
oder für die Entdeckung eines Aidsmittels;
oder für den Entwicklungsweg der Menschen.

Wir können die Zielsetzungen auch einteilen in:
- – Überlebensziele
- – Selbstverwirklichungsziele
- – Selbstentwicklungsziele
- – Menschheitsziele.

Es versteht sich, dass die verschiedenen Ebenen ineinandergreifen, und die oben genannte Ordnung soll nur als Hilfestellung dienen, um an den Zielen besser arbeiten zu können.

Einige Fragen zur Arbeit an der eigenen Biografie

Außer der Auflistung von Ereignissen (gute sowohl wie schlechte) aus den einzelnen Lebensphasen können folgende Fragen und Gesichtspunkte eine Hilfestellung sein, um für jeden Abschnitt seines Lebens den Leitfaden zu finden:

Bis 7 Jahre:
– meine erste Erinnerung
– die ersten Sinneseindrücke
– das Heim und seine Umgebung und die Menschen, die darin wohnten
– die Beziehungen zu Vater, Mutter, Geschwistern, Großeltern. Was hatten diese für einen Beruf?
– Spiele

Von 7 bis 14 Jahren:
– die Schule, meine Lehrer, die Erziehungsmethode
– die Normen und Gewohnheiten, die mir eingeprägt wurden
– Wie war meine religiöse Erziehung?
– künstlerische Tätigkeiten, die ich ausgeübt habe (Musik, Malen, Theaterspielen, Handarbeiten, Werken, Modellieren usw.)
– Gelegenheit für Sport, Ausflüge, Naturerlebnisse
– Gelegenheit für Ferien
– War das zehnte Jahr besonders?
– Und das zwölfte Jahr?
– Welche Veränderungen haben sich mit der Vorpubertät eingestellt? Wie erlebte ich diese Veränderungen?

Von 14 bis 21:

- Habe ich mich in dieser Phase als Person weiterentwickelt, oder wurde ich in meinen Intentionen zurückgedrängt?
- Habe ich physisch und seelisch einen privaten Spielraum gehabt?
- Welches waren meine Ideale? Welches meine Idole?
- Welche Menschen haben mich in dieser Zeit stark beeinflusst, im Positiven wie im Negativen?
- Wie habe ich meine Berufswahl getroffen? War die Zeit mit 18 ½ Jahren besonders?
- Habe ich Möglichkeiten zur Weiterbildung gehabt?

Von 21 bis 28:

- Habe ich den richtigen Beruf gewählt?
- Habe ich die Möglichkeit gehabt, verschiedene Arbeitsplätze kennenzulernen?
- Habe ich verschiedene Berufserfahrungen gesammelt?
- Habe ich einen guten Chef gehabt?
- Welche Rollen habe ich übernommen? Hat eine davon mich besonders belastet?
- Was für Ideale hatte ich?
- Welche Talente habe ich zurückgelassen (die im Leben nicht von mir gefordert wurden)?
- Wie habe ich die Wahl meines Partners getroffen?
- Habe ich ein rechtes Verhältnis zur Welt, zur Organisation, in der ich lebe, und zu mir selbst gefunden?

Von 28 bis 35:

- Konnte sich meine Individualität in dieser Zeit gut entfalten?
- War ich unterdrückt, oder habe ich andere unterdrückt?
- Habe ich meinen Wirkungsort gefunden?
- Wie war mein Lebensgefühl, mein Selbstgefühl? Worin lag meine Lebenserfüllung?

- Welche bedeutenden Begegnungen hatte ich in der Zeit von 30 bis 33?
- Hat sich in dieser Zeit ein neuer Einschlag in meinem Leben gezeigt?

Von 35 bis 42:
- Sind für mich neue Werte im Leben hinzugekommen?
- Konnte ich mein Leben dementsprechend umgestalten?
- Habe ich eine wesentliche Veränderung um das 37. Lebensjahr gespürt?
- Bin ich auf dem Weg, meine Mission zu erfüllen?
- Habe ich meine Lebensfrage gefunden und mich dazu bekannt?
- Wie sehe ich mich, wie sehen die anderen mich, welche Illusionen habe ich in dieser Zeit abgebaut?

Von 42 bis 49:
- In welche Richtung entfalte ich neue Kreativität?
- Neue Hobbys?
- Was habe ich an Genialitäten und Begabungen begraben, die ich jetzt wieder hervorholen kann?
- Habe ich mich in meiner Arbeit um Nachfolger gekümmert?
- Gelingt es mir, meine Lebensfrüchte zu verschenken?

Von 49 bis 56:
- Konnte ich einen neuen Lebensrhythmus finden?
- Wie sieht mein Tages-, Wochen-, Monats- und Jahresrhythmus aus?
- Was sind die verdorrten Äste meines Baumes, die ich abschneiden muss, damit Neues sprießen kann?

Von 56 bis 63:

– Wie sehe ich meine Biografie als ganze? Was ist der rote Faden in meiner Biografie?
– Was habe ich verwirklichen können? Was steht als Aufgabe aus, die ich gerne noch verwirklichen möchte?
– Wie gehe ich mit meinen körperlichen Beschwerden um?
– Was kann ich für die Pflege meines Körpers, ganz besonders aber auch meiner Sinne und meines Gedächtnisses tun?
– Sind Beziehungen ungelöst geblieben? Was kann ich davon noch nachholen?
– Wie steht es mit meinen Gütern?

Von 63 an aufwärts:

– Was möchte ich in der Zukunft noch lernen?
– Was für neue Dimensionen meines Bewusstseins ergeben sich?
– Empfinde ich Gnade, Dankbarkeit, Heiterkeit?
– Gelingt es mir, einige Kräfte aus der Kindheit und Jugend zu erhalten? Wie?

Ergänzende Fragen finden Sie in dem Buch *Schlüsselfragen zur Biografie* und, speziell auf die Periode nach dem 63. Lebensjahr bezogen, in: *Die Freiheit im «dritten Alter»*.

Autobiografie der Autorin

Am Schluss unserer Betrachtungen über Biografiearbeit und biografische Gesetzmäßigkeiten möchte ich noch meine eigene Biografie darstellen. Ich habe sie verfasst als eine Geste des Dankes und als eine kleine Gegengabe für all die vielen Menschen, die mir ihre Biografie anvertraut haben und die so das Erscheinen dieses Buches überhaupt erst ermöglicht haben.

Meine Eltern stammten beide aus Deutschland. Mein Vater kam aus Berlin. Nach dem Ersten Weltkrieg absolvierte er dort eine Ausbildung für Physiotherapie; 1920 wanderte er nach Brasilien aus. Anfänglich arbeitete er in São Paulo in einem Physiotherapeutischen Institut, um dann sein eigenes Institut im Zentrum der Stadt São Paulo zu gründen. Meine Mutter stammte aus einer Gegend, die heute zu Polen gehört. Mein Vater hatte sie aus Deutschland kommen lassen, um sie zu heiraten, ohne sie überhaupt zu kennen – lediglich weil sie die Schwester seiner Schwägerin war. Aber bereits ein Jahr nach ihrer Heirat trennten sich meine Eltern wieder. Vor meiner Geburt war auch die Mutter meines Vaters aus Europa nach Brasilien gekommen.

Die ersten acht Monate meines Lebens verbrachte ich an einem See außerhalb von São Paulo. Dort gab es eine herrliche Natur, reines Wasser und eine klare Luft. Schon als ich klein war, badete die ganze Familie hier nackt im See. Meine Mutter stillte mich bis zum neunten Monat. Mein Vater arbeitete mitten in der Stadt und kam nur am Wochenende zurück. Ich kenne die Gründe für die Scheidung meiner Eltern nicht, aber ich könnte mir denken, dass sich meine Mutter sehr allein fühlte. Außerdem soll sie sehr eifersüchtig gewesen sein.

Ab dem zweiten Lebensjahr wurde ich von meiner Großmutter

und meinem Vater erzogen. Meine Großmutter hat dabei die Mutterstelle vollkommen eingenommen. Wir zogen in ein Viertel in São Paulo, das nicht sehr weit vom Stadtzentrum abgelegen war, aber doch noch von Natur und Wildnis umgeben wurde. Die Kühe kamen hier an unseren Zaun, um den Abfall zu fressen. Häufig besuchten uns auch ganz große Eidechsen und eine Schlange, die sich von den Nachbargrundstücken auf unser Anwesen schlängelte. Ich hatte völlige Freiheit, mich in dem Garten zu bewegen, und im Sommer war ich meistens nackt. Hinter dem Haus hatten wir einen großen Sandplatz, der sich mit Wasser füllte, wenn es regnete. Es war für mich die reinste Freude, darin zu planschen.

Ich bekam keine Impfungen und keinerlei Medikamente. Wenn ich erkrankte, wickelte mich mein Vater in dicke Decken ein, sodass ich die Krankheit ausschwitzte.

Ich wuchs in meiner Kindheit ganz mit der deutschen Sprache auf.

Als ich viereinhalb Jahre alt war, kam eine Stiefmutter ins Haus. Ich erinnere mich noch an die Hochzeitsfeier. Meine Stiefmutter und mein Vater waren zu dieser Zeit Anhänger von Mazdaznan, einer persischen Lehre, die im Wesentlichen auf einer Anbetung der Sonne beruht. Jeden Sonntag fuhren wir in die Loge. Aus jener Zeit erinnere ich mich noch an die schönen Gesänge, die dort gepflegt wurden und die hauptsächlich der Sonne galten. In der Loge hatte ich Kontakt mit einigen Kindern, aber sonst wuchs ich als Einzelkind auf. Mein Vater war immer sehr stolz auf mich. Und meine Großmutter, so erzählte man mir später, verwöhnte mich sehr. Ich schlief mit ihr in einem Zimmer. Sie und mein Vater waren in einer gewissen Hinsicht kühle Menschen, andererseits aber sehr liebevoll. Beispielsweise machten mein Vater und ich jeden Sonntag lange Wanderungen.

Meine Stiefmutter dagegen hat kaum in meine Erziehung eingegriffen. Sie war eine aparte Frau, eine Argentinierin, die von deutschen Eltern abstammte. Es war ihre dritte Ehe, und nie hatte sie vorher Kinder gehabt. Sie besaß eine Liebe für die Natur und für, Pflanzen. Als unser Haus erweitert wurde, begann sie Orchideen, Kakteen und besondere Pflanzen zu züchten. Auch fing sie die großen Eidechsen ein und pflegte sie. Sie besaß außerdem eine kleine junge Tigerkatze, die den ganzen Tag auf den Bäumen unseres Gartens saß. Wenn ich heute auf mein erstes Jahrsiebt zurückblicke, dann sehe ich, dass meine Stiefmutter eine gewisse Schönheit und Ästhetik in unsere Wohnung gebracht hat. Vor allem auch hat sie mir gute Manieren beigebracht.

Mit besonderer Liebe und Freude erinnere ich mich aus jener Zeit an unsere Weihnachtsfeiern zu Hause. Mein Vater hatte sich im Garten ein kleines Wäldchen gepflanzt, und zu jeder Weihnacht stieg er auf den höchsten Baum und schnitt die Spitze als Weihnachtsbaum ab.

Bedeutsam für mein erstes Jahrsiebt war außerdem eine Cousine meiner Stiefmutter, die zu uns zu Besuch kam. Sie hieß für mich «Tante Emma». Sie war Anthroposophin und erzählte mir schöne Märchen. Zu dieser Tante Emma habe ich eine tiefe Beziehung bekommen, die sich auch später in meinem Leben ausgewirkt hat. Übrigens hat diese Tante Rudolf Steiners Schrift «Wie erlangt man Erkenntnisse der höheren Welten?» in das Portugiesische übersetzt. Es war die erste Übersetzung eines anthroposophischen Werkes ins Portugiesische überhaupt. Tante Emma wollte mir auch das Klavierspielen beibringen, und wir bekamen zu dieser Zeit ein neues Klavier ins Haus.

Mit sechs Jahren kam ich dann in die Schule. Da ich kein Portugiesisch sprach, sollte ich eine deutsch-brasilianische Schule besuchen. Als ich am ersten Schultag mit meinem Vater dorthin ging, sah ich, dass kein einziger Baum auf dem Schulhof stand. Entschieden sagte ich zu meinem Vater, dass ich in dieser Schule nicht bleiben wolle. Er respektierte diesen Wunsch. So kam ich in eine katholische Schwesternschule, die bei uns in der Nähe lag *und die ich zu Fuß erreichen konnte. Zuvor musste ich aber noch Portugiesisch lernen. In der Schwesternschule gab es einige neue Probleme für mich: Ich war nämlich nicht getauft. Mein Vater wollte, dass ich später meine Religion selbst aussuchte. Das war den Schwestern natürlich nicht recht, und während der ganzen Schulzeit versuchten sie, mich zu ihrer Religion zu bekehren. Es ist ihnen aber nicht gelungen. Ich pflegte meine eigene Religion, sammelte die Heiligenbilder und baute mir zu Hause mit Steinen, Kerzen und Pflanzen meinen eigenen Altar auf.*

Eine weitere Benachteiligung bestand darin, dass ich mich vegetarisch ernährte. Da die Schulstunden von acht bis siebzehn Uhr gingen, musste ich mir mein Mittagessen immer von zu Hause mitbringen. Ich erinnere mich, dass meine Mitschülerinnen großes Interesse an meinem Essen entwickelten, und häufig musste ich es mit ihnen teilen.

Von meinem sechsten bis zum vierzehnten Lebensjahr kam eine neue Anforderung auf mich zu: Jedes zweite Jahr musste ich zu meiner Mutter fahren. Sie war zunächst nach Deutschland zurückgekehrt, hatte dann aber ihren Wohnsitz nach Rio de Janeiro verlegt. Meine Mutter hatte wenig Verständnis dafür, dass ich Vegetarierin war, und wollte mich zum Fleischessen zwingen. Ich erbrach aber alles wieder, und sie verzichtete dann darauf. Auch war ich gewohnt, in einer Badewanne zu baden, und sie wollte mich unbedingt unter die Dusche stecken. Ich spürte eine große Aggression, die von ihr ausging, und im Unterbewusstsein meiner Seele tauchte der Gedanke auf: Wenn Menschen böse und aggressiv sind, so muss irgendetwas mit ihnen nicht stimmen. Ich hatte also gar keine innere Beziehung zu meiner Mutter, und meine Aufenthalte besserten sich erst, als meine Mutter wieder heiratete und zwei weitere Kinder auf die Welt brachte. Nach dem dritten Kind bekam sie eine Geisteskrankheit, und ich musste sie öfters in den Sanatorien besuchen. Für mich war das eine große seelische Belastung, und es hat lange in meinem Leben gedauert, bis ich überhaupt mit psychiatrischen Patienten umgehen konnte.

Als ich neun Jahre alt war, kam ein großer Einschnitt in mein Leben. Auf dem Weg zur Schwimmschule wurde ich von einem Auto überfahren. Mein Brustkorb wurde völlig eingedrückt, und ich hatte vierzehn Rippen gebrochen. Ich kann mich noch daran erinnern, wie der Fahrer des Autos – es war ein Schwarzer – über mir stand und mir ins Gesicht schaute. Ich erinnere mich, dass ich im Krankenwagen viele Male mühsam die Telefonnummer meines Vaters wiederholen musste. Als ich bei der Erste-Hilfe-Station ankam, stand mein Vater schon dort und versuchte gleich, mich in einem Krankenhaus unterzubringen. Man sagte ihm aber, es habe keinen Sinn mehr, da ich ja doch sterben würde. Mithilfe von befreundeten Ärzten erreichte es mein Vater aber dennoch, dass ich im Deutschen Krankenhaus untergebracht wurde. Und siehe, o Wunder, nach drei Wochen hatte ich mich völlig erholt. Mein Vater war sehr stolz auf meine Gesundheit und schrieb es meiner gesunden Lebensweise zu.

Mit zehn Jahren hatte ich den Wunsch, die Schule zu wechseln. Ich kam in eine deutsch-brasilianische Schule. Aber auch dort fühlte ich mich fremd, denn wieder gab es einige Kinder, die wussten, dass ich Vegetarierin und Mazdaznan-Anhängerin war, und die mich deshalb verspotteten. Es war gerade Kriegszeit, und der Unterricht in der deutschen Sprache wurde verboten. Einige Lehrer waren sehr streng und schlugen einem oft das Heft um die Ohren. Ich erinnere mich noch an den Satz: «Wer dumm ist, bleibt dumm. Da helfen keine Pillen und keine kalten Umschläge.» Nach einiger Zeit gelang es mir aber doch, Freundschaften mit mehreren Klassenkameraden zu schließen. Wir gingen gemeinsam in einen Sportklub, und ich begann mit einem Schwimm- und Springtraining.

Um mein zwölftes Lebensjahr verstarb meine Großmutter. Mein Vater bat mich, ihr eine Rose in die Hände zu drücken. Das *fiel mir sehr schwer – später wurde mir klar, warum ich es immer vermied, die Leichen meiner verstorbenen Patienten herrichten zu helfen. Durch den Tod meiner Großmutter bekam ich mein eigenes Zimmer. Ich fuhr in Ferien und hatte dort Gelegenheit, meinen späteren Mann zu sehen – aber nur aus größerer Entfernung. Meiner Stiefmutter gelang es nicht mehr, sich wesentlich in meine Erziehung einzumischen. Ich war auch viel von zu Hause weg; morgens ging ich in die Schule und nachmittags in den Sportklub. Während meiner Jugendzeit, bis zum 17. Lebensjahr, blieb ich im Sport- und Schwimmverband. Wir hatten einen ausgezeichneten japanischen Schwimmlehrer, der für uns Jugendliche eine Art Idol war. Weiterhin aber war ich sehr schüchtern; meine Freundschaften waren alle nur kameradschaftlicher Art.*

Ab meinem zwölften Lebensjahr wusste ich, dass ich Medizin studieren wollte. Ich kann es rückblickend schwer beurteilen, ob es ein Wunsch meines Vaters war oder mein eigener. Ich kann nur sagen, dass das Leben es bestätigt hat. Es lebte eine große Begabung für die Medizin in mir. Falls der Wunsch von meinem Vater ausging, so kann ich ihm diesbezüglich nur sehr dankbar sein.

Nach einem neuerlichen Schulwechsel mit 14 Jahren begann ich langsam die Chemie, die Physik und die Mathematik zu begreifen und zu lieben, und ganz besonders natürlich auch die Biologie. Ein Jahr vor Beginn der medizinischen Aufnahmeprüfung hörte ich mit dem Schwimmen auf und widmete mich ganz dem bevorstehenden Studium. Die Folge war, dass ich über zehn Kilo zunahm.

Noch während der Zeit in der deutsch-brasilianischen Schule interessierte ich mich sehr für den protestantischen Religionsunterricht, und mit 14 Jahren wollte ich gerne, wie meine Mitschülerinnen, eingesegnet werden. Mein Vater aber meinte, ich wolle das nur des weißen Kleides und der festlichen Angelegenheiten wegen tun, und redete es mir wieder aus.

Mit 16 Jahren hatte ich eine große platonische Liebe zu einem chilenischen Schwimmer, der zwölf Jahre älter war als ich. Es kam aber lediglich zu einem regen Briefwechsel.

Als ich 18 war, kam ich an die Medizinische Hochschule. Ich bestand gleich die erste Aufnahmeprüfung und begann das Medizinstudium mit großer Begeisterung. Alles faszinierte mich, besonders die Anatomie und vor allem auch die Histologie. Stundenlang blieb ich am Mikroskop, um die Bilder der Gewebe zu studieren. Bei dieser Gelegenheit verschlechterten sich meine Augen dermaßen, dass ich eine viel stärkere Brille tragen musste. Ich wurde in den ersten sechs Semestern zur besten Studentin an der Universität und bekam allerlei Auszeichnungen. Im sechsten Semester fingen auch schon die ersten praktischen Arbeiten im Krankenhaus an. Ich gewann das Vertrauen meines Chefs, und so betreute ich bereits im vierten Jahr des Studiums eine Gruppe von zwölf Patienten, denen ich sogar schon Medikamente verschrieb. Damals hatte ich mehr Beziehungen zu meinen Lehrern als zu meinen Studienkollegen.

Ab meinem 18. Jahr interessierten sich meine Eltern immer mehr für die Anthroposophie und begannen, anthroposophische Vorträge zu besuchen. So fiel mir mit 21 Jahren ein Büchlein von Ehrenfried Pfeiffer in die Hände, und ich wollte in dem Labor meines Chefs, der ein Krebsforscher war, Kristallisationsversuche durchführen. Wer diese Experimente kennt, weiß, dass es sehr viel Technik erfordert, bis eine Kristallisation richtig gelingt. Zu diesen technischen Feinheiten hatte ich keine große Neigung. Trotzdem ist es mir aber eines Tages gelungen, ein Kristallisationsbild herzustellen, und das Erlebnis, dass von einem Punkt die ganzen Kristalle in die Peripherie ausstrahlen, war für mich ein tiefgreifender Eindruck. Ich merkte plötzlich, dass ein geistiges Element die Materie formt und ihr Richtung geben kann. Ich könnte diese Erfahrung als ein Ich-Erlebnis bezeichnen.

Als ich 21 war, hatte ich auch den Wunsch, eine selbstständige Reise zu unternehmen, ganz allein, und ich bekam die Gelegenheit, nach Argentinien zu fahren. Mein Vater hatte großes Vertrauen in mich, und meine Unschuld beschützte mich. Das galt überhaupt für diese Zeit, denn häufig kam ich spät nach Hause, da ich mit den Studienkollegen der Universität verschiedene Kunstschulen und Theateraufführungen besuchte.

Die Anthroposophie weitete mir meinen Horizont unendlich. Im 22. Lebensjahr kam ein alter anthroposophischer Arzt aus Hamburg, Dr. Maijen, nach Brasilien und hielt einige Vorträge über Goethe. Bei dieser Gelegenheit lernte ich meinen ersten Mann, Peter Schmidt, kennen. Er kam aus den Vereinigten Staaten und verbrachte gerade seine Ferien in Brasilien. Die Ferien dauerten nur drei Wochen, und wir nutzten diese Zeit intensiv, um uns kennenzulernen. Dann musste er in die Staaten zurückreisen, um sein Studium zu beenden. Ein reger Briefwechsel entstand zwischen uns. Er führte zu einer Verlobung, die wir uns auf Postkarten schrieben. Mein Vater war anfangs über diesen Schritt nicht sehr begeistert; aber da er bei meiner Geburt für mich den Namen Peter ausgependelt hatte, sah er das doch als einen Schicksalshinweis an. Er stellte mir als einzige Bedingung, dass ich mein Studium zu Ende führen müsse. Das fiel mir nicht schwer, denn ich hatte auch selbst kein Bedürfnis, das Studium abzubrechen. Mein damaliger Verlobter unterbrach dagegen sein Studium und führte es nicht ganz zu Ende, weil ihn einige wichtige Gründe nach Brasilien zurücktrieben – einer der Gründe war natürlich auch meine Existenz. Nach seiner Ankunft heirateten wir, obwohl wir uns durch die Entfernung etwas entfremdet hatten. Aber da meine Eltern nach Europa reisen wollten und wir das Haus hüten mussten, entschlossen wir uns doch, gleich zu heiraten. Wenn wir beide heute auf diese Zeit zurückblicken, so meinen wir, dass wir uns damals hätten mehr Zeit lassen sollen, zumal es auch meine erste Liebe war.

Während der Studienjahre, mit 23, kam meine erste Tochter, Aglaia, zur Welt. Sie wurde in der Universitätsklinik entbunden.

Ich durfte sie dann in die Kinderkrippe der Krankenschwestern legen, und so konnte ich sie, auch wenn ich an der Universität war, stillen. Es war für mich eine schwere Zeit, meine mütterlichen Aufgaben während des Studiums nicht voll erfüllen zu können. Wir wohnten damals bei meinen Schwiegereltern, und zwischen ihnen und meinem Mann und mir kam es zu großen Konflikten.

Mit 24 Jahren erhielt ich mein Arztdiplom, und im nächsten Jahr arbeitete ich als Assistenzärztin in der Abteilung für Innere Krankheiten. Inzwischen wartete mein Vater schon ungeduldig darauf, dass ich in dem Physiotherapeutischen Institut die ärztliche Verantwortung übernahm. Er richtete dort für mich bereits ein Sprechstundenzimmer ein. So konnte ich, während ich gleichzeitig noch an der Universität arbeitete, auch schon in einer eigenen Praxis tätig sein.

Mit 25 Jahren kam meine zweite Tochter, Solway, zur Welt. Ich spürte schon damals, dass das Medizinische mir sehr leicht fiel. Kinder großzuziehen und eine eigene Familie zu haben war für mich dagegen neu, und es musste Stück für Stück erarbeitet werden.

In meinem 26. Lebensjahr gründeten meine Schwiegereltern und noch einige Ehepaare die Waldorfschule in São Paulo. Ich entschloss mich, dort Schulärztin zu werden. Innerlich wurde ich mit der Frage konfrontiert: Wie soll ich Schulärztin an einer Waldorfschule werden, wenn ich die anthroposophische Medizin noch gar nicht kennengelernt habe? In diesem Moment entschloss ich mich, an das damalige Klinisch-Therapeutische Institut in Arlesheim zu schreiben. Ich bekam den Kontakt mit Dr. Alexander Leroi, einem Portugiesen, der an dem Institut dort tätig war. Mein Mann und ich bereiteten uns auf eine Europareise vor. Mein Mann ging zur Firma «Giroflex», der Mutterfabrik seiner brasilianischen Firma, in die Schweiz, und ich kam mithilfe eines Stipendiums der Weleda nach Arlesheim. Dort hatte ich Gelegenheit, einen einmonatigen einführenden Kurs für Mediziner zu besuchen, und ich begeisterte mich für die Eurythmie. Den Inhalt der Vorträge verstand ich noch wenig. Aber hier in Arlesheim gefiel es mir sehr, und ich lebte mich immer mehr in diese Welt ein. Mein Mann, der mich an den Wochenenden besuchte, staunte über meine inneren Verwandlungen. Nachdem der Kurs beendet war, arbeitete ich noch drei weitere Monate in der Klinik mit Dr. Alexander Leroi zusammen, und zwischen uns entwickelte sich eine tiefe Freundschaft, die bis zu seinem Lebensende währte.

Als ich 27 war, kam er mit seiner Frau zu Besuch nach Brasilien. Er fand in unserem Badezimmer unseren Medikamentenschrank. Hier standen die Arzneimittel, die mein Mann am Wochenende in kleinere Gläschen abfüllte und dann an die Patienten verteilte. Bei dieser Gelegenheit entschlossen wir uns, eine «Weleda» in Brasilien zu begründen. Im selben Jahr starb meine Stiefmutter. Auch kamen in diesem Jahr immer mehr europäische Lehrer, hauptsächlich aus Deutschland, an die brasilianische Waldorfschule, und es entwickelte sich ein reger Arbeitskreis.

Mit 28 Jahren hatte ich Röteln, zusammen mit meinen Kindern.

Mein Mann und ich schlossen uns an anthroposophische Arbeitsgruppen und an Arbeitskreise mit den Lehrern der Waldorfschule an. Es war in unserem Leben eine Phase der vielen neuen Entdeckungen. Wir verkehrten mit vielen jungen Menschen. Als ich mein drittes Kind, Thomas, erwartete, hatte ich den Wunsch, mit der Arbeit etwas auszusetzen. So fuhren wir, obwohl ich schwanger war, nach Europa und unternahmen eine wunderbare Italienreise.

Zwei Monate nach meiner Rückkehr kam Thomas zur Welt. Für mich war die Stillzeit der Kinder immer eine große Freude, denn ich konnte mich dann ganz auf die Kinder konzentrieren. In den übrigen Zeiten empfand ich doch immer eine gewisse Teilung in mir; ich musste mich einerseits der Familie und andererseits meiner Arbeit im medizinischen Bereich widmen. Rückblickend glaube ich heute, dass ich zu früh große Verantwortung getragen habe. Ich denke zum Beispiel an die Erwartung meines Vaters, *dass ich für das Physiotherapeutische Institut verantwortlich sein sollte. Ich wurde nie krank und hatte nur Gelegenheit, während der Schwangerschafts- und Stillzeit zu Hause zu bleiben. Deshalb genoss ich diese Zeit besonders.*

Die Waldorfschule hatte ein neues Grundstück außerhalb São Paulos gekauft, und es siedelten sich viele an der Waldorfpädagogik interessierte Leute im südlichen Teil der Stadt an. Zwischen den jungen Lehrern aus Europa und den älteren, die schon länger hier wohnten, entstanden häufig Konfliktsituationen. Da ich gegenüber der Regierung die Verantwortung für die Schule hatte, versuchten einige Lehrer, mich auszunutzen, um persönliche Vorteile zu erreichen. In meiner Unerfahrenheit, was Beziehungen anging, wurde ich in Angelegenheiten verwickelt, denen ich nicht gewachsen war. Man könnte sagen, es war ein luziferischer Zug in diesen Verwicklungen, und ich spürte in dieser Zeit stark eine luziferische Verführung. Öfters musste ich mich in den Vordergrund stellen, und viele Lehrer verliebten sich in mich. Eines Tages kam ich plötzlich zu der Einsicht: Es kommt zu diesen Situationen, weil ich etwas ausstrahle, das die Lehrer dazu veranlasst, sich so zu verhalten. Seither konnte ich besser damit umgehen.

In meinem 30. Lebensjahr, als Thomas sieben Monate alt war, erkrankte mein Vater an Schilddrüsenkrebs. Es war für ihn sehr schwer zu verstehen, dass gerade er, der so natürlich gelebt hatte, diese Krankheit bekam. Nachdem er operiert und bestrahlt worden war, fuhr er nach Arlesheim, um in der Ita-Wegman-Klinik gepflegt zu werden. Ich konnte ihn die letzten zwei Wochen seines Lebens begleiten. Er starb in einer Spezialklinik in Basel, an einem Gründonnerstag. Gleich nach seiner Kremation reiste ich wieder nach Brasilien zurück.

Schon vorher hatten wir begonnen, unser eigenes Haus zu bauen. Etwa zur selben Zeit kauften wir auch ein Grundstück in den Bergen. Die Krise in der Schule nahm zu. Ich hatte in dieser Zeit eine tiefe Begegnung mit Helmut von Kügelgen, der zu Besuch in Brasilien weilte und Vorträge hielt. Er half mir, ein vertieftes Verständnis des seelischen Wirrwarrs in der Schule und bei den Lehrern zu bekommen. Es war eine Begegnung, die einen Wendepunkt in meinem spirituellen anthroposophischen Leben bedeutete und durch die ich auch in einer neuen Form und Meditation eine Begegnung mit der Christuswesenheit bekommen habe. Es geschah gerade in der Mitte meines 32. Lebensjahres.

Wir reisten danach zusammen nach Argentinien. Helmut von Kügelgen hielt pädagogische Vorträge und ich medizinische. Mit vielen Personen hatte ich in jener Zeit wichtige Begegnungen, unter anderen mit Gerhard Jödicke und Willi Wolldijk. Auch mein Mann gesellte sich diesem neuen Leben zu. Ich befasste mich intensiv mit dem pädagogischen Jugendkurs Rudolf Steiners, den ich allen Menschen verkündigen wollte. Schon immer hatte ich mich einem meditativen Leben zugewandt. Seitdem ich die anthroposophische Literatur kennengelernt hatte, befasste ich mich intensiv mit den Weihnachts- und Osterkursen für junge Ärzte von Steiner. Dadurch erweiterte ich mein inneres meditatives Leben über das rein Medizinische hinaus und versuchte, die Welt umfassender zu verstehen.

In der Waldorfschule kam es nun zu einem regelrechten Bruch, und die neu angekommenen Lehrer trennten sich von der Schule. Das war auch für mich der Punkt, mich von der Schule zu trennen. Ich hatte das Gefühl, dort genügend Hilfe geleistet zu haben, und spürte im Inneren, dass meine eigentliche Aufgabe eine andere war: nämlich eine anthroposophische Klinik hier in São Paulo zu gründen. Auch mein Vater hatte früher schon immer diese Idee einer Klinikgründung unterstützt. Ich fühlte aber, dass das alte physiotherapeutische Heilwesen nicht mein Weg war, sondern dass gerade der anthroposophische Weg mir Antwort gab auf jene Fragen, die ich mir schon früher angesichts des Verhaltens meiner Mutter gestellt hatte.

In die Fabrik meines Mannes stieg jetzt auch mein Schwieger-

vater ein. Seinen eigenen Betrieb verkaufte er, um sich mit dem neuen Unternehmen zu verbinden. Mein Mann fragte sich jedoch innerlich: ‹Ist das wohl mein Weg, oder hat es vielleicht die Pädagogik hier in São Paulo nötig, neue Lehrer zu bekommen?› So entschlossen wir uns beide, samt Kindern und Haushalt für ein bis zwei Jahre nach Europa umzusiedeln. Thomas war damals gerade drei Jahre alt geworden. Die Kinder hatten das Glück, in der ersten und dritten Klasse der Stuttgarter Waldorfschule aufgenommen zu werden. Mein Mann Peter besuchte das Seminar für Waldorfpädagogik, und Thomas und ich blieben zunächst zu Hause. Das Leben in Stuttgart war nicht ganz einfach. Unsere Kinder waren brasilianisch laut, und die Haushaltsführung belastete mich sehr. Ich fuhr öfters in das heilpädagogische Seminar nach Eckwälden bei Bad Boll, wo ich eifrig bei Else Sittel Heileurythmie studierte und mich von Margarethe Hauschka in Massage und Heilmalen unterrichten ließ. In Stuttgart selbst habe ich bei dem alten Apotheker Spieß besondere pharmazeutische Verfahren kennengelernt.

Ich hatte auch wichtige Begegnungen mit Ernst Lehrs und Frau Röschel-Lehrs, und wir führten viele vertiefende Gespräche über den anthroposophischen Schulungsweg. In Stuttgart-Heumaden gab es eine kleine Gruppe von Ärzten, zu der ich leicht Kontakt fand. Meine Seele erfüllte sich immer mehr mit dem großen Reichtum, den ich von den Menschen geschenkt bekam. Sie haben mein medizinisches Wirken außerordentlich geprägt, und bis heute schöpfe ich aus diesen Quellen. Diese Zeit in Europa gehört zu den fruchtbarsten meines Lebens.

Eine wichtige Begegnung hatten wir zu Weihnachten im Arlesheimer Kreis mit Bernard Lievegoed. Gerade für meinen Mann war diese Begegnung entscheidend und richtungsändernd. Er bekam die Gelegenheit, einige Male in die Niederlande zu fahren, um die Arbeit von Professor Lievegoed näher kennenzulernen. Mein Mann erkannte, dass seine Aufgabe in der Pädagogik mit

Erwachsenen im Rahmen der Arbeit von Bernard Lievegoed lag. Diese Zeit war für uns ein Begegnen und Trennen, ein Wiederbegegnen und Wiedertrennen, und jeder von uns hatte Neues und Enthusiastisches zu berichten. Es war eine sehr reiche Zeit.

Die Stuttgarter Zeit war nun für uns bald beendet. Unser Schiff, ein belgischer Frachter, fuhr von Antwerpen aus nach Brasilien. Es gab auf ihm keine Sicherheitsvorkehrungen, und so fiel Thomas von einem Schiffsdeck herunter. Eine ganze Woche lang musste er immer wieder erbrechen. Als wir in São Paulo ankamen, stellte sich bei einer Radiographie seines Kopfes heraus, dass sein Schädel einen geraden Riss von vorne bis hinten hatte. Noch eine ganze Weile musste Thomas das Bett hüten, bis er wieder gesund war.

Wir kamen 1964 aus Deutschland zurück. Es war in Brasilien gerade die Zeit des Militärputsches gegen die Kommunisten; er fand in erster Linie in São Paulo statt – also keine leichte Zeit, um etwas Neues in Brasilien zu beginnen. Unsere Schwiegereltern hatten aber sehr auf unsere Rückkehr gedrängt, denn es gab in der damaligen Zeit noch keinen einzigen Arzt, der Weleda-Mittel verschrieb. Mein Mann fasste den Entschluss, in São Paulo mit einer sozialpädagogischen Arbeit in seiner Firma «Giroflex» zu beginnen. Er dachte sogar daran, eine Lehrlingsausbildung einzurichten. Eine ehemalige Kindergärtnerin aus São Paulo kam zu uns, um sich dieser Arbeit hier in Brasilien zu widmen. Ferner schloss sich uns noch eine Handarbeitslehrerin aus der Stuttgarter Waldorfschule an. Unser neues Haus lag in der Nähe der Waldorfschule und entwickelte sich zu einem kleinen Therapeutikum. Auch eine Heileurythmistin aus Stuttgart gesellte sich zu uns. Unser Haus wurde zu einem kleinen Kulturzentrum, in dem kleine Konzerte, Theateraufführungen und hauptsächlich Weihnachtsspiele stattfanden.

Die Idee, eine Klinik aufzubauen, packte uns immer stärker – und sie verstärkte sich noch, als mein Mann einmal bei seiner Rückkehr zu Hause einen Patienten vorfand, der mit hohem Fieber in seinem Bett lag.

In meinem 35. Lebensjahr fuhr ich noch einmal nach Argentinien, um an der dortigen Waldorfschule medizinisch-therapeutisch und auch pädagogisch zu wirken.

Unsere Freundin Anne Lahusen gab mir ein zinsloses Darlehen, um mit dem Bau der Klinik beginnen zu können. Nach unserer Rückkehr aus Deutschland sahen wir, dass es sinnlos war, das Physiotherapeutische Institut meines Vaters weiter zu erhalten. So verkauften wir das Institut und erwarben mit dem Erlös drei Grundstücke, die nicht weit von unserem Haus lagen. Sie wurden das Grundstück für die «Clinica Tobias». Es lag zwischen unserem Haus und der Schule, ungefähr in fünf Minuten erreichbar. Mein Mann entwarf zusammen mit einem jungen Ingenieur die Baupläne. Zusätzlich war er mit einer kleinen sozialpädagogischen Schule in seiner Firma «Giroflex» beschäftigt. Und daneben leitete er ja selbst noch diese Firma.

Mit 37½ Jahren war es dann so weit, dass der Grundstein zur Klinik gelegt werden konnte. Es war ein geistiges Ereignis, an dem auch unsere europäischen Freunde teilnahmen. Es kamen Grüße und gute Wünsche von allen möglichen Orten der Welt hier an, und man hatte den Eindruck, dass ein helles Licht in den Dodekaeder des Grundsteins einströmte.

In diese Zeit fiel das Ende unseres glücklichen Familienlebens. Denn in meinem Leben hatte ich bis dahin immer das Gefühl, dass alles leicht sei, dass ich ein großes Glück besitze und mir alles in den Schoß falle. Ich spürte einen aufsteigenden Impuls in meinem Leben. Manchmal dachte ich sogar, ich müsste einmal ein halbes Jahr von zu Hause weggehen, um ganz auf mich angewiesen zu sein und vielleicht mit Indianern zu leben und ihnen zu helfen. Aber weil meine Familie da war, hatte ich nie den Mut, so etwas durchzuführen. Nun kam eine Phase, die ich als negativ in meinem Leben ansehe, obwohl sie mir rückblickend eine große

Erfahrung brachte und mich eigentlich mit dem Phänomen des Bösen konfrontierte. Dadurch habe ich mit der Zeit gelernt, anderen Menschen gegenüber eine ungeheure Toleranz zu entwickeln. Wäre ich nicht selbst durch diese Ereignisse gegangen, so hätte ich nicht genügend Demut entwickelt.

Es zog mich zu den einfachen Leuten. Zwischen den Dorfbewohnern in der Nähe unserer Farm und mir entwickelte sich eine Freundschaft. Ich brachte diesen einfachen Leuten einen neuen kulturellen Impuls, und unsere Kinder führten in der dortigen kleinen katholischen Kapelle sogar Weihnachtsspiele auf.

Kurz nach der Grundsteinlegung der «Clinica Tobias» wurde ich wieder schwanger. Ich wusste, dass es ein Junge werden würde und dass er Tiago heißen sollte. Während meiner Schwangerschaft wuchsen langsam die Mauern des Klinikbaus in die Höhe. Mein Mann widmete sich damals sehr dem Bau; von mir hatte er bei dieser Aufgabe wenig Unterstützung. Die Geburt von Tiago war eine große Freude für alle unsere Patienten und Bekannten. Der Name hat eine tiefe Beziehung zu dem Ort Santiago de Compostela, den ich erst im 60. Lebensjahr kennengelernt habe.

Wir hatten die Absicht, zu Hause ein Heim für Jungen aufzuziehen, die aus dem erwähnten Dorf in der Nähe unserer Farm stammten. Es kam aber nur so weit, dass wir einen fünfjährigen Jungen aufnahmen; er war für uns eine Art Adoptivsohn. So hatte nun Thomas noch einen Bruder, mit dem er sich auseinandersetzen konnte. Ich gab mich wieder ganz dem Stillen meines kleinen Kindes hin und hatte keine Lust, an der Klinik mitzuarbeiten, die bald eröffnet werden sollte. So hat sich die Einweihung verzögert, und sie fand dann in der Mitte meines 39. Lebensjahres statt. Ich merkte, dass meine Lebenskräfte etwas schwanden; zugleich standen zwei gewaltige Aufgaben vor mir, die Erziehung eines kleinen Kindes und die Klinikarbeit. Wir hatten schon einige Ärzte ausfindig gemacht, die sich für die Arbeit an der Klinik interessierten. Am Tag der Einweihung wurde die Klinik in eine Stiftung umgewandelt. Sie bekam den Namen «Associaçao Beneficiente Clinica Tobias» und heißt heute «Associaçao Beneficiente Tobias». Von Anfang an bildete sich in der Klinik eine kleine Gemeinschaft von Krankenschwestern, Masseusen, Therapeuten und einigen außenstehenden Ärzten.

Als ich 42 war, hatte ich eine Begegnung mit einem Arzt, der bei uns arbeitete und der Rosenkreuzerbewegung angehörte. Er vertrat die Auffassung, dass ich eine echte Rosenkreuzerin sei, und wollte mich in seine Schule bringen. Ich besuchte auch einige Male die Stätten dort und hatte dabei den Eindruck, ich sei im alten Ägypten. In dieser Zeit hatte ich auch einen Traum, in dem ich eine ägyptische Einweihung mitmachte; es wurde mir vieles klar über die zwischenmenschliche Beziehung zu diesem Arzt.

In dieser Zeit, um das 42. Lebensjahr, hatte ich das Gefühl, in einem finsteren Tunnel zu sein. Ich wusste zwar, dass es gewisse Lichtmomente gab, aber dann verschwanden sie wieder aus meinem Bewusstsein. Ich sah klar das Licht am Ende des Tunnels und was ich tun musste, um dahin zu kommen. Unsere eheliche Beziehung wurde immer schwieriger, wir lebten uns so richtig auseinander. Mein Mann war immer auf Europareisen, und ich war in der Klinik damit beschäftigt, die anderen Ärzte in die anthroposophische Medizin einzuarbeiten. Dann war ich wie gebannt in einer neuen Freundschaft, und ich kam zu keiner spirituell-esoterischen Arbeit. Nach außen hin nahm alles weiterhin seinen normalen Gang mit verschiedenen Verpflichtungen, Betreuung der Patienten und so weiter. Im Inneren aber fühlte ich mich zerrissen, wie in einem Zwiespalt. Einerseits hatte ich große innere Sehnsucht nach einer geistigen Arbeit, der ich mich immer in meinem Leben widmete, und spürte andererseits die Unmöglichkeit, ihr nachzugehen. Ich fühlte mich wie in einem Spinnennetz gefangen.

In jener Zeit wurde bereits der Erweiterungsbau der Klinik in Angriff genommen. Auch eine Farm für biologisch-dynamische Landwirtschaft wurde gekauft. Für diese Aufgabe kamen einige junge Menschen aus Europa, und wir halfen mit, dort die dafür angemessenen sozialen Einrichtungen zu schaffen. Es war aber keine leichte Aufgabe. Häufig entstanden Generationenkonflikte. Rückblickend auf jene Zeit empfinden die Jungen wie wir Älteren, dass wir an diesen Situationen sehr viel gelernt haben und vieles Früchte getragen hat. Unser Haus war allmählich zu einer Stätte geworden, in der man sich zu jeder Zeit – von wo auch immer man angereist kam – einquartieren konnte. Dadurch war natürlich auch die Intimität unseres Familienlebens sehr gestört.

Nachdem mein Mann mit seiner sozialpädagogischen Arbeit in der Firma begonnen hatte, fing auch mich der Betrieb zu interessieren an, während ich vorher wenig Interesse dafür aufgebracht hatte. Es begann dort auch eine medizinisch-anthroposophische Arbeit. Nach einiger Zeit wurde ich dort Werksärztin und ging zweimal in der Woche in den Betrieb. Damals interessierte ich mich besonders für die Angelegenheiten der Arbeiter. Wir gestalteten inhaltsvollere Weihnachtsfeiern und führten Theaterstücke auf. Auch ein Kindergarten wurde ins Leben gerufen. Das alles trug wesentlich zur kulturellen Bereicherung der Fabrik bei. Mein Leben entfaltete sich also auf drei Gebieten: in der sozialpädagogischen Arbeit in der Firma meines Mannes, in der Tobias-Klinik und in unserem Familienleben.

Ich habe nie darauf verzichtet, unsere Ferien möglichst mit den Kindern zu verbringen. Wir unternahmen in dieser Zeit größere Reisen durch Brasilien, bei denen wir unter anderem verschiedene Indianersiedlungen besuchten, Bootsfahrten machten und mit dem Zug bis nach Bolivien und Peru fuhren. Mit Thomas, Solway und jeweils einem Freund und einer Freundin machten wir eine große Reise in den Nordosten Brasiliens, bei der wir die ganze Küste bis nach Fortaleza entlangfuhren.

Mein Mann und ich empfanden ein gewisses Gefühl der Ohnmacht. Wir wussten nicht mehr so recht, wie wir unser Leben weiterhin zusammen gestalten sollten.

Die Klinik und die Anzahl der Patienten waren im Wachsen, es kamen darüber hinaus auch junge Medizinstudenten und Ärzte, die etwas über die anthroposophische Medizin wissen wollten und eine Ausbildung von uns forderten. Wir richteten für sie eine regelmäßige medizinisch-anthroposophische Ausbildung ein.

In der Klinik waren wir immer darauf angewiesen, Geldsammlungen zu organisieren und die Leute zur Mithilfe zu engagieren. Es meldete sich damals ein Herr D., der in irgendeiner Form helfen wollte, jedoch keine finanzielle Hilfe leisten konnte. Wir brauchten jemanden, der hier in Brasilien die sozialpädagogische Arbeit aufgriff. So entschloss sich dieser Herr, der sowieso nach einem neuen Beruf suchte, sich dafür ausbilden zu lassen. Er fuhr ein Jahr später nach Europa und ließ sich im NPI (Niederländisches Pädagogisches Institut) ausbilden. Nach dem Ende seiner Ausbildung kehrte er nach Brasilien zurück. Ich veranstaltete zusammen mit Herrn D., mit einem Waldorflehrer und einem Landwirt eine Tagung mit dem Thema «Einführung in die praktischen Arbeiten der Anthroposophie». Damals befand ich mich in meinem 45. Lebensjahr. Die vergrößerte Klinik machte es erforderlich, nach neuen Richtungen zu suchen. Das zweite Jahrsiebt, in dem sich die Einrichtung inzwischen befand, machte sich deutlich bemerkbar, und neue Normen, Arbeitsmethoden usw. mussten eingeführt werden. Zu diesem Zweck luden wir Herrn D. ein. Er sollte uns in diesen Fragen beraten. Er kam mit großen Rollen von Papier und einer schwarzen Mappe in unseren Bibliothekraum. Zwischen ihm und mir entstand ein Konflikt, bei dem es um Papierverschleiß und um ökologisches Bewusstsein ging. Diese Konfliktsituation musste gelöst werden, und so hatten wir ein erstes persönliches Gespräch mit der Hilfe eines Dritten. Das Gespräch führte aber zu keinem Ergebnis, und wir versuchten es danach noch einmal allein. In dieser Zeit war mein Mann wieder in Europa. Ich lud Herrn D. zu einem Theaterstück ein, einem folkloristischen Weihnachtsstück aus dem Nordosten

Brasiliens. Dieser gemeinsame Theaterbesuch wurde uns zu einer echten Begegnung. Um uns besser kennenzulernen, entschlossen wir uns, einen Tag ans Meer zu fahren und uns gegenseitig unsere Biografien zu erzählen. Es war uns beiden klar, dass keine andere Art der Beziehung für uns infrage käme als eine Heirat. Und Herr D. wurde Daniel, mein zweiter Mann.

Kurz bevor Peter, mein erster Mann, nach Europa reiste, machte er mit mir noch eine Reise nach Süden an das Meer, und er hatte den Eindruck, dass es seine letzte Fahrt mit mir war. Er konnte sich sein Gefühl nicht erklären. Durch meine Begegnung mit Herrn D. bestätigte sich jedoch seine Vorahnung. Während seines Europabesuches teilte ich Peter unsere neue Situation mit. In dieser Zeit, im Klinisch-Therapeutischen Institut in Arlesheim, lernte er auch seine neue, zweite Frau kennen. Nach Peters Rückkehr klärten wir unsere Situation und entschlossen uns zur definitiven Trennung.

So fing für mich ein neues Leben an. Peter, mit dem ich bis heute noch eine sehr starke und tiefe innere geistige Beziehung habe, hat sehr intensiv dazu beigetragen und geholfen, dass durch unsere Trennung nicht die allgemeine Arbeit in den verschiedenen Bereichen, besonders in der Klinik, in Mitleidenschaft gezogen wurde. Ich habe das Verhältnis zu meinem Mann immer als eine väterliche Beziehung empfunden, und bis heute hole ich mir bei ihm Rat. In meiner Seele aber hatte ich, seit ich Mitte 20 war, das Gefühl gehabt, noch jemanden zu treffen, der für mich wichtig war. Und danach hatte ich auch immer gesucht. Nach der Begegnung mit Daniel aber ist dieses Gefühl völlig verschwunden.

Rückblickend kann ich heute sagen, dass die Begegnung mit meinem zweiten Mann viele neue Elemente, die in mir schon angelegt waren, zutage gebracht hat. Durch Peter war ich mit sozialpädagogischen Fragen und der Arbeit von Professor Lievegoed schon in Kontakt gekommen. Durch die Beziehung mit Daniel hat sich dieses Element noch verstärkt. Nachdem Daniels Freund,

Helmuth J. ten Siethoff, hier in Brasilien weilte und uns die Anregung gab, unsere Kräfte zu vereinen – Daniel als Betriebsberater und ich als Ärztin –, entschlossen wir uns, Biografie-Seminare ins Leben zu rufen. Hier haben wir ein gemeinsames Arbeitsgebiet gefunden, das sich im Laufe der Jahre immer mehr entfaltet hat.

Mein erster Mann, Peter, ließ bald seine spätere zweite Frau aus Deutschland kommen, die sich liebevoll Tiagos Erziehung widmete. So konnte ich mich weiter mit der Arbeit in der Klinik und den medizinisch-anthroposophischen Seminaren beschäftigen. Es gab viel zu tun.

Nach zwei Jahren, in denen wir in der Nähe der Klinik und meines alten Hauses wohnten, hatten wir die Möglichkeit, mein letztes Erbgut, ein Haus am Strand, zu verkaufen. Mit dem Erlös erwarben wir ein ziemlich großes Gelände außerhalb der Stadt São Paulo. Wir planten, uns hier später ein Wohnhaus zu bauen und vielleicht langsam eine neue Arbeitsstätte zu entwickeln. Auf dem Gelände entstand im Laufe der Jahre die «Artemisia»: unser heutiges Biografiezentrum und ein Erholungsheim.

Ein wichtiges Erlebnis hatte ich, als die Klinik gerade sieben Jahre lang bestand. Ich musste eine Rede an der Klinik halten. Ich war sehr verwirrt und wusste nicht genau, wie ich es anpacken sollte. Als ich mich einer rhythmischen Massage unterzogen hatte und noch auf dem Massagebett ruhte, spürte ich ein großes Wesen über der Klinik. Ich war überzeugt davon, dass dieses Wesen Ita Wegman war. In diesem Moment wusste ich, wie ich die Rede an der Klinik gestalten sollte. Und ich entschloss mich, mich mehr mit dem Schicksalsweg Ita Wegmans und Rudolf Steiners zu befassen. Nach ein oder zwei Jahren, als mein ganzes seelisches Innenleben sich beruhigt hatte, konnte ich das verwirklichen, indem ich dem Osterkreis der anthroposophischen Ärzte, der sich jährlich in Arlesheim trifft, beitrat. Ich beschäftigte mich nun mit dieser Aufgabe.

In meinem 49. Lebensjahr hatten Daniel und ich die Gelegenheit, uns von der hiesigen Arbeit etwas zu befreien. Wir reisten für fünf Monate nach England und besuchten das «Center of Social Development». In dieser Zeit unternahmen wir auch eine wunderbare Reise nach Irland und besuchten Agathe und Norbert Glas. Agathe erzählte uns viel von den «Pixies» – das sind Gnomen. Als wir einmal auch nach Südirland fuhren, zelteten wir in der Nähe eines wilden Baches, wo wir den ganzen Tag keinen Menschen gesehen hatten. Da geschah es, dass Daniel die «Pixies» erleben konnte – es war die Krönung unserer Reise!

Ich kam nun in mein siebtes Jahrsiebt und spürte, dass eine Änderung in meinem Leben stattfinden müsste. Ich war sehr aufmerksam und aufnahmefähig für die Fragen und Aufgaben, die von außen an mich herantraten. Einerseits gab es bei uns die jungen Medizinstudenten, die nach einer Ausbildung und immer neuen Kursen verlangten, wobei uns Dr. Otto Wolff tüchtig half. Andererseits waren hier aber auch junge Menschen aus anderen Berufen, zum Beispiel Psychologen und Sozialpädagogen. So entschlossen wir uns, gemeinsam mit Alexander und Johanna Bos neben den medizinischen Kursen auch sozialpädagogische Seminare ins Leben zu rufen. 1981 wurde es dann notwendig, für all diese Seminare ein neues Gebäude zu suchen. So entstand eine neue Ausbildungsstätte, aufgebaut mithilfe der «Associaçao Tobias». Hier konnten Sozialpädagen ausgebildet und Medizinfortbildungskurse sowie seit drei Jahren auch kunsttherapeutische Seminare durchgeführt werden. Diese Stätte bekam den Namen «Centro Paulus». Wir verlegten unsere biografischen Kurse von der Tobias-Klinik für eine Übergangszeit in das neue Gebäude. Auf Dauer hatten unsere Biografieseminare hier jedoch keinen Platz. Wir benötigten zudem einen Ort für erholungsbedürftige Patienten unserer Klinik. So entschlossen wir uns, die «Artemisia» dem Tobias-Verein zu stiften, ihre Baulichkeiten zu erweitern und hier eine Stätte für die Biografiekurse, für Entschlackungs- und Diätaufenthalte und für Erholungsaufenthalte gestresster

Patienten einzurichten. Die «Artemisia» besteht nun 21 Jahre. Sie liegt etwa eine dreiviertel Autostunde von der Klinik Tobias entfernt und ist noch von Urwäldern umgeben – wenn auch die Zivilisation immer näher dringt. «Artemisia» wurde zu einem Ort, an dem sich Menschen wohlfühlen und zu sich selbst kommen und Kontakt mit der Natur pflegen können.

Eine weitere Aufgabe, die in meinem achten Jahrsiebt auf mich zukam, war die Aufforderung, innerhalb eines Buches über alternative Ernährung anthroposophische Aspekte zur Ernährungsweise zu beschreiben. Das Kapitel sollte nicht mehr als 30 Druckseiten umfassen; da ich aber fast ein ganzes Buch geschrieben hatte, gab ich es als eine eigene Schrift heraus. Es trägt den Titel «Neue Wege der Ernährung» und umfasst vier Bände. Sie haben vielen Menschen Anregungen gegeben für eine aus der Anthroposophie heraus entwickelte Ernährungsweise. Bei der Niederschrift des Buches spürte ich ein starkes Mitwirken meines verstorbenen Vaters. Ein weiteres Buch über den Tierkreis erschien drei Jahre später.

Ich blieb noch einige Zeit in dem Kreis der Verantwortlichen für die «Clinica Tobias», bis ich mich von dort – zumindest was meine Arbeitszeit betrifft – ganz löste und mich ausschließlich meiner neuen Aufgabe bei der «Artemisia» widmete.

In der Zwischenzeit sind Daniel und ich durch einige Krisen hindurchgegangen. Daniel gab für einige Jahre seine Beratungstätigkeit auf und arbeitete intensiv in der «Associaçao Beneficiente Tobias» und besonders in der Geschäftsführung der Klinik. 1989 nahm er dann seine Tätigkeit als Berater wieder auf und gründete die Adigo.

Wir mussten in der Zwischenzeit erleben, wie schwer es ist, wenn die eigene Wohnung – oder besser ein Zimmer mit Bad – direkt an der Arbeitsstätte liegt – bei laufenden Biografieseminaren, wo man häufig von sieben Uhr morgens bis zehn Uhr abends fest engagiert ist. Auch an den Wochenenden arbeiteten wir häufig, weil

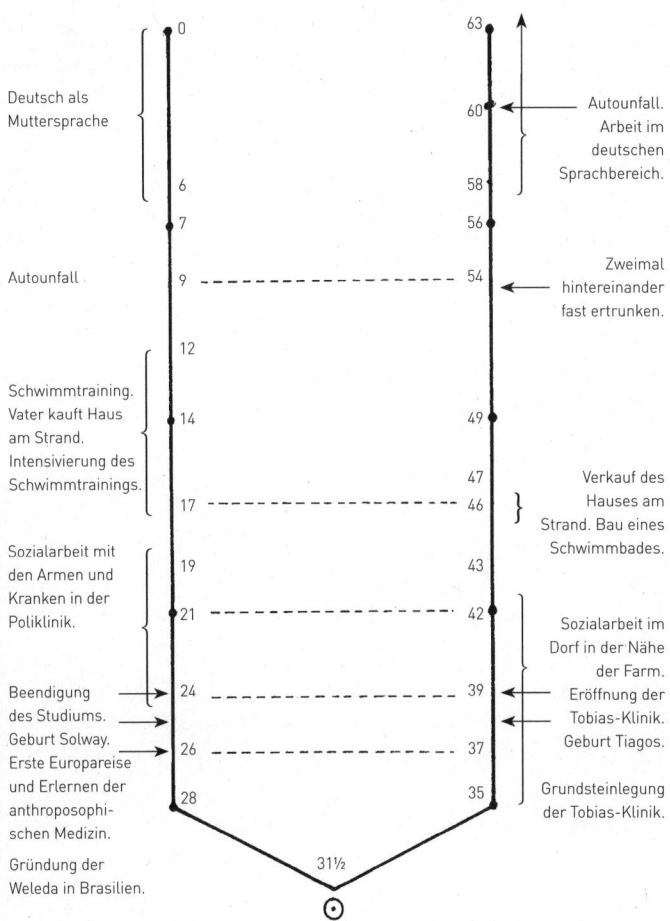

Abb. 20: Einige Spiegelungen in meiner eigenen Biografie.

unsere Patienten am Wochenende mehr Zeit als mitten in der Woche hatten. So haben wir seither eigentlich kein privates Heim zum Wohnen mehr gehabt. Daniel zog schließlich in ein Häuschen, und später konnten wir unser eigenes Haus auf dem Gelände bauen.

Wir behielten unseren Ferienrhythmus bei. Einmal im Jahr machten wir einen Monat Urlaub. 1989 hatten wir zu Beginn unserer Ferien einen Autounfall, und ich brach mir dabei zwei Wirbel. Ich lag eineinhalb Stunden auf dem Boden und wusste eigentlich nicht, was geschehen war. Mein «Schicksalsorgan», der Brustkorb, war wieder verletzt worden. Im Krankenwagen hatte ich wieder dieselben Empfindungen wie mit neun Jahren, als ich vom Auto überfahren worden war.

In der Übergangsphase zum 56. Lebensjahr – Mondknoten und Beginn eines neuen Jahrsiebts – spürte ich keine großen Veränderungen. Vorher dagegen, mit 54 Jahren – hier spiegelt sich das neunte Lebensjahr –, wäre ich fast ertrunken.

Im Übergang zu meinem neunten Jahrsiebt war es mir deutlich, dass ich meine Aufgabe neu fassen musste. Es dauerte ein bis zwei Jahre, bis ich merkte, dass sich mit meinen Europabesuchen die neue Aufgabe bereits ganz von selbst entwickelt hatte. Hier, in Europa, begann ich mit Biografiearbeit für Krebspatienten der Lukas-Klinik in der Schweiz, und seit 1989 gab ich sowohl in der Schweiz und Deutschland als auch in Spanien und Portugal Kurse für Therapeuten aller Art, die sich in die Biografiearbeit einarbeiten wollten. Ich denke, das waren die neuen Farben für das neunte Jahrsiebt.

In meinem 60. Lebensjahr – der zweite Saturnzyklus ging zu Ende, und ein neuer begann – waren die Veränderungen einschneidender. Es war für mich ein sehr großes Geschenk, nach meinem Autounfall für vier Wochen in der Tobias-Klinik gepflegt zu werden. Ich konnte sehr viele Gespräche führen und alte Beziehungen wieder auffrischen. Wenn ich heute, nach zwei Jahren, auf den Unfall zurückblicke und mich völlig wiederhergestellt fühle, kann ich nur den weisen Schicksalsfügungen danken. Sie haben mir immer das Richtige gebracht und auch hier einen Abschluss der zweiten Saturnphase gebildet, wo Tod und Auferstehung wieder in meinem Leben erschienen sind. Der Unfall hat mich neu belehrt, wie wichtig es ist, dass die Menschen ein Ziel im Leben haben. Es ist das große Geheimnis der Entwicklung, sich immer neue Ziele zu setzen.

Als ich nach dem Unfall bewegungslos im Bett lag, war mein einziges Ziel, den Kopf aufzurichten oder mich seitlich zu legen, um allein die Zähne putzen und allein essen zu können. Als das erreicht war, hatte ich das Ziel, mich allmählich aufzurichten, zu sitzen, etwas lesen zu können, selbstständiger zu sein. Das nächste Ziel war, ein neues Korsett machen zu lassen und im Korsett neu gehen zu lernen. Es waren sehr kleine, nahe Ziele, die sich erweiterten, als langsam die Besserung eintrat. In jener Zeit spürte ich auch die Nähe von zwei verstorbenen Menschen, die mit der Klinik stark verbunden waren – eine meiner Patientinnen und der Autor des auf Seite 69ff. abgedruckten «Brief eines zweiundzwanzigjährigen Medizinstudenten». Sie nahmen sich an mir ein Beispiel, wie man einen Leib neu aufbaut, in diesem Fall die eigenen Wirbel. Alle Tage begleiteten mich diese Verstorbenen an meinem Krankenbett.

Was mir sehr zu schaffen machte, war die Erfahrung, dass mein Kopf keine Kreativität mehr entwickeln konnte, solange meine Beine sich nicht bewegen konnten. Zum Beispiel war es völlig unmöglich, im Bett ein Buch zu schreiben. Ich bin sicher, dass sich auch noch für die Zukunft viele neue Möglichkeiten aus dieser Situation ergeben werden.

Die Beziehung mit meinem Mann Daniel konnte sich vertiefen. Heute (2005) sind wir im 30. Jahr unseres Zusammenlebens.

Rückblickend auf meine Biografie habe ich in den mittleren Phasen eine wichtige Gesetzmäßigkeit entdeckt. Zwischen 21 und 28 habe ich das Wissen der anthroposophischen Medizin stark in mich aufgenommen. Zwischen 28 und 35, hauptsächlich als ich von 32 bis 34 in Deutschland weilte, habe ich sie mit dem künstlerischen Element vertieft – mit rhythmischer Massage, Heileurythmie, künstlerischer Therapie (Malen) und Kunstbetrachtungen. Zwischen 35 und 42 schließlich fand die Grundsteinlegung und die Eröffnung der Klinik statt. Der Weg vom Kopf über das Herz in die Tat wurde für mich sichtbar.

In ähnlicher Form wiederholt sich dies in der sozialpädagogischen Arbeit bis hin zur Biografiearbeit: im Aufnehmen (von 42 bis 49), Üben (von 49 bis 56) und Verwirklichen des Impulses und in der Gründung einer Arbeitsstätte (der «Artemisia») im 54. Lebensjahr.

Einige Spiegelungen gehen aus dem Schema hervor, bei dem das 32. Lebensjahr in der Mitte steht (siehe Abbildung 20). In meiner Biografie ergibt eine Spiegelung mit dem 21. Lebensjahr als Mittelpunkt wenig. In meinem Lebenslauf (und auch in dem anderer Menschen) hat sich gezeigt, dass es auch so etwas wie «Wartejahre» gibt, die teilweise sogar als Spiegelung auftreten. Ich möchte sie als eine Art «Schwangerschaftsjahre» bezeichnen. So zum Beispiel:

24 – 26	37 – 39
Geburt von Solway	Geburt von Tiago
Warten auf die Reise nach Arlesheim – und Aufnahme der anthroposophischen Medizin.	Warten auf die Eröffnung der Klinik – Verwirklichung der anthroposophischen Medizin.

Ein anderes Wartejahr ergibt sich zwischen:

17 – 18	45 – 46
intensives Vorbereitungsjahr für die Universität.	neue, intensive Liebe zu Daniel; konzentriertes Studium der Vortragszyklen Rudolf Steiners.

In der ersten Hälfte des fünften Jahrsiebts (in der Zeit, als ich als Schulärztin arbeitete) waren meine Beziehungen zu Menschen sehr chaotisch. Zwischen 31 und 32 Jahren fand dann eine Art Durchchristung meiner Beziehungen statt. In der zweiten Hälfte dieses Jahrsiebts, durch meine Europareise, hatten sich neue, sehr wesentliche Beziehungen gebildet, die für meine spätere berufliche Tätigkeit ganz entscheidend wurden.

Was meine Arbeit betrifft, habe ich 14 Jahre lang eine eigene Praxis geführt (von 25 bis 39). Daneben war ich sechs Jahre als Schulärztin und im Institut meines Vaters tätig, zwei Jahre in Europa und weitere sechs Jahre zu Hause im Therapeutikum. Dann folgten 14 Jahre Arbeit an der Tobias-Klinik, darunter sieben Jahre in alleiniger Verantwortung mit der administrativen Hilfe meines ersten Mannes und weitere sieben Jahre innerhalb einer Gruppe von Verantwortlichen. In diesem Team arbeitete auch intensiv mein zweiter Mann, Daniel. Nach weiteren zwei Jahren hatte ich mich von dieser Arbeit ganz gelöst. Auch in der «Artemisia» – ich nahm dort meine Arbeit mit 53 Jahren auf – bildete sich nach sieben Jahren ein «Freundeskreis». Mein Mann Daniel begann, Kurse für Entwicklungsförderung von Betrieben zu halten. Auch bei dieser Betrachtung wird also wieder der Sieben-Jahres-Rhythmus sichtbar.

Im Ganzen bin ich jetzt (2005) gerade eine volle Saturn-Runde (29 Jahre) in der Biografiearbeit tätig. In der Artemisia haben wir insgesamt genau 21 Jahre gelebt.

Wie es weiterging. Zusatz zur 10. Auflage

Seit dem ersten Erscheinen dieses Buches sind 13 Jahre vergangen (und aus 17 Jahren Ehe mit Daniel sind nun fast 30 Jahre geworden). Es wird den Leser wahrscheinlich interessieren, wie sich meine Biografie seither entwickelt hat.

1990 ist meine Schwiegertochter gestorben – die Frau meines ältesten Sohnes –, sie war schwer erkrankt. Dieser Tod veranlasste mich, an einem Kurs von Elisabeth Kübler-Ross in Kalifornien teilzunehmen. Im selben Jahr unternahmen Daniel und ich im Winter eine Europareise – unser ursprüngliches Ziel, Ägypten und Israel, hatten wir wegen des damaligen Kriegszustandes aufgeben müssen. Bei der Gelegenheit statteten wir Professor Lievegoed einen letzten Besuch ab.

1991 schrieb ich das Buch «Das Leben in die Hand nehmen». Im selben Jahr zog mein Sohn Thomas nach Florianópolis und heiratete wieder.

1992 erhielt ich von einem Patienten, der mich konsultieren wollte, eine Einladung auf die Fazenda Rio Negro im Pantanal. Das wurde in den Folgejahren unser Ferienziel – nur die Weihnachtswoche verbrachten wir immer in einem Fischerhaus auf der Ilha Bela an der Küste vor São Paulo.

Bei dem Autounfall, den ich mit 60 Jahren hatte, erschien mir eigentlich alles bekannt: Ich lag bewegungslos auf dem Boden – drei Wirbel waren gebrochen – und der Rettungswagen kam. Glasklar stiegen die Erinnerungen vom 10. Lebensjahr an die Oberfläche. Neu war der Transport in einem Hubschrauber nach São Paulo. Sobald es möglich war, wurde ich in die Tobias-Klinik verlegt – meine Ankunft dort war ein bewegendes Erlebnis. Alle Mitarbeiter hatten sich zu meinem Empfang versammelt: ich als Patientin in der von mir begründeten Klinik. Dort hatte ich auch einen «Wachtraum» – zwei Ritter, einer auf einem weißen Pferd und der andere zu Boden geschmettert. Sicher waren es Daniel und ich. Die Frage blieb: Wer war wohl wer?

Nach dem Unfall mit 60 Jahren hat sich meine spirituelle Kreativität weiter entfaltet, und die Kurse für Weiterbildung in der Biografiearbeit in der Schweiz, in Deutschland, Schweden und England wurden fortgeführt. So fuhr ich zweimal im Jahr nach Europa und gab des Öfteren sechs Wochen hintereinander an verschiedenen Stellen verschiedene Kurse – das Wochenende verbrachte ich dann im Zug von einem Ort zum anderen.

Mein Mann war über mein häufiges langes Fortbleiben nicht gerade erfreut, aber ich war innerlich von dem Impuls erfüllt, etwas für die Biografiearbeit in Europa zu tun. Das hat auch sehr schöne Früchte getragen: Viele Menschen haben die Biografiearbeit in ihre Berufe integriert, einige sind Biografieberater geworden. In der Artemisia hat sich in dieser Zeit ein gutes Team gebildet, das die laufenden Biografiekurse für die Patienten leitete.

Kurz nach dem Tod von Bernard Lievegoed, bei der Gedenkfeier für ihn in der Artemisia, hat mich ein Psychologe gefragt, ob ich nicht bereit wäre, auch in Brasilien weiterführende Kurse in Biografiearbeit zu geben. Warum nur im Ausland?

In der Nacht nach dieser Anfrage hatte ich einen Traum, und ich war mir daraufhin sicher, dass eine Weiterbildung in Biografiearbeit auch hier in Brasilien anfangen sollte.

So begannen wir 1993 mit der ersten Gruppe eine kontinuierliche Ausbildung, die etwa fünf Wochen im Jahr stattfand und sich über drei Jahre erstreckte. Nachdem wir vier Gruppen von jeweils vierundzwanzig bis sechsundzwanzig Schülern, darunter auch viele Ärzte, durch die Ausbildung geführt hatten, haben wir dann ein Kollegium von sieben Personen gebildet, die diese Weiterbildung bis heute unter meiner Supervision weiterführen. Vor Kurzem haben wir mit der achten Gruppe diese Weiterbildung begonnen. Meistens gebe ich während der Fortbildungswochen noch Kurse über Karma.*

---

* Die Unterstützung meiner Arbeit in Europa kam durch Michaela Glöckler, die Medizinische Sektion am Goetheanum in Dornach und die Lukas-Klinik in Arlesheim zustande. Es wurde dann der Verein für Biografiearbeit gegründet, für den hauptsächlich Silke und Iwer Helwig tätig waren. In der Lukas-Klinik wurde ein Raum für diese Arbeit zur Verfügung gestellt. Wir sind sehr dankbar, dass dies möglich war. Auf meine Initiative hin wurde in der Medizinischen Sektion die erste weltweite Biografiekonferenz organisiert, bei der sich erstmalig Menschen trafen, die in der Biografiearbeit tätig waren. Es herrschte eine sehr gute Stimmung, und auch Prof. Bernard Lievegoed war anwesend. Als ich ihn als «Vater der Biografiearbeit» ansprach – wir waren befreundet –, sagte er spontan zu mir: «… und du bist die Mutter.»

Mit Thomas und Silvia (meiner Schwiegertochter) machte ich eine schöne Reise durch Nordfrankreich, Spanien und Portugal, wo wir uns hauptsächlich Zeugnisse der Megalithkultur und die Höhlen mit den Malereien aus der Eiszeit angesehen haben.

1994 wurde der Verein für Biografiearbeit gegründet. Da in diesem Jahr ein Biografiekurs ausgefallen war, fuhr ich mit meiner Tochter aus Berlin, meinem jüngeren Sohn Tiago und Manuel nach Kreta. Nach unserem Flug von Berlin nach Kreta gingen wir gleich am nächsten Tag an den heißen Sommerstrand. Nach dem zweiten Bad verlor ich mein Gegenwartsbewusstsein, und ein schöner «Film» mit alten griechischen Vasen und Ruinen lief in meinem Kopf ab – ich wusste nicht mehr, wo ich war. Irgendwie konnte ich aber zu Fuß ins Hotel laufen, und nach dem Aufwärmen und einer Massage kam ich wieder zu mir. Ich erlebte, dass das Gedächtnis – unser Ich – der Lebensfaden ist, und wenn man das Gedächtnis verliert, ist es, als wenn man sein Ich verliert (darum macht man in Altenheimen so viele Übungen). Es war ein wichtiges Ereignis in meiner Biografie.

Silvester 1995 hatten Daniel und ich ein wunderbares Naturerlebnis: Wir waren auf einem Boot in der Nähe der Insel Bela, als Hunderte von Delfinen an unserem Boot vorbeischwammen – es schien, als wollten sie sich zum Jahresende zu einem großen Fest versammeln.

Mit 65 ereignete sich in meinem Leben ein einschneidender Vorfall, als ich einen Kurs in der Schweiz abhielt (wo sich gerade die erste kontinuierliche Arbeitsgruppe über Biografiearbeit zusammenfand). Ich erhielt einen Anruf, dass mein Mann mit akuten Herzbeschwerden in die Klinik eingeliefert worden sei.

Dieses Treffen ist dann in einer verwandelten Form weitergeführt worden und findet bis heute alle zwei Jahre statt. Inzwischen sind die «Kinder» der Mutter zum Glück ganz selbstständig geworden, und der Verein für Biografiearbeit wurde 2004 aufgelöst. Die Arbeit wurde von der Medizinischen Sektion gemeinsam mit der Sozialwissenschaftlichen Sektion getragen und ist jetzt der Allgemeinen Anthroposophischen Sektion eingegliedert.

Man vermutete einen Herzinfarkt, aber es war, wie sich dann herausstellte, eine schwere Angina pectoris.

Mithilfe von Freunden bekam ich sofort einen Flug nach Brasilien, und als ich direkt vom Flughafen aus in der Klinik eintraf, war Daniel schon aus der Intensivstation entlassen worden, musste aber noch unter Beobachtung bleiben. Wie es in solchen Momenten oft ist, kamen alle Schuldgefühle in mir hoch und natürlich auch die ganze Situation unserer Ehe – wir hatten uns auseinandergelebt und mussten uns neu finden.

Vom 12. Stock des Krankenhauses wurden wir in einen Kellerraum verlegt. (In Brasilien darf der Kranke immer von einem Familienmitglied begleitet werden.) Eine tiefe Depression ergriff mich – ich war buchstäblich in den «Keller» gefallen. Ich durchlebte im Morgengrauen des nächsten Tages starke Schuld- und Reuegefühle, bis mich plötzlich eine innere Kraft aufrichtete und ich eine große Liebe fühlen und nun um Verzeihung bitten konnte. Im Nachhinein hatte ich ein Gefühl der Seligkeit, und ich bin sicher, dass es die Christuskraft war, die mich aufgerichtet hat. Bei beiden Ereignissen, meinem Autounfall mit 60 und Daniels schwerer Herzerkrankung, als ich 65 war, empfand ich ein ganz starkes Mitwirken der Christuskraft – der Schicksalsführung –, die ich in früheren Jahren auf diese Art noch nicht gespürt hatte.

Nach diesem Ereignis habe ich versucht, meine Reisen und Aufgaben in Europa zu reduzieren, doch die Weiterbildung leitete ich noch bis zum Ende des Jahres 1997. – In der Klinik Lahnstein hatten die Ärzte und Kollegen sieben Jahre an Fragen der Biografie gearbeitet, und es wurde nun unter Beteiligung aller ein abschließendes Seminar über die sieben Planetenqualitäten gehalten. Zum Abschluss machten wir eine Reise nach Weimar.

Im Juli, nach Daniels starken Herzbeschwerden, waren wir gemeinsam mit allen Kindern und Enkeln (mit Ausnahme von Aglaia, die mit 42 Jahren schwanger war, und ihrem Mann) mit zwei Wohnmobilen in den USA unterwegs – von Los Angeles bis zum Grand Canyon, nach Mesa Verde und durch den Yellowstone Park. Es war eine wunderschöne Reise. Als ich den Grand Canyon und die Geysire im Yellowstone Park erlebte, kam mir das Bild in den Sinn, dass hier Gott Vater seinen eigenen Tempel gebaut hat.

1996 machten Daniel und ich eine Erholungsreise nach Deutschland und in die Schweiz, wo wir in Thun Daniels Mutter kurz vor ihrem Tod besuchten. – Es war schön, eine Zeit im Wohnwagen am Bodensee und in Grindelwald zu verbringen.

1997 beschlossen wir, von São Paulo, wo ich 65 Jahre gelebt hatte, wegzugehen und in den Süden Brasiliens, nach Florianópolis, zu ziehen und uns dort zur Ruhe zu setzen. Kurz vorher entschloss ich mich noch zu einer Knieoperation. Doch der Ruhestand sollte sich etwas anders gestalten als gedacht, denn als ich gerade ein Jahr in Florianópolis war (von wo aus ich noch zu einigen Kursen nach São Paulo und nach Europa flog), stellte sich heraus, dass die dortige Ärztegruppe für das Therapeutikum schon lange nach größeren Räumlichkeiten außerhalb der Stadt suchte. Und da meine Tochter Solway, die Krankenschwester und Masseuse ist, von Berlin ebenfalls nach Florianópolis übersiedelte, ergab sich die Gelegenheit, statt eines kleinen Grundstücks ein etwas größeres zu kaufen und dann nach und nach die Clínica Vialis zu gründen. Das Ganze wurde durch Spenden finanziert, und so ist der Gemeinnützige Verein Associação Sagres entstanden.

Mit dem Ruhestand war es dadurch erst einmal vorbei. Bald danach bauten wir eine Unterkunft für Gäste, das «Acalanto», eine Art Pension (die noch heute unser Privatbesitz ist). Inzwischen war ich siebzig geworden, und ich hatte mich entschlossen, nicht mehr zu praktizieren. (Es gibt aber Ausnahmen: Meine Kinder und Enkel nehmen mich immer in Anspruch, wenn sie etwas brauchen!) In Florianópolis haben wir ebenfalls einige Biografiekurse abgehalten – auch hier existiert jetzt eine Gruppe, die die Kurse weiterführt.

Im Jahr 1990 kam eine Einladung aus Israel, zehn Tage in der dortigen Biografieausbildung (bei Danny Amman) mitzuarbeiten. Damit ging für mich der lang gehegte Wunsch in Erfüllung, die Wege des Christus und die Orte seines Wirkens aufzusuchen. Die Gruppe hatte das so organisiert, dass mich nach jedem Kurs jeweils ein Teilnehmer ein oder zwei Tage auf der Reise begleitete. Es war im Ganzen ein wunderbares Erlebnis, obwohl der Rückgang der Gewässer in Israel (Jordan, See von Genezareth und Totes Meer) mich sehr betroffen gemacht hat. Wäre die Einladung ein Jahr später gekommen, dann hätte ich diese Reise wegen der Unruhen wohl nicht mehr unternommen. In dasselbe Jahr fielen dann noch die Teilnahme an der großen Michaelitagung in Dornach und ein Aufenthalt bei Brigitte Schönemann in ihrem Häuschen am Rande der Eifel, wo ein kleines Biografiearbeitstreffen stattfand.

1998 besuchten Daniel und ich in Dornach die Aufführungen der Mysteriendramen und fuhren anschließend von Berlin aus mit dem Wohnwagen nach Norwegen. Es wurde eine wunderbare Kultur- und Naturreise, die Stabkirchen, die Museen und die Fjorde beeindruckten uns tief. Aus Daniels Sicht aber war es die letzte große Reise, die er machen würde.

In Brasilien fuhren wir, solange wir noch in São Paulo wohnten, jedes Jahr – insgesamt sechs- oder siebenmal – ins Pantanal. Das ist ein herrliches Naturschutzgebiet im Flachland in Mato Grosso am Rio Prata, ein Überschwemmungsgebiet, wo es noch eine paradiesische Tierwelt gibt, Vögel, Fische, Krokodile – und wo wir zweimal auch «onças» (die großen brasilianischen Leoparden) sahen.

Für mich sind Begegnungen mit der Natur ein tiefes Ereignis, an dem ich mich lange freuen kann – und obwohl diese Reisen nie länger als zehn Tage dauerten, waren es doch schöne Atempausen in unserem Berufsleben.

Der Tod eines Kollegen von Daniel (Herwig Haettinger) hat uns sehr erschüttert.

Nachdem sich Daniel immer mehr erholt hatte, bekam er Lust, ein größeres Boot zu kaufen – wir hatten bereits ein Aluminiumboot von unseren Pantanal-Reisen. Er träumte davon, um die Insel von Florianópolis zu fahren. Nachdem wir zwei Jahre hintereinander unser Ferienhaus an einem Strand gehabt hatten, zogen wir nun in ein direkt an der Felsenküste gelegenes um, sodass das Boot nun immer im Wasser liegt. Von dort beobachten wir die Sonnenuntergänge und die Möwen und Taucher, die in die untergehende Sonne fliegen – derselbe Flug, den einmal die Seele nach dem Tod machen wird, losgelöst vom Körper. Es ist eine Vorbereitung auf den Sonnenuntergang des Lebens, der Übergang in den Kosmos, blau während des Tages und des Nachts gestirnt.

2002, mit 72 Jahren, kam dann noch ein ganz neuer Einschlag in mein Leben. Schon immer hatte ich mich für Kunsttherapie interessiert – auch in unsere Biografiekurse haben wir ja das Malen und das Modellieren, Eurythmie und Drama mit hineingenommen. Es war aber immer mein Wunsch gewesen, eine Ausbildung in Kunsttherapie zu begründen, nachdem ich in meinem fünften Jahrsiebt den Kontakt mit Margarethe Hauschka gehabt hatte. Da in Florianópolis eine Gruppe bestand, die meinen Wunsch teilte, entschlossen wir uns, eine Kunsttherapie-Ausbildung anzufangen. Für mich ist die Kunsttherapie die Therapie der Seele, so hat es auch Rudolf Steiner gesagt. Es geht nun in unserem Kurs ums Malen, Zeichnen und Modellieren, aber zusätzlich sind goetheanistische Beobachtungen, Gesang, Eurythmie und Theater integriert.

Es ist uns gelungen, Dozenten und auch Studenten zu gewinnen. 2002 bauten wir ein schönes Atelier und 2004 einen schönen Saal, eine Terrasse und ein Dachgeschoss, sodass nun genügend Raum für alle diese Tätigkeiten vorhanden ist. Auch hier sind wir unseren Stiftern zu herzlichem Dank verpflichtet. Und was ist meine Rolle bei dem Kurs? Ich übe mich in drei verschiedenen Rollen: als Teilnehmerin, als Organisatorin und als Lehrerin, und

wenn das Administrative überhand nimmt, was hauptsächlich
bei Geldmangel der Fall ist, komme ich schon noch in Stress – und
die Gelassenheit und Ruhe des Alters ist dahin!

Wir hatten mit einer Gruppe begonnen, vor einem Jahr ist eine
zweite dazugekommen. Die Ausbildung umfasst insgesamt vier-
zig Einheiten und erstreckt sich über vier Jahre. Als ich vorigen
Sommer (Januar 2004) völlig erschöpft war, verbrachte ich etwa
zwei Monate in unserem Ferienhaus an der Felsenküste direkt
am Meer – Daniel fühlt sich dort an den Thuner See erinnert, weil
wir ja auf einer Insel sind, und zwar an der Seite, von wo aus man
das Gebirge auf dem Festland sieht. Dort hatte ich neben dem
täglichen Baden die Gelegenheit, mich mit dem Werk von Franz
Marc zu beschäftigen. Jeder Student der Kunsttherapie sucht sich
einen Künstler aus, dessen Bilder er kopieren will, ich hatte Franz
Marc gewählt. Es war außerordentlich heilsam für mich, an die
fünfzehn Bilder (mit Aquarellfarbe, in Pastell und auch zwei mit
Ölfarben) in Originalgröße abzumalen. Einem älteren Menschen
wie mir fällt das Malen leichter als das Modellieren, und es macht
mir rechte Freude. Ich spüre, dass diese Arbeit eine Vorbereitung
für das nächste Leben ist – etwas Neues ergreifen, das nicht aus
alten Fähigkeiten kommt und mühsam, aber mit Freude erlernt
wird.

Der vierte Mondknoten (Ende 2003) wurde so mithilfe von
Franz Marc gut überstanden. Das vergangene Jahr war mit Ar-
beit angefüllt, und ich hoffe, dass sich in diesem Jahr auch hier ein
Team bilden wird, das die Impulse weitertragen kann.

Februar 2005   *Gudrun Burkhard*

Das Alter bringt mir Weisheit –
ich kann lieben, ohne zu fordern,
ich kann helfen, ohne zu reden,
ich kann leiden und schweigen,
ich kann mich hingeben,
um andere zu erfreuen.
Wie gut ist das Älterwerden –
gleichzeitig ein Neuwerden!

Das Alter vereinen
heißt dich selbst vereinen –
dich mit deiner Kraft verbinden
und nicht mit deiner Schwäche.
Lässt in dir die Zukunft reifen
(oder entsprießen).

Drucknachweise

Juan Ramón Jiménez: «Ich bin nicht ich», aus *Herz, stirb oder singe. Gedichte.* Spanisch und deutsch. Auswahl und Übetragung von Hans Leopold Davi. © 1977 by Diogenes Verlag AG, Zürich.

Vaclav Hável, aus *Am Anfang war das Wort. Essays.*
© 1990 Rowohlt Verlag, Reinbek.

Hermann Hesse: «Stufen», aus *Gesammelte Werke.* Band 1.
© 1970 Suhrkamp Verlag, Frankfurt am Main.

Rudolf Steiner: Alle Rechte an den Texten Rudolf Steiners liegen bei der Rudolf-Steiner-Nachlassverwaltung, Dornach/Schweiz.

Rudolf Meyer: © Verlag Urachhaus, Stuttgart.

Literaturhinweise

Die nachfolgenden Literaturangaben sind mit Titelnummern versehen worden, auf die im Text an der entsprechenden Stelle hingewiesen wurde.

1   Aschenbrenner, Michael: *Tierkreis und Menschenwesen*, Dornach 1972.
2   Flensburger Hefte Nr. 31: *Biografiearbeit*, Flensburg ⁴1994.
3   Fromm, Erich: *Die Kunst des Liebens*, Frankfurt/M., Berlin ⁴⁴1992.
4   ders.: *Haben oder Sein. Die seelischen Grundlagen einer neuen Gesellschaft*, München ²⁰1991.
5   Gammnitz, Gisela: *Vom Altwerden. Materialiensammlung aus der Rudolf-Steiner-Gesamtausgabe*, Dornach 1987.
6   Glas, Norbert: *Frühe Kindheit, Lebensalter des Menschen*, Bd. 1, Stuttgart 1999.
7   ders.: *Gefährdung und Heilung der Sinne*, Stuttgart ⁴1994.
8   ders.: *Jugendzeit und mittleres Alter, Lebensalter des Menschen*, Bd. 2, Stuttgart ³1990.
9   ders.: *Lichtvolles Alter, Lebensalter des Menschen*, Bd. 3, Stuttgart ⁵1992.
10 Goethe, Johann Wolfgang: Das Märchen, in: *Unterhaltungen deutscher Ausgewanderten*.
11 Brüder Grimm: *Kinder- und Hausmärchen*, Frankfurt/M. 1984.
12 Hahn, Herbert: *Der Lebenslauf als Kunstwerk*, Stuttgart 1966.
13 Heuwold, Horst: *Den Faden wieder aufnehmen*, Stuttgart 1989.
14 Holtzapfel, Walter: *Auf dem Wege zum Hygienischen Okkultismus*, Dornach ²1988.
15 Jocelyn, Beredene: *Citizens of the Cosmos*, 2009.
16 Julius, Frits H.: *Die Bildersprache des Tierkreises*, Stuttgart ⁵1984.
17 Jung, C. G. / Marie L. von Franz (Hrsg.): *Der Mensch und seine Symbole*, Olten / Freiburg i. Br. ¹²1991
18 ders.: *Welt der Psyche*, München 1981.
19 König, Karl: *Brüder und Schwestern*, Stuttgart ³2016.
20 ders.: *Über die menschliche Seele*, Stuttgart 2011.
21 Lauenstein, Dieter: *Der Lebenslauf und seine Gesetze*, Stuttgart ²1985.
22 Lauer, H. Erhard: *Der menschliche Lebenslauf*, Freiburg i.Br. 1952.
23 Lebenshilfen Bd. 2: *Lebenslauf. Das Ich als geistige Wirklichkeit*, hrsg. vom Verein für ein erweitertes Heilwesen, Stuttgart 1988.
24 Levinson, Daniel J.: *The Seasons of a Man's Life*, New York 1979.
25 Lewis, Spencer: *Self Mastery and Fate with the Cycles of Life*, California USA 1975.

26 Lievegoed, Bernard: *Entwicklungsphasen des Kindes,* Stuttgart [10]2016.

27 ders.: *Der Mensch an der Schwelle,* Stuttgart 2012.

28 ders.: *Lebenskrisen – Lebenschancen,* München 2001.

29 Nordmeyer, Barbara: *Lebenskrisen und ihre Bewältigung,* Stuttgart 1982.

30 O'Neill, Gisela und George: *Der Lebenslauf. Lesen in der eigenen Biografie.* Hrsg. und mit einem abschließenden Kapitel versehen von Florin Lowndes, Stuttgart [4]2014.

31 Sheehy, Gail: *Pathfinders,* New York 1981.

32 ders.: *Predictable Crises of Adult Life,* New York 1976.

33 Steiner, Rudolf: *Esoterische Betrachtungen karmischer Zusammenhänge,* Bde. I – VI, GA 235 – 240, Dornach.

34 ders.: *Die Geheimwissenschaft im Umriss,* GA 13, Dornach [31]2013.

35 ders.: *Metamorphosen des Seelenlebens. Pfade der Seelenerlebnisse,* Bde. I u. II, GA 58, 59, Dornach 1984.

36 ders.: *Die Offenbarungen des Karma,* GA 120, Dornach [8]1992.

37 ders.: *Wiederverkörperung und Karma,* GA 135, Dornach [4]1989.

38 ders.: *Soziale und antisoziale Triebe im Menschen,* Vortrag vom 12. Dezember 1918, aus GA 186, Dornach [3]1990.

39 ders.: *Theosophie,* GA 9, Dornach [33]2013.

40 ders.: *Vom Lebenslauf des Menschen. Zwölf Vorträge,* ausgewählt und herausgegeben von Erhard Fucke, Stuttgart [6]2006.

41 ders.: *Welche Bedeutung hat die okkulte Entwickelung des Menschen für seine Hüllen und sein Selbst?,* GA 145, Dornach [7]2015.

42 ders.: *Wie erlangt man Erkenntnisse höherer Welten?,* GA 10, Dornach [24]1993.

43 Treichler, Rudolf: *Metamorphosen im Lebenslauf,* Dornach 1984.

44 ders.: *Die Entwicklung der Seele im Lebenslauf,* Stuttgart [7]2012.

45 Vreede, Elisabeth: *Anthroposophie und Astronomie,* Freiburg 1954.

46 Zeylmans van Emmichoven, F. Willem: *Die menschliche Seele,* Stuttgart [3]1995.

70 JAHRE – VERLAG FREIES GEISTESLEBEN

151 Seiten, kartoniert
ISBN 978-3-7725-2871-2

125 Seiten, kartoniert
ISBN 978-3-7725-2872-9

111 Seiten, kartoniert
ISBN 978-3-7725-2873-6

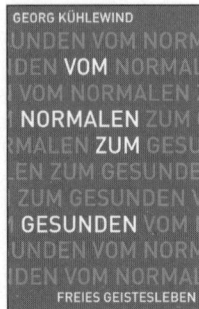

284 Seiten, kartoniert
ISBN 978-3-7725-2874-3

103 Seiten, kartoniert
ISBN 978-3-7725-2876-7

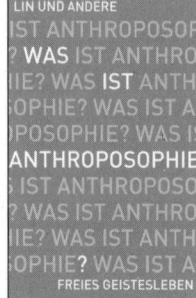

141 Seiten, kartoniert
ISBN 978-3-7725-2877-4